진보를 꿈꾸는 CEO

진보를 꿈꾸는 CEO
춤추는 삶, 꿈꾸는 삶

초판 1쇄 펴낸날 2010년 2월 24일
초판 3쇄 펴낸날 2011년 9월 21일

지은이 이계안 · 우석훈 공저
펴낸이 이광호
펴낸곳 레디앙미디어
편 집 여미숙
마케팅 이상덕

등록 2006년 11월 7일 제318-2006-00128호
주소 서울시 영등포구 여의도동 13-5 오성빌딩 1108호
전화 02-780-1521 팩스 02-780-1522
홈페이지 www.redian.org
전자우편 book@redian.org

ⓒ 이계안 · 우석훈

ISBN 978-89-959952-8-0 03340

이 책의 내용 일부 또는 전부를 인용, 재사용하실 경우 반드시 위 저작권자들과
출판사의 동의를 얻으셔야 합니다.

이 도서는 국립중앙도서관 출판시도서목록(CIP)은 e-CIP 홈페이지(http://www.nl.go.kr/ecip)에서
이용하실 수 있습니다. (CIP2010000506)

돈에 대해 가장 잘 아는 한국인, 이계안 '돈과 정치'를 말하다

진보를 꿈꾸는 CEO

춤추는 삶, 꿈꾸는 삶

| 이계안 · 우석훈 공저 |

우석훈의
한국기업사
시리즈
❶

Redian
레디앙

| 차례 |

■ 서문 _____ 6

첫 번째 질문
부자 이계안, 운인가? 재수인가? _____ 21

이계안이 돈을 벌게 된 사연 23 | 가난했던 어린 시절의 이야기 37 | 연좌제와 현대 입사 42 | 이계안이 지키는 돈에 대한 도덕 47

두 번째 질문
이계안, 정주영을 이해한 유일한 사나이인가? _____ 57

정주영의 실체, 이명박이 잘 봤나? 이계안이 잘 봤나? 59 | 정주영, 정당을 만들다 69 | 정주영, 길을 만들다 79 | '정주영 모델'은 있다? 없다? 82

세 번째 질문
누구나 승진해서 사장이 될 수 있나? _____ 97

승진하려면 독서를 하라 99 | 이계안의 승진 비법 108 | 이계안의 사장학 116 | 드롭아웃, 누구나 언젠가는 자신을 위해 살아야 한다 123

네 번째 질문
돈을 지배하는 법 _____ 129
돈은 상전이 아니다, 밑에 놓고 써라 131 | 부자들의 사명과 의무 141

다섯 번째 질문
돈을 만드는 법 _____ 161
제조업과 금융업, 그 다른 길 164 | 한국 제조업, 왜 고용에 실패하게 되었나 175

여섯 번째 질문
사람의 마음을 사기 _____ 191
국민을 정말로 믿을 수 있는가 194 | 노무현, 끊임없이 아래로 내려와 놀았던 정치인 206

일곱 번째 질문
한국은행 총재가 된다면? _____ 215
한국은행이 바쁘면 나라가 병든 것 217 | 자본주의와 민주주의는 다른 제도 228

여덟 번째 질문
지식경제부 장관이 된다면? _____ 233
지금처럼 어정쩡할 거라면 차라리 폐지가 나아 235 | 돈 벌어 본 사람이 볼 때 불가능한 일 244

아홉 번째 질문
한겨레신문사 사장이 된다면? _____ 249
이판사판, 신문판? 251 | 누가 지사적인 활동에 돈을 낼 것인가 262 | 경향신문과 MBC 이야기 265

■ **맺는 말** _____ 273

| 서문 |

돈에 영혼을 빼앗기지 않은 부자

1

나는 경제학자이기는 한데, 전형적인 비주류이고, 마이너 계열이다. 수학도 많이 쓰고, 통계 분석도 많이 하기는 하지만, 계량경제학 전공이 아니어서 정설적인 얘기도 많이 하는 편이다. 그리고 일반적인 경제학자들은 공부하지 않는 분야에서 아주 약간 공부한 것이 있다. 대학원 시절에 인류학과 생태학을 조금 접했는데, 공교롭게도 두 학문 모두 '필드'를 강조하는 경향이 있다. 그래서인지 현장을 돌아다니며 사람을 자주 만나는 편이다. 그걸 인터뷰라고 할 수도 있고, 질문이라고 할 수도 있을 것이다. 나는 인터뷰보다는 질문이라고 부르는 것을 선호한다. 모르면 물어보는 게 가장 빠른데, 내가 만나는 사람들은 농부에서 사장까지 폭이 아주 넓다. 한국이라는 곳을 필드로 정하고 나서 가장 좋은 점은, 궁금하면 직접 물어볼 수 있다는 것이다. 사람을 만날 때, 나는 녹음기나 사진기를 사용하지 않는다. 그 편이 진짜 얘기를 끌어낼 가능성이 높기 때문이다. 기자들은 취재수첩이라는 것을 꺼내는데, 내 경우 취재수첩을 들고 있는 사람에게는 왠지 편하지 않고, 사소한 말실수라도 하면 곧바로 신문에 나올 것 같은 위협이 느껴진다. 그래서 나는 평상시 사용하는 노트에 펜으로 메모를 하는 편이다. 그것도 일종의 장치인 셈이다. 다른 사람들은 취재나 인터뷰를 할 때 술도 가끔 마시는 것 같은데, 나는 정말로 필요한 질문을 할 때에는 술을 마시지 않는다. 그 정도면 내 수준에서 지킬 것을 많이 지키는 편이다. 질문은 최소한으로 하려고 한다. 기자들이 기사에 필요한 멘트를 위해서 인터뷰를 한다면, 나는 궁금한 것을 알기 위해서 질문하는 것이기 때문에 질문은 최소한으로 하고, 많은 것을 들으려고 하는 편이다. 보통의 경우, 세 가지 정도의 질문을 준비한다. 검사처럼 추궁하듯이 하는 것이 아니라, 가능하면 상대방을 편하게 해 주려고 하고, 또 피곤하지 않게 함축적인 질문 세 개 정도로 필요한 것들을 알아내려고 하는 편이다.

2

지금 진행 중인 경제 대장정 시리즈는 12권으로 준비되어 있는데, 원래는 '경제지성'이라는 시리즈명으로 내가 소개해 주고 싶은 경제학자 4명에 관한 인터뷰집을 포함하여 16권으로 구성되어 있었다. 그러나 결국 4권을 포기한 것은, 개마고원의 편집위원인

고종석 선배가 부정적 의견을 냈기 때문이다. 내 건강상 무리한 일정이라는 것인데, 사실 인터뷰는 힘이 드는 일이다. 왠지 인터뷰를 하고 나면 너무 힘들고 건강도 안 좋아진다.

가능하면 직접 인터뷰하는 일은 줄이려고 하다가 다시 새로운 인터뷰 계획을 세우게 된 것은, 기업사를 정리해 보고 싶어서다. 여느 경제학자들과는 달리 나는 대기업 출신이고, 아직 재벌이라고 불리는 회사들이 IMF 이전에 그룹으로 묶여 있던 시절, 그 한가운데에서 벌어지는 일들을 경험한 적이 있다. 환경이라는 분야에서 내가 관리하던 회사가 가장 많을 때에는 58개사였는데, 그러잖아도 거의 자료가 없던 기업에서 그나마 IMF 구조 조정 이후 자료가 뿔뿔이 흩어지면서 '한강의 기적'이라고 부르는 1970~80년대에 실제로 기업 내부에서 어떤 일이 일어났는지 알 길이 없어졌다. 재벌들이 늘 좋은 일만 한 것은 아니거니와, 특별히 누군가 정리하기 전에는 실체적 진실 혹은 기업사 같은 것들은 사라지게 마련이다. 그나마 지금은 그 시절을 기억하는 '노친네'들이 살아 있어서 잘 얘기하면 조금은 진실을 알 수 있다. 돈만 벌면 됐지 그런 걸 도대체 뭐하러 알 필요가 있느냐고 하겠지만, 경제학이 원래 그런 학문이고, 경제사는 경제학 중에서도 굉장히 배고픈 분야이다. 배고픈 분야들이 원래 내가 움직이는 곳이어서, 나는 그런 게 익숙하다. 어쨌든 내가 접근할 수 있을 만큼 총체적인 진실에 접근하고, 그 희미한 기억들을 후학들에게 남겨주고 싶다는 생각을 하고 있었다.

이계안이 나에게 인터뷰를 부탁한 때는 그런 시점이다. 이계안은 나보다 100배는 더 현대 내부의 일을 자세하게 알고 있는 사람이고, 그에게 궁금한 것을 묻고 싶어졌다. 다른 사람들은 모르지만, 나는 이계안에게 궁금한 것이 많았다. 그는 입이 자물통이라고 할 만큼, 어지간해서는 진짜 얘기를 잘 안 하는 사람이다. 현대가의 집사라는 별명을 가지고 있는 그가 어떻게 살았고, 그에게 현대는 어떤 모습인지, 정말로 알고 싶었다. 물론 사람들은 '왕자의 난' 같은 것에 관심이 있겠지만, 그건 어느 정도 내가 내용을 알고 있기 때문에 그렇게 궁금하지는 않았다. 정치적으로 민감할 내용들도 있는데, 너무 민감한 내용을 꺼내는 것은 부담스러워서 나도 일부러 물어보지 않은 것들도 있다. 현대그룹에서 이명박 대통령에 대해서 어떻게 생각하는지, 이런 거 궁금하지 않을까? 물론 나는 그 내용을 알고 있기는 하지만, 너무 민감한 내용이다. 그 외에도 궁금한 것들이 몇 가지 더 있었다. 언젠가 내가 현대그룹의 역사 같은 것들을 정리하는 순간이 오면, 그리고 내가 실체적인 진실을 어느 정도 이해했다는 생각이 들면, 독자들에게 그 내용을 밝히는 순간이 오기는 할 것 같다.

3

이계안과 나의 관계를 먼저 밝혀 두는 것이 이 책을 이해하는 데 도움이 될 것 같다. 나는 그가 만들었던 현대환경연구원이라는 곳에 공채 1호 박사로 입사하게 되었는데, 실제로 내가 그를 만난 것은 새로 만든 연구원이 어느 정도 연구원 꼴을 갖춘 몇 달 뒤의 일이었다. 내가 일하는 법을 배운 것은 두 사람을 통해서였는데, 한 명이 전무 시절의 이계안이었고, 또 다른 한 명은 지금 무역협회 부회장인 오영호이다. 기업에서 일하는 것은 이계안 전무를 보면서 배웠고, 정부에서 일하는 법은 오영호 국장에게 총리실에서 배웠다. 어떻게 보면 우석훈이라는 인간을 만든 것은 이계안과 오영호라고 해도 과언이 아닐 것 같다. 유전자로 치면, 이 두 사람은 필승의 유전자를 가지고 있는 셈인데, 그냥 모방만 하더라도 어느 정도는 버틸 수 있는 필승의 코드라고 할 수 있다. 대학 강사이던 내가 기업이나 정부에 대해서 뭘 제대로 알았겠는가? 나는 '레퍼런스'를 모방하고 또 모방했다. 두 사람은 나에게 오랫동안 레퍼런스였던 셈이다.

솔직히 현대에 입사할 때 나는 현대 같은 재벌에서 일하는 사람들은 대충 부패하고, 대충 잘난 척하고, 또 언제든지 구사대를 동원할 수 있는 철면피들일 것이라고 생각했다. 그런 사람들이 전혀 없었던 것은 아니다. 그러나 대체적으로 괜찮은 사람들이었지만, 부장들은 이미 길들어 있었고, 퇴사를 두려워하는 듯했다. 현대는 다른 기업에 비해서 승진이 좀 늦은 편이기 때문에 과장들은 불만이 많았고, 패기가 한풀 꺾인 것처럼 보였다. 대기업이라는 곳에 어느 정도 익숙해질 즈음에 전무 시절의 이계안을 만났다. 삼성은 비서실, 현대는 종합기획실, 줄여서 종기실이 그룹의 총사령탑 같은 곳이었는데, 이계안은 당시 종기실 부실장이었다. 어차피 종기실장은 다른 회사 사장의 겸직이라서 우리는 그를 종기실장이라고 불렀다. 그는 당시 마흔여섯 살이었는데, 재벌 시절의 현대를 일선에서 총지휘하는 지휘관이라고 볼 수 있는 위치였다. 약간 충격적이었는데, 재벌에도 이런 사람이 있으리라고는 한 번도 상상해 본 적이 없었기 때문이다. 그는 합리적이었고, 내가 하는 얘기들을 대부분 이해하고, 그 방향으로 하자는 결정을 비교적 쉽게 내렸다. 울산의 현대 계열사에서 사용하는 벙커C유라는 오염도 높은 연료를 청정 연료인 천연가스로 바꾸는 결정이 그때 이계안을 등에 업고 내가 했던 일 중에서 가장 큰 일이었다. 연간 30억 원 정도를 추가로 쓰게 되는데, 그 정도는 기업 이미지를 생각해서 그냥 쓰자고 하였고, 결국 그렇게 되었다. 그는 아무 때나 찾아오라고 했는데, 부르기 전에 내가 먼저 그를 찾아간 일은, 퇴사할 때까지 한 번도 없었다. 아마 이계안이라는 매우 특별한 인물이 없었다면, 나의 현대 시절은 따분하게 의미 없는 보고서들을 쓰거나 논문을 쓰는 시간이 되었을 것이다. 어쨌든 현대그룹에서 환경과 관련된 크고 작은 문제들을 해결한다는 것은 생각보다 쏠쏠한 재미가 있었다. 아산병원에서 벌어진 오염수 누출 사건, 현대백화점의 재활용 자재 사용과 관련된 문제, 북으로 보냈던 소 떼를 키웠던 아산농장의 오염된 호수에 관한 문제 따위가 내 손을 거쳐서 사장단 회의로 올라갔고, 완벽하게 해결하지는 못하더라도 최소한 내가 눈뜨고 있는 동안에 황당한 일이 벌어지지는 않게 하겠다고 생각했던 것 같다. 외부에는 알려지지 않았지만, 새만금에 대한 투자 건, 한반도 운하의 원형 계획에 해당하는 경인운하 확장에 대한 검토, 친환경 아파트 같은 것들이 내 책상을 거쳐간 일들이고, 하지 않는 게 좋을 거라는 의견을 달았었다.

IMF 경제 위기가 한창일 때, 이계안은 분사된 현대자동차 사장으로 떠났고, 조금 있다가 나는 에너지관리공단이라는 정부 기관에 팀장으로 옮겨 가게 되었다. 그를 다시 볼 일이 없을 줄 알았는데, 사람의 인연이라는 게 그런 게 아닌 것인지, 국회의원이 되고도 또 만나고, 그에게 이런저런 조언을 하게 되는 상황이 계속해서 생겨났다. 승진이라면 나도 고속 승진을 한 편이지만, 이계안처럼 초고속 승진을 하는 사람을 지금까지 본 적이 없다. 국회의원이 되기 전까지 그는 한국 샐러리맨의 신이었다. 평직원으로 입사해서 아무런 집안 배경 없이 사장까지 승진하는 것, 그 존재만으로도 수많은 월급쟁이들의 마음에 꿈을 불러일으켰던 것도 사실이다.

4

연좌제라는 것이 있다. 그의 아버지는 사상범이었고, 그로 인해서 고시가 좌절되고, 현대라는 민간 그룹에 누군가 신원 보증을 해서 겨우 입사하게 된 한 사나이의 얘기는 드라마 〈사랑과 야망〉류의 분위기일 것 같다. 그와는 다른 경로로 그의 여동생을 알게 되었는데, 김규항의 〈B급 좌파〉에 한신대 운동권 대모인 이계숙에 대한 얘기가 나온다. 나도 한신대의 이계숙에 관한 전설적인 얘기를 몇 번 들은 적이 있었는데, 그 이계숙이 이계안의 여동생인 것은 몰랐다. 2002년 〈창작과비평〉 봄호에 실린 김해자의 시를 잠깐 보자.

聖 이계숙

잉그리드 버그만 뺨치게 생겼지만
마흔 넘도록 키스 한 번 못해 본 여자
남자랑 자보지는 않았지만 무슨 종교의식처럼
체위 물어가며 섹시하게 연애소설도 번역한 여자
몸 튼튼하고 마음 착한 남자 만나 연애하겠다던 여자
남이 자긴지 자기가 남인지 곧잘 헛갈리던 여자
삼투압이 잘되어 남의 일에도 넘어갈 듯 좋아하던 여자
아름다운 거리 한 치가 모자라 눈물깨나 빼던 여자
손 많이 가는 반찬도 후배들이 맛있게 먹으면 입이 헤벌어져
서너 시간 다듬어서라도 콩나물 한 양푼 무쳐주던 여자
조선고추장 풀어 애호박국 기막히게 끓이던 여자
정작 자신은 굶은 끼니가 많았던 이미 병 깊었던 여자
원 없이 아프다 간 여자 그래서 눈물도 안 나오는 여자
세상에 단 하나뿐인 여자, 이 생을 건너
몇 만도의 불속으로 들어갔다 유리벽 하나 사이 랄라
낮과 밤 사이 이 세계와 저 세계 사이 랄라
다시는 돌아올 수 없는 바르도로 떠났다
아, 자비로운 이여
아무도 없는 어둠 속에서 저 여자를 지켜주소서
불 속에서도 다른 생에서도 다시는 아프지 않게 하소서
생명 있는 모든 것을 위해 사는 무한 허공의
빛으로 환생하게 하소서

이계숙과 이계안의 이미지를 연결하기는 쉽지 않다. 그를 이해하려면 그의 아버지에 대한 약간의 지식이 필요할 것 같다. 그의 아버지는 사형 선고를 받을 뻔했던 사상범이다. 미국 민주당에서는 '정치적으로 올바른politically correct'이라는 말을 종종 사용하는데, 급진적radical이라는 단어와는 약간 뉘앙스가 다르게, 최소한의 기준에 대한 얘기이다. 인종적 편견을 가지면 안 되고, 입양에 반대하면 안 되고, 사형제에 찬성하면 안 된다는 따위의 '정치적 올바름'이라는 단어를 사용한다면, 이계안은 대체적으로 그런 편이다.

한국에서는 좌파나 우파나 술을 많이 마시는 편이다. 이계안은 술을 마시지 않는다. 사회생활하고 승진하려면 술을 마셔야 한다는 얘기는, 이계안 앞에서는 다 터무니없다. 너나없이 자기가 좋아서 마시는 것이다. 술을 마시지 않고도 승진할 수 있느냐? 이계안 앞에서는 그게 반대의 명제가 된다. 승진을 제때 못하는 것은 술 먹고 노느라고 그런 것 아니냐? 이계안은 최소한 현대자동차 사장이 되어서 신문사 편집국장들 만나기 전까지는 골프를 치지 않은 것으로 알고 있다. 땅 투기 하지 않은 고위직을 만나기가 요즘은 정말로 쉽지 않은데, 이계안은 드물게 땅 투기를 하지 않은 경제인이다. 자식들에게 과외를 시키지 않고 학원 안 보낸 사장, 이런 사람이 한국에도 있기는 하다. 이것저것 장점이 많은 사람이다.

반면에 고지식하고 재미가 좀 없다. 인터뷰 과정에 학생 두 명을 포함하여 네 명이 두 달간 매주 꼬박 만났는데, 나는 재밌었지만 얘기가 지루해지면 학생들은 꾸벅꾸벅 졸기도 한다. 아무래도 대학생들과 만나기에는 문화가 살짝 엇나가는, 옛날 사람이다. 그러나 그렇게 온순하고 합리적으로 보이는 사람이지만, 현대 내에서 통했던 별명 중의 하나가 '피투성이'였다. 그룹 경영전략팀장이라는 자리가 합리화, 구조 조정 등의 이름으로 회사를 없애거나 통합하는 일들을 처리해야 하는 곳이니까 당하는 사람 입장에서는 저승사자처럼 보이기도 했을 것이다.

5

나는 이계안이 돈이 그렇게 많을 줄은 미처 몰랐었다. 물론 나는 경제학자니까 돈이 많은 사람들을 꽤 안다. 그중에는 물려받은 재산이 많은 사람도 있고, 가지고 있던 농지가 개발지로 바뀌면서 졸지에 100억 원대의 부자가 된 사람도 있다. 원래 있는 놈이 더 한다고, 내가 아는 100억 원대의 부자들 중 넥타이를 매고 다니는 사람은 이계안이 유일하다. 그중에서 최고 부자는, 아버지가 만석꾼이라서 그렇게 된 것인데, 현대 차 중에서 가장 작고 오래된 베르나를 타고 다닌다. 그와 지방 여행을 하면, 아무도 그가 그렇게 부자인 줄 모른다. 그의 땅에 한 번 가 본 적이 있는데, 차로 한참을 달려도 여전히 그의 땅이었던 기억이 있다. 얼굴이나 옷차림새로는 전혀 알 수 없다. 진짜 부자들은, 경차 아니면 카니발 같은 것들을 주로 타고 다닌다. 그러나 그런 사람들도 자신이 가진 것을 어떻게 사회에 내놓아야 할지 방법을 몰라서 그냥 쥐고 있는 경우가 많다. 물론 기부하거나 사회에 환원하겠다는 생각이 전혀 없는 것은 아니다. 다만 누구에게, 어떻게 주어야 그게 가치 있고 의미 있는지 방법을 찾지 못했을 뿐이다. 그 사람들이 나한테 연구소 차려 준다고 한 게 10년도 더 된 일이기는 한데, 남한테 돈 받는 걸 죽기보다 싫어하는 성격인지라 그때마다 늘 '되었다'고 말했다.

이계안은 나름 적극적으로 사회에 돈을 내놓으려고 하는 부자이다. 매칭펀드라는 개념을 사용한다면, 나도 이만큼 내놓을 테니까 다른 사람들도 웬만큼 성의 표시를 해서, 부자들의 의무 같은 것을 실천하자고 얘기하는 사람이다. 그런 점에서는 이계안에게 돈이 있다는 사실이 다행한 일이기는 하다. 한국에 부자는 많다. 그러나 적절한 방식으로, 그리고 정확한 곳에 돈을 내놓는 법을 잘 몰라서 움켜쥐고 있는 경우가 많다. 아마 이계안이 조금 더 움직임을 보인다면, 최소한 부자들에게도 우리가 '도덕적 의무' 같은 것을 약간은 부드럽게 말할 수 있을 것 같다. 나쁜 일투성이인 한국에서 이계안처럼 고민하고 있는 사람을 보면, 가끔은 기분이 좋아지기도 한다.

돈이라는 것이 엄청 치사한 것이기는 하지만, 어느 정도 사회의 흐름을 반영한다. 나는 돈을 따라 사회를 보는 경제학을 하는 사람이지만, 실제 경영인이었고 이제는 정치인이자 사회활동가로 나머지 생을 살고 싶어하는 이계안에게 돈이라는 것이 어떤 의미가 있고, 그가 어떻게 돈과 갈등하고 때로는 화해하게 되는지, 그가 이해하는 돈에 대한 얘기를 듣고 싶었다. 이계안은 돈을 완벽하게 지배하지는 못하더라도, 최소한 그렇게 오랫동안 돈을 만졌음에도 돈에 영혼을 뺏기지 않았다는 것을 삶으로 증명한 사람이다.

6

이계안은 노하우가 많은 사람이다. 최소한 승진과 돈 버는 법, 사회생활에 관해서 나보다는 훨씬 노하우가 많은 사람이다. 굵직굵직한 사건과 정책에 관한 질문을 하는 틈틈이 눈이 있는 사람들은 찾아볼 수 있도록 작은 질문들을 끼워 놓았다. 노골적이지는 않지만, 이계안이 가지고 있는 노하우를 독자들도 찾아볼 수 있도록 살짝 숨겨 놓은 것들이 있다. 어쨌든 나나 이계안이나, 영어로 self-help라는 칸으로 분류되는 자기계발서를 쓸 수 있는 부류가 아니다. "이러면 된다"고 낯간지러운 얘기들을 하기에는, 나나 이계안이나 진지한 측면이 있는 사람들이다.

자, 입사가 꿈인 대학생들에게 내가 이계안의 삶을 통해서 해주고 싶은 얘기가 있었다. 기왕 대기업에 입사하기로 마음을 먹었다면, 하는 김에 사장이나 경영진까지는 가 보라고 권한다. 삼성이나 현대의 부장이 인생의 꿈이다, 이렇게 생각하면 스스로 너무 비참하지 않겠는가. 비참할뿐더러, 그렇게 생각하면 크고 작은 결탁이나 부패로부터 자유롭지 못하다. 부패하지 않아도, 술 먹지 않아도, 최소한 현대자동차 사장과 현대카드 회장까지 진급한 이계안의 사례가 있지 않은가. 기왕에 입사할 양이면, 보란 듯이 경영해 보겠다고 생각하면 좋을 것 같다. 이계안처럼 살면 폼은 나지 않을지 몰라도 실속은 있고, 정의롭지 않을지 몰라도 부당하지는 않고, 최소한 자신에게 부끄럽지는 않을 것 같다. 이대로 가면 경제는 더 어려워질 것이고, 개인들의 삶은 더 팍팍해질 것이다. 최근의 대기업 입사 2~3년차나 대리 초반의 남성들 회사 생활을 보면 참 기가 막히다. 안 그래도 어려울 텐데, 술은 왜 그렇게 자주, 비싸게 먹는지, 여자 나오는 술집은 또 왜 그리도 자주 가는지. 그 속에서 나는 '경쟁'을 느끼는 것이 아니라 '절망'을 느낀다. 이계안은 그렇게 살지 않았던 하나의 성공 사례다. 기왕에 대기업에 입사하기로 마음먹었거나 이미 그 안에 있다면, '돈'에 대해서 진지하게 생각해 보라.

7

내가 맨 처음에 이계안을 위해서 준비한 질문은 모두 12개였는데, 너무 무거운 것 같은 질문 하나를 빼고 실제로는 11개를 했다. 그리고 이 책에는 분량상 9개만 실었다. 9개의 질문에 대해서 이계안은 모범생처럼 미리 준비를 해 왔는데, 내가 또 명랑을 모토로 사는 사람이라서, 그가 준비해 온 질문은 초장에 김을 팍 빼 버리거나 다른 쪽으로 방향을 확 틀어서 정말로 이계안이 가슴속에 가지고 있는 얘기들을 끌어내려고 시도했는데, 역시 모범생답게 이 거친 질문 방식에도 굴하지 않고 끝까지 차분하게 임했다. 지금 생각해 보면, 열 번의 질문은 쫓고 쫓기는 추격전과 비슷했고, 나는 약간 잔인하게 먹이를 모는 사냥꾼 같은 역할을 했다.

진실을 말해!

모범생 이계안과 소문난 사고뭉치인 우석훈의 인터뷰가 차분하고 아카데믹한 느낌일 것이라고 생각하실 분은 없을 것이다. 읽는 것 자체로 재미를 느낄 수 있도록 구성했는데, 내부 사정을 전혀 모르는 사람이 보면 재미없을지 모르겠지만, 이른바 인류학에서 사냥꾼이라고 부르는 고위직 남자들의 내부 세계를 보여 주려고 했다.

여기에는 아주 미미하지만 현대그룹과 정치권에 관한 진실이 있고, 이계안이 살아온 인생에 대한 팁들이 있고, 또 우리가 만들고 싶은 아름다운 세상에 대한 바람이 있다. 그리고 남들은 대단하게 생각하지만, 사실은 따분하고 범생이일 뿐인 한 사나이의 삶이 있다.

인터뷰 과정에는 대학교 4학년인 방영화와 유재영이 도움을 주었다. 많은 도움을 주고 싶었지만 별 도움을 주지 못한 유재영에게 특별히 감사드리고, 녹화된 기록을 보면서 최초의 녹취록을 작성해 준 방영화에게도 고마움을 표한다.

8

오래전부터 가지고 있던 생각인데, 시간과 여유가 되는 대로 한국의 기업사에 대해서 할 수 있는 만큼 정리해 보고 싶었다. 우파들이 그렇게 자랑스러워하는 한국 기업의 내부에서 벌어진 일들에 대해서 과연 우리는 얼마나 알고 있을까? 도대체 무엇이 성공의 비결이고, 무엇이 우리가 승계하지 않아야 할 문제점일까? 참고 문헌이 있고, 참고 인물이 있다면, 우리에게는 거의 아무런 참고 문헌도 남아 있지 않고, 아직 한국의 발전 시대를 기억하고 있는 참고 인물만이 남아 있는 셈이다.

내가 만나 본 기업인 중에서, 이계안은 기업사에 대해 처음으로 진실을 얘기해 준 참고 인물이었다. 기회가 닿는 한, 최대한 참고 인물이라도 정리해서 언젠가 이 시기를 연구할 후학들을 위해서 전달해 주고 싶다. 내가 준비하는 다른 시리즈와 비교하면 이 한국 기업사 시리즈는 프레임과 종료 시점을 미리 알려 드리기가 어렵지만, 어쨌든 이 책은 기업사 시리즈의 첫 번째 책에 해당한다.

> 첫 번째
> 질 문

부자 이계안,
운인가? 재수인가?

"1992년 마흔 살 때였어요. 정주영 명예 회장님이 선거에 출마하시면서 자금을 조달하려고 임원들에게 주식을 강제로 팔았어요. 각 임원들이 자기 할당량만큼 사야 하는데, 저는 현대석유화학의 CFO 역할을 했었어요. 그때 마침 CEO를 하시던 이현태 회장님이 다른 사건에 연루되어 수사망을 피해서 해외에 나가 계셨어요." _ 이계안

이계안은 100억 원대의 부자이다. 많다면 많고, 적다면 또 그 자체로는 별것 아닌 돈이기도 하다. 어쨌든 생활인에게는 상상하기 쉽지 않은 돈이다. 평직원에서 요즘은 CEO라고 부르는 월급쟁이 사장으로 살았던 그의 재산 형성 과정과 그가 이 문제를 어떻게 생각하는지 궁금했다. '운'은 하늘이 내리는 것이고 '재수'는 귀신의 조화라는 생각을 평소에 종종 했었는데, 이런 질문은, "잘나서 돈을 번 것이다"라는 한국 자기계발서의 주요 명제를 그를 통해서 한번 흔들어 보기 위한 것이다.

이계안이 돈을 벌게 된 사연

우 이계안 이사장님은 부자시잖아요. 첫 번째 질문은 그거예요. 본인이 생각하시기에 자기가 부자가 된 것이 운 때문인지 재수가 좋아서인지 묻는다면? 함정이 있는 질문이에요. 유능해서 돈 번 것 절대 아니라는!

이 제가 이 질문에 대한 이야기를 두 가지 할 수 있는데요. 하나는 우리 할아버지 또는 정주영 명예 회장님이 말씀하셨던 것 중에….

우 할아버지랑 정주영 명예 회장은 다른 건가요? 할아버지는 진짜 할아버지?

이 그렇죠. 저는 아버지한테 교육을 받지 못했어요. 할아버지가 가르치셨는데, 할아버지는 제가 초등학교에 들어가기 전부터 따로 데리고 자면서 여러 가지를 가르쳤어요. 그중에 '소부小富는 재근在勤이다'라는 말이 있어요. 부지런하면 밥은 먹고산다는 뜻이에요. 그것의 대응구는 '대부大富는 재천在天이다'이죠.

우 부지런하면 동네 유지 정도는?

이 맞아요. 동네 유지는 할 수 있다는 거예요. 그 이야기를 철나서 알았고 현대에 들어갔더니 정주영 명예 회장님 말씀이 한마디로 정리하면 그런 것이에요. '소부小富는 재근在勤이고 대부大富는 재천在天이다.' 그 이야기를 직접 들었을 때는 1979년입니다. 9월 4일, 현대양행이 부도 처리가 됩니다.

우 양행요?

이 현대양행은 정인영 씨가 하던 것이에요. 그때 정주영 명예 회장님이 소회를 말씀하시면서 "부자는 하늘이 내는 것인데 우리 집안에 부자를 둘이나 주겠어?"라고 했어요. 할아버지가 해 준 말과 같은 말이었습니다. 할아버지가 가르쳐 주신 것이 천하의 부자인 정주영 명예 회장의 믿음과 같구나. 내가 할 수 있는 것, 부지런히 해서 밥은 빌어먹지 말자. 열심히 하자. 그것 때문에 학교 다닐 때부터 지금까지 새벽에 일어나 공부하고 부지런을 떨고…. 지금도 3~4시면 일어나서 공부하거든요. 그런 측면에서 보면 제가 밥 먹게 된 것도 그렇고, 부자라는 것이 물질적으로 돈만 버는 것을 의미하는 것이 아니라 학생이면 공부 잘하는 것, 월급쟁이면 직장에서 일 잘하고 때맞춰 승진하는 것, 그게 바로 소부小富에 해당한다고 생각해요. 소부小富는 재근在勤이라는 측면에서 보면 제가 부자가 된 것은 제가 잘나서 그런 것이 아니라 스스로 잘 훈련되어 있고 그러한 교훈을 잘 따라서 했기 때문이에요. 또 '운칠기삼運七技三'이라고 하잖아요? 기삼技三은 믿어요. 하지만 운은 7이 아니라 97이라고 생각해요. 우리 집에서 하는 농담 하나가 그거예요. 2대 8로 가르자. 애들한테 너희 8 가져. 2는 제가 갖는 것이잖아요? 92가 아버지 거야. '운칠기삼'을 보면 운이 그 대부분이지요. 실제로 제가 재산을 형성한 것을 보면, 월급을 상당히 많이 받았으니까, 월급을 꼬박꼬박 저금만 해도 부자가 되었을지도 몰라요. 그런데 아내가 주식을 했어요.

우 처음 들은 이야기인데, 케인스처럼 부인이 주식 투자 결정을 하셨다는 얘기인가요?

이 아내가 주식 같은 것을 했어요. 보통 사람 같으면 남편이 한 회사의 사장일 뿐만 아니라, 한 그룹 사무실의 실무 책임자니까 그런 것 물어볼 수도 있잖아요? 한번은 아내가 제가 사라는 주식의 이름을 잊어버리고 다른 회사 것을 샀어요. 나중에 보니까 제가 사라는 주식은 안 오르고 아내가 실수해서, 현대중공업 대신 비슷한 미포조선 것을 샀는데, 그것이 오르는 거예요. 그것을 보면서, 아내한테 돈 버는 운이 있나 보다 싶었죠. 가끔은 부자도 승부를 걸어야 하는 경우가 있잖아요? 치밀하게 계획을 세우죠. 나름대로 이런저런 변수를 계산하는데, 나중에 보면 그 계산대로 되는 것이 아니더라고요. 계산을 하고 계획을 세우는 것은 사람의 몫이지만 그것이 되고 안 되고는 하늘의 뜻인 것 같아요. 『삼국지』에 '모사謀事는 재인在人이요 성사成事는 재천在天이다'라는 말이 있어요. 저는 『삼국지』의 '오장원五丈原의 전투' 이야기를 자주 해요. 오장원의 전투에 "죽은 공명이 산 중달을 쫓다"라는 이야기가 나와요. 제갈공명이 위나라를 치기 위해서 가는데 상대방 군사가 사마의죠. 사마의가 자기 그릇은 어느 정도고 제갈공명의 그릇은 어느 정도인지 아니까 맞붙지 않고 계속 버티잖아요. 한번은 전투를 치르는데 팔진도의 꾐에 빠져서 사마의, 사마의의 아들들이 다 죽게 됐는데….

우 하늘이 돕죠.

이 갑자기 전혀 계산하지 않았던 일진광풍이 일어나면서 폭풍우가 몰아쳐서 매설되어 있던 폭약이 폭발하지 않아 사마의가 무사히 빠져나가요. 그때 제갈공명이 '모사는 재인이요 성사는 재천이다'라고 했어요.

우 그때 사마의가 내가 이렇게 죽는구나 하고 하늘을 보고 우니까 비가 뚝뚝 떨어진 것 아니에요.

이 맞아요.

우 그래서 사마씨가 결국 삼국을 통일하거든요.

이 사마염의 진나라가 통일하게 되지요. 제가 오장원의 전투에 대해서 또 하나 이야기하는 게 식소사번食少事煩이에요. 식소사번은 먹기는 조금 먹고 일을 많이 한다는 뜻이에요. 저는 사마의를 더 높이 평가하는데, 제갈공명이 사마의를 전투에 끌어들이려고 그를 놀리잖아요? 비겁한 놈, 여자 같은 놈.

우 여자 옷을 선물로 보냈죠?

이 여자 같은 놈이라고 해서 미안한데, 사자를 시켜서 치마를 보낸단 말이에요. 적군의 사자지만 전쟁에도 예의가 있어서 사자를 죽이면 전쟁하자는 뜻이고 사자를 돌려보내면 대화하고 협상하자는 뜻이에요. 사마의가 그를 죽이지 않고 '승상은 어떻게 지내시는가?' 물었어요. 그랬더니 이 사자가 아무 생각 없이 우리 승상은 참 바쁘시다고, 열심히 일하신다고 했지요. 사마의가 무슨 일을 열심히 하느냐고 물으니 벌을 주는 것도 태형을 30대 이상 하는 것은 직접 하시고, 그것까지만 말했으면 좋은데, 잠도 줄이시고 먹기도 덜하시면서…. 그러니까 사마의가 속으로 무릎을 치면서 '아, 제갈공명은 이제 죽는구나! 내가 기다리면 이기는구나!'라고 생각하고 그냥 버티잖아요. 그것이 바로 식소사번이에요. 먹기는 덜 먹고 일을 많이 한다. 저는 강의 때 이 얘기를 많이 해요. 공부 안 하고 열심히 떠들기만 하는 정치가들, 또 공부 안 하고 일 많이 한다고 만날 앉아 있는 사람들. 경영학 시간에 배우잖아요? 인풋 input이 없는데 아웃풋 output이 어디 있습니까? 인풋이 없이 아웃풋을 많이 빼먹는 사람들은 결국 죽게 되어 있어요. 인풋을 위해서 독서를 해야 한다고 늘 강조하지요. 그래서 머리를 폭 넓게, 깊이 있게 해야 요새 말하는 지속 가능한 것을 유지할 수 있다면서. 저는 교회를 좀 늦게 다니기 시작했어요. 대학교 1학년 때, 친구 따라 강남 가듯이, 교회 가자고 해서 교인이 됐는데 성경 읽다 보니까 이런 말이 나와요. 잠언 19장 21절이던가, 사람의 마음에 많은 계획이 있어도, 성취되는 것은 오직 주님의 뜻뿐이다.(새 번역에 따름) 저는 그런 것에 대해서 믿음이 있어요. 내가 문제를 해결하기 위해서 열심히 하면 작은 문제는 혹시 해결될지 모르지만 큰일이라든지 큰 틀에서 움직이는 것은 기삼技三은 맞지만 운은 7이 아니라 97이라는 이야기를 하고 싶어요. 돈 버는 것도 마찬가지죠. 제가 상대적으로 보면 잘사는 건데, 그 잘살게 된 것이 과정을 봐도 그렇고 실제로도 그렇고 제가 뭘 잘해서 그렇게 된 것은 아닌 것 같아요. 진짜 이것은 운이 있어야 된다고 생각해요. 이런 이야기가 질문하고 어울리는지는 모르겠는데 또 하나는 사람의 말이 창조성이 있다는 거예요. 태초에 '말씀'이 계셨다(새 번역에 따름) 이야기하는 것도 마찬가지예요. 그 '말씀이 육화되었다'라는 것도 마찬가지라고 생각하는데, 어려서부터 할아버지가 가르친 것이 있어요. 제가 지금도 그렇지만 어려서도 머리가 커다랬으니까 되게 볼품도 없고 귀염성이라고는 하나도 없는 손잔데….

우 어렸을 때도 머리가 크셨어요?

이 어렸을 때 별명이 대갈장군이었으니까. 그런데 우리 할아버지가 제가 갓 태어나서부터 동네 사람들이나 친척들이 우리 집에 놀러 오면 만날 우리 손자 보고 가라고 보여 줬다는 거예요. 그러면 다들 내 머리가 크다고 모과덩이 같다고 놀렸대요. 그때 할아버지가 그러셨다는 거죠. 그런 소리 마라, 너희들이 다 쟤 신세 지고 살 것이다.

우 아, 할아버님이 그런 얘기를 하셨어요? 어린애를 보고 무슨 생각을?

이 그런 이야기를 해서 결국은 말을 통해서 이게 네 운이라고 가르쳐 주신 것이 진짜 운이 되기도 하고…. 할아버지는 주역을 따져서 말씀하신 것으로 알고 있는데, 어쨌든 그렇게 말함으로써 듣는 사람이 그 말을 믿고 거기에 맞추려고 노력하는 것이 아닌가 싶어요. 이를테면 자식을 때리거나 혼낼 때 그런 이야기를 하죠. "이 빌어먹을 놈!" 가나안 농군 학교 김용기 장로님이 그러셨어요. 자식이 말 안 들으면 때릴 수도 있고 욕할 수도 있는데, 그때 '빌어먹을 놈'이라고 하면서 때리면 부모님이 빌어먹으라고 했으니 효도하려면 빌어먹어야지. 그러니 자식이 잘될 리 있나? 그러니까 종아리를 치면서도 '이 부자가 될 놈'이라고 하면 매는 매대로 때리고 부자 되란 이야기인데, 그런 게 예전에 할아버지가 저를 키울 때 하셨던 이야기거든요. 저는 기技는 3이고 운運은 7이 아니라 97이라고 믿고, 제가 돈 쓰는 방법에 대해서도 그런 생각을 하고 있어요.

우 아까 사모님이 주식 투자를 했다고 하셨는데, 가장 유명한 것이 케인스 이야기거든요. 케인스 부인이 러시아 출신 발레리나예요. 케인스가 현금은 얼마, 부동산은 얼마, 유가 증권은 얼마, 이렇게 해서 포트폴리오를 만들었어요. 케인스가 돈을 잘 버니까 물어본 거예요. 어떻게 그렇게 주식을 잘했는가. 아내가 시키는 대로 했다. 경제학자 사이에서 유명한 이야기거든요. 돈 이야기 시작했으니까 이를테면 20대, 30대, 40대, 50대, 이렇게 놓고 지금 자신의 재산에 대해서 기여도의 비율을 내 보면 어떨까요? 20대 때 얼마 벌었고 30대, 40대, 50대….

이 그 이야기를 해도 마찬가지로 운이라고 생각하는데, 저는 월급쟁이만 했잖아요.

우 진짜 수치가 나올 것 아니에요.

이 그러니까 수치로 보면 저는 20대 때 직장 생활을 하면서, 마이너스 통장 가지고 살림 시작한 사람이니까 먹고살기 바빠 재산을 형성한다는 것은 생각도 못했어요. 30대 때는 제가 해외 근무를 해서, 그때는 해외에서 3년 근무하면 아파트 한 채를 살 수 있었어요. 밑천을 그때 마련했어요. 런던 근무를 3년 하고 나서 40대 후반에 경영인이 되어서 월급 자체가 많아졌어요. 결정적으로 돈을 많이 번 것은 그러니까 40대 후반이죠. IMF 구제 금융을 받을 때여서 회사의 기업 지배 구조가 바뀌고 경영진에게 보상하는 제도가 바뀌었어요. 옛날에는 퇴직금을 주었는데 스톡옵션stock option이라는 제도가 생겼어요. 제1세대로 스톡옵션의 혜택을 받은 사람이 저거든요. 제가 현대자동차를 비롯해서 여러 회사의 임원이다 보니 여기저기에서 스톡옵션을 받았고 그것이 지금 재산의 대부분을 이루었어요. 40대 후반, 50대 초반에 재산의 대부분이 만들어졌는데, 그것도 운이라고 생각해요. 어떻게 보면 IMF 구제 금융을 받아야 하는, 우리나라가 거의 망하기 직전의 국가 부도 사태에서 재벌 총수들이 원하지 않은 서양 모델을 들여다가 경영진을 구성하고 권한과 책임을 주고 그에 대한 보수를 정하는 방법이 바뀌었단 말이죠. 그때 갑자기 전혀 들어 보지 못했던 스톡옵션이라는 것이 생겼어요. 이를테면 제가 현대자동차 스톡옵션을 받았을 때 주가가 만 원 정도 했는데, 주가가 일정한 금액이 되어야 스톡옵션을 행사할 수 있다는 조건이 있었어요. 원래는 제가 잘해서 회사가 잘되어야 의미가 있는 것인데, 제가 회사를 떠난 후 현대자동차가 국내 자동차 업계를 평정하고 해외에 가서 품질이 좋아지고 수요가 늘어나 현대자동차 주가가 7만 원, 8만 원씩 했어요. 나중에 스톡옵션을 행사해 주식을 팔아서 돈을 엄청 많이 벌었죠.

또 하나는 1992년 마흔 살 때였어요. 정주영 명예 회장님이 선거에 출마하시면서 자금을 조달하려고 현대중공업, 현대엘리베이터, 현대산업개발 주식을 임원들에게 사실상 강제로 팔았어요. 각 임원들이 자기의 할당량만큼 사야 하는데, 저는 현대석유화학의 CFO 역할을 했었어요. 그때 마침 CEO를 하시던 이현태 회장님이 다른 사건에 연루되어 수사망을 피해서 해외에 나가 계셨어요.

우 스톡옵션으로 돈 번 얘기들, 사람들이 어떻게 생각할까요?

이 사실이니까 솔직하게 얘기하는 게 좋겠지요. 이 회장님이 없다 보니까 제가 사실상 CEO의 몫을 해야 하는 상황이었는데, 그게 정주영 회장님이 가지고 계시던 현대중공업 주식 등 관계자 주식을 사원들에게 파는 것이었어요. 그런데 사람들이 안 사는 거예요. 그러니까 할당량을 채울 수 없잖아요. 중역들한테 좀 사라고 했더니 제가 사면 사겠다는 거예요. 그때 제가 돈이 없어서 결국 은행 돈을 빌려서 주식을 샀어요. 1만 2,000원에 샀던가? 이게 나중에 7만 원까지 올라갔어요. 은행 돈 갚느라고 그때 바로 팔았어요. 그런데 팔고 나니까 다시 2만 원까지 떨어지더군요. 별생각 없었는데, 피크점에서 진짜 운 좋게 팔았던 거지요.

우 그때 그 회사가 IMF 때 LG화학하고 합쳤죠?

이 IMF 때 삼성종합화학하고 합치자고 제안했는데 안 되었고 결국 롯데하고 LG로 팔았죠. 저는 주식을 해서 돈을 좀 벌었는데, 또 한 번 그런 일이 있었어요. 1998년에 제가 종합기획실 부실장 겸 경영전략팀장으로 그룹의 실무 책임자였는데 소속은 현대건설이라 현대건설이 증자할 때 우리 사주 자격으로 주식을 사야 했어요. 그런데 액면 5,000원짜리 주식이 5,000원도 안 되는 거예요.

액면가 미달이지요. 지금은 상법이 바뀌어서 액면가 이하도 발행할 수 있는데 그때는 발행할 수조차 없었어요. 그런 주식을 부실 장이니까 몇 주를 사라고 강제 할당이 된 거예요. 내가 권력 부서에 근무하는데, 5,000원도 안 되는 주식을 왜 사요? 그래서 안 사고 버티는데 마지막 날 그것을 담당하던 상무가 찾아왔어요. 당신이 안 사면 다른 사람들도 당신 핑계 대고 안 산다, 전액을 은행에서 융자 받아 줄 테니까 사라고 해서 마지못해 굉장히 많이 샀어요. 거의 2만 주를 5,000원씩에 샀지요. 그때 현대자동차 명의로 기아자동차 입찰에 참가하는 것을 책임지고 있어서 잊어버리고 있다가, 1998년 12월 4일자로 갑자기 현대자동차 사장으로 발령이 났어요. 너무 바빠서 다 잊어버리고 있다가 주식 납폐하기 이틀 전에 주가를 보니까 1만 5,700원이에요! 그래서 다 팔아 가지고 5,000원 은행 빚 떼고 나니까 주당 1만 원씩 남잖아요? 그것도 운이 뭐냐면 너무 바빠서 매일 주식을 살펴볼 수 없었다는 것. 현대캐피탈 부사장 하던 노정익 씨가 매일 주식하는 사람인데, 나중에 물어보니까 5,300원에 팔았다고 하더군요. 5,000원에 사서 5,300원에 팔면 6%인데⋯.

우 수수료 떼고 이자 갚으면 얼마 안 남았겠네요.

이 두 달도 안 되어서 팔았으니까, 이걸 연간 수익률로 환산하면 40% 가까이 되겠지요. 이 사람 그때 되게 좋아하는 거예요. 그런데 나는 게으르고 다른 일에 바빠 잊어버리고 있다가 운이 진짜 좋아서 이게 1만 5,000원이 된데다가 5,000원 때 증자를 한 번 해서 주식이 두 배로 늘어나 있더라고요. 그래서 그때 돈으로 3억인가를 벌었어요. 그런 거 보면 돈이 나를 따라다녀야지 내가 돈을 따라다

녀서는 돈이 안 벌려요.

우 저는 현대건설에서 우리 사주 하라고 해서 순진하게 사라는 대로 샀지요. 1,000만 원어치 샀는데, 저도 바빠서 까먹고 그냥 가지고 있다가 3년 전에 아내가 정리하라고 해서 팔았어요. 하하, 저는 주식에 감자가 끼어 있어서 이래저래 5분의 1로 줄어 있더군요. 800만 원 손해 봤어요. 저는 돈이 피해 가나 봅니다.

이 대부분의 사람들이 그랬죠.

우 돈 번 얘기 조금만 더 해 볼까요? 그 뒤에 펀드 같은 것으로 돈 번 것은 없으세요?

이 국회의원이 되면 주식 투자를 할 수 없잖아요. 그래서 국회의원 하는 동안은 아내가 관리를 했습니다. 작년에 보스턴 가서 일 년 있었잖아요. 그러니까 펀드밖에 할 수가 없는데 내가 열심히 노력해서 원금을 지키려고 했는데 잘 안 되더라고요. 많이 까먹었어요. 그래서 내가 아내한테 이것은 진짜 운이라 어쩔 수가 없다, 우리가 결혼해서 오래간만에 둘이만 가서 아무것도 안 하고 잘 살았으니 그 대가로 생각하자고 했습니다.

우 보스턴 체재비가 엄청 들어간 셈이군요.

이 보스턴 체재비에 대해 두 가지로 이야기할 수 있는데, 학교에는 돈이 들지 않았지만 생활비는 내가 지불해야 해서 그 돈이 좀 들었어요. 이 기회에 건강보험의 모순 얘기를 꼭 하고 싶어요. 국회의원 임기가 딱 끝나고 나니까 건강보험조합이 직장인조합에서 지역조합으로 넘어가는 거예요.

우 엄청 내셨겠네요.

이 직장인조합에서는 40만 원 정도 냈는데, 지역조합 가니까 삼백 몇

십만 원 내야 되더라고요.

우 300만 원까지도 가나요? 90만 원대에서 최고 한도가 없어요?

이 아니에요. 300만 원까지 가더라고요.

우 유명 작가들 중에는 90만 원 정도 내는 사람이 있다고 하던데요.

이 제가 좀 부자이기는 해도 당황해서 건강보험관리공단에 이의를 제기했어요. 면담하러 갔지요. 세상에 이런 법이 어디 있소? 세비를 받을 때는 40만 원 내다가 직장 그만두고 나 지금 실업 수당 신청하려고 하는데 거기다 대고 삼백 몇십만 원 내라고 하는 것이 어디 있어요? 그랬더니 상대방이 얼굴도 쳐다보지 않고 의원님들이 그렇게 만드셨잖아요!

우 (웃음) 아, 그거 대박이네요!

이 그래서 아무 말도 못했어요. 다른 루트를 통해서 들은 바로는 국민연금과 건강보험료를 덜 내는 방법이 있기는 해요. 해외에 가서 살거나 아니면 이명박 대통령처럼 어떤 조직의 월급쟁이가 되어서 월급을 조금 받는다고 신고하는 방법이 있다는 거예요.

우 그런 고민들 많이 하지요, 자유직을 가진 사람들은요.

이 이명박 대통령이 대통령 선거 과정에서 자기 빌딩 관리인 자리에 고용원으로 등재해 놓고 연금 같은 것 조금 낸다는 말을 듣고 치사하다고 했는데 그 말을 이해(?)하겠더라고요.

우 이해는 가지만, 용서가 어렵지요.

이 그러다 하버드 대학 방문 연구원으로 미국에 가게 되니까 건강보험이 딱 중지되고, 그 차액으로 해외 생활비의 절반을 충당했어요. 그래서 국가 장학금 받고 갔다 왔다고 얘기하기도 해요. 그렇지만 펀드와 관련해서는 해외에 있다 보니 기민하게 대처하지 못해서 굉장히 많이 잃었어요. 천문학적인 숫자를 잃었죠.

우 천문학적인 숫자가 얼마쯤 되는지? 단위만이라도 좀 알려 주시면.

이 달러로 따지면 제가 한 300만 달러에서….

우 30억 정도?

이 300만 달러에서 500만 달러 사이.

우 30억~50억 정도군요.

이 그 대가라는 것이 무슨 기술이 있어서, 실력이 있어서 할 수 있는 것도 아니고….

우 대세 하락장이니까요. 그때 한국에서 미리 정보를 알고 돈을 뺀 사람이 0.1% 정도 된다고 하더군요. 그래서 0.1%의 실력자들 아니면 누구도 피해 갈 수 없는 충격이라는 말이 있었어요.

이 대세가 그러니까. 그 대신에 손절매라도 했을 텐데, 보스턴에서는 그렇게 하기가 어렵잖아요. 저는 그래도 미래를 위해서 시간을 투자해 공부하러 갔는데 펀드에만 매달리면 너무 억울하잖아요. 그래서 뭘 한다고 하면 하느님이 기회를 주지만 그 기회의 대가를 주고 안 주고는 하늘에 달려 있다, 이런 생각을 하고서 다 운이다, 할 수 없다고 포기하니까 배 아픈 것은 없어지더라고요.

우 그때쯤 외환은행 강남 지점에서 아내에게 펀드를 하라고 권유했다더군요. 저희 부부는 근로 소득 외에는 소득 안 올린다는 원칙을 가지고 살아요. 펀드는 한 적이 없고, 그냥 정기적금 들어요. 은행에서 권유한 다음 달에 팍 떨어졌는데, 아찔했죠.

이 그런 것을 보면 부자가 되는 것은 큰 틀에서 '대부大富는 재천在天이다'라는 말이 맞아요. 제 경우를 봐도 제가 노력해서 번 것이 없는 것은 아니지만 결정적으로 목돈이 생겼고, 제가 월급쟁이 출신으로 부자가 된 것, 이런 것은 진짜 운이라고 생각해요. 운이 있을 때에는 눈에 보이고, 운이 없을 때에는 눈에 안 보이고.

우 귀신이 씌울 때도 있죠. 남들 다 안 된다고 하는데 혼자 된다고 하고 가서 까먹을 때.

이 본질적으로 부에 관계되는 것은 연연하여 쫓아다니지 않겠다고 마음먹고 있어요.

가난했던 어린 시절의 이야기

우 자, 그럼 가난했던 어린 시절 얘기를 들어 볼까요?

이 가난했던 이야기는 간단하게 하자고요. 가난했던 이야기를 오래 하고 싶진 않아요. 저는 초등학교 4학년 때 아버지를 처음 봤어요. 제가 태어날 적엔 아버지가 돈을 벌 때라 우리 동네에서 가장 부잣집이었어요. 그런데 아버지가 감옥에 가셨고, 재판받고 감옥에 가 계신 동안 돈을 다 썼어요. 시골에서 부자여 봐야 돈이 몇 푼 되겠어요. 변호사 비용으로 다 들어갔죠. 할아버지가 말씀 안 하시지만 아버지가 군사 재판에서 무기를 받으셨는데, 사형 받을 걸 무기로 낮춰 받은 거죠. 제가 4학년 때 아버지가 감옥에서 나오셨는데, 6학년 때 할아버지가 돌아가시고 나니까 재산을 다 정리해서 다시 뭔가 해 보시겠다고 했는데 아무것도 못했어요.

우 무기 징역이었는데 4학년 때 나오셨다는 얘기죠?

이 실제 산 것은 햇수로 7년 정도였어요. 그런 과정을 거치면서 아주 가난해졌는데 그럼에도 아버지가 저한테 희망을 준 것이 있기는 해요. 그 당시 제가 한글도 일찍 깨치고 똑똑한 아이인 것은 분명한데, 나가면 만날 싸우는 동네 말썽꾸러기였거든요. 지금 초등학교 동창들 만나면 저한테 안 맞았다는 친구가 손가락으로 꼽을 정도예요. 제가 의식적으로 안 때린 친구가 둘이에요. 여자 친구 한 명, 남자 친구 한 명. 남자 친구는 제 가방 들고 다니는 놈이었고, 여자애는 초등학교 들어가기 전부터 친구예요. 나머지는 남녀를 불문하고 때렸는데 아버지가 오신 다음에 모범생이 됐어요. 그 뒤에는 품행이 방정해져서 우등상도 탔지요. 5학년 때부터 반장이 됐어요. 그 전에는 선거하면 저한테 맞은 친구들이 안 찍어 줬거든요. 5학년 때 반장이 되고, 6학년 때는 어린이 회장 되고 학교를 대표해서 도지사 상을 받았어요. 공부 잘하는 모범 학생이지만 그래도 촌놈이잖아요? 4학년 때 봤다가 그동안에 거의 또 못 보았던 아버지가 갑자기 나타나서 경기중학교 시험 보러 가자는 것이에요. 떨어졌지요. 그리고 경동중학교로 진학했는데 돈이 없어서 중학교 2학년 때 중학교 1학년 학생 가르치는 아르바이트를 했어요. 친척집이라도 공짜로 밥 먹여 줄 수 없으니까 명목으로 중학교 1학년을 가르치라고 해서 가르쳤는데 도시락도 안 싸 주고 공납금도 안 주었어요.

우 공납금을 내주는 사람이 없었군요?

이 그때 도시락을 안 싸간 것 때문에 지금까지 저를 지배하는 것이 있어요. 경동중학교가 그때는 좋은 학교였기 때문에 도시락을 못 싸간 애들에게 말만 하면 우유 하나와 빵 두 개를 줬어요. 저는 경동중학교를 2학년 2학기 중간까지 다녔는데 한 번도 도시락을 못 싸왔다고 말하지 않았어요. 그래서 제가 가난하다는 것을 친구들은 몰라요. 결국 그 학교를 못 다녔어요. 공납금을 안 내면 담임선생님이 불러 가지고 그러시는 거예요. "중학교는 의무 교육이 아니야." 지금은 중학교가 의무 교육이지만 그때는 아니었거든요. 그게 마음에 상처가 되어 학교를 다닐 생각이 없어졌어요. 게다가 여름 방학이 지나서 개학하고 조금 다니다가 동복을 입어야 했는데, 1년 동안 훌쩍 자라서 입학할 때 입었던 동복은 맞지 않고 새로 살 수도 없었어요. 시골집으로 내려가서 외삼촌 댁에서 가을걷이하고 농사짓고 학교를 안 갔어요. 아버지는 잘 보지도 못하고 돈도 없고, 어머니께서 방물장사하셔서 먹고살 때였어요. 한글을 모르시는 어머니가 기억력 가지고 방물장사를 하셨어요. 집안이 힘드니까 막내 외삼촌한테 가서 가을걷이하고 겨울 넘어가고 봄에 볍씨 뿌리는 것까지 했어요. 덩치가 커서 농사일은 좀 했는데 그때 막내 외삼촌이 저한테 "너는 글농사 짓는 것이 더 낫겠다" 하시고는 시골 중학교를 알선해 주셔서 경기도 평택시 안중읍에 있는 안중중학교에 편입해서 들어갔어요. 그렇게 중학교를 거쳐서 고등학교 때 서울로 다시 돌아왔지요.

우 경복고등학교였죠?

이 네. 경복고등학교가 청운동에 있는데 제가 지금 서울대학교 있는 신림동에서 학교를 다녔어요.

우 꽤 멀 텐데 왜 거기서 다니셨어요?

이 돈이 없어서 혼자 자취할 수도 없으니까. 중학교 동창 중에 서울에는 경복고등학교 하나, 보성 둘, 양정 하나, 나머지는 촌 아이들이니까 덕수상고, 선린상고, 경기공고, 이렇게 다녔어요. 서울공고가 대방동에 있지 않습니까? 서울공고 친구들이랑 방 작은 것 하나 빌려서 자취하느라고 신림동에서 다녔어요.

우 현대 다니실 때에는 경복고등학교 근처에 사시지 않았나요?

이 네, 맞아요.

우 기억 많이 나셨겠습니다.

이 중학교 때부터 대학교 때까지 부모님이 납입금을 한 번도 주신 적이 없어요. 중학교 때는 친척집에서 일했고 고등학교 다닐 때는 반장을 했는데 그 핑계 대고 학교에서 장학금을 줬어요. 대학 때는 다들 그랬듯이 아르바이트를 하면서 다녔고. 그래서 결혼을 일찍 했는지도 모르겠어요. 대학 졸업하고 1년 동안 방위병으로 있다가 취직하고 취직한 지 1년 만에 결혼하게 되고. 결혼한 이야기가 재미날 수 있는데.

우 아, 결혼 이야기는 이따가 하고요, 어렸을 때 얘기 조금 더 들었으면 좋겠는데요.

이 어렸을 때 우리 할아버지가 일방적으로 제 편이었어요. 제가 초등학교 들어가기 전에 한글을 깨쳤는데, 그것 때문에 내가 할아버지의 훈장이었어요. 할아버지가 쟤는 뭐가 되도 될 거라는 이야기를 늘 하셨는데, 그 이유가 일찍이 한글을 깨쳤다는 거예요. 지금은 초등학교 들어가기 전에 한글을 다 깨치지만 당시에는 초등학교 들어가기 전에 한글 깨치면 누구네 집에 뭐뭐 났다, 이럴 때죠. 할아버지가 친구 분들 오시면 초롱불 밑에서 딱지본을 읽으라고 하셨어요. 딱지본이 뭔지 아세요? 〈춘향전〉 따위를 누런 종이에 인쇄한 것이에요. 〈춘향전〉, 〈숙영낭자전〉, 〈장끼전〉 따위를 읽어 달라고 하셨지요. 시골 노인네들 한글 모르시니까 제가 그것을 읽는 것이 자랑이셨어요. 내가 초등학교 3학년, 4학년 초까지 만날 나가서 싸우고 우리 집 앞에 있는 우물가에서 장독 같은 것 수시로 깨뜨리고 물어 주곤 했죠. 그러니까 동네에서 장독 가져다 놓은 양반들이 와서 항의할 것 아니에요? 그런데 할아버지가 한 번도 야단친 적 없어요. 오히려 제가 어디 가서 싸우고 울면서 들어오면 어머니한테 하시는 말씀이 "에미야, 쟤 밥 주지 마라." 그러니까 이기도록 키우는 거예요. 그런 할아버지한테 크게 혼난 적이 한 번 있어요. 그때가 아마 3학년 때쯤 됐을 텐데요. 천수답은 가뭄이 들었을 때 물을 조금만 푸면 들어가서 물고기를 잡을 수 있잖아요? 미꾸라지도 잡고 붕어도 잡고. 하루는 천수답에서 물을 푸고 붕어를 잡아서 집에 돌아왔어요. 그날 천수답 주인이 할아버지한테 마구 항의하시더라고요. 저놈이 물을 폈다고. 그날 엄청 혼났지요. 할아버지한테 혼난 것이 뭐냐면, 그때 물을 푸면 벼꽃이 떨어져서 추수 때 수확을 못한대요. 이삭이 맺히질 않는 것이에요. 할아버지가 다른 것은 다 용서하셨는데 농사꾼한테 식량인 벼농사를 망친 것에 대해서는 용서를 안 하시더라고요. 엄청나게 혼나면서 아, 할아버지가 중하게 여기시는 것이 무엇인가. 먹고사는 문제가 이렇게 중요하기 때문에 어려서 말귀도 못 알아듣는 손자 데리고 소부小富는 재근在勤이라는 이야기를 하시고, 또 벼꽃을 떨어뜨려 벼농사를 망쳤다고 용서 안 하신 것을 보면 할아버지가 의인이셨던 것 같아요. 지금도 누가 저를 키웠느냐고 물으면 아버지나 어머니 이야기는 안 하고 할아버지 이야기를 해요.

우 저는 외할머니가 키우셨어요.

이 사람마다 다 그런 사람이 있는 것 같아요.

우 현대에 있을 때 외할머니가 돌아가셨는데, 3일장 치르고 발인하는 장지에 가는 날, 어머니 쪽 식구라고 휴가를 안 주는 거예요. 뭐 이런 경우가 다 있나 싶었죠. 지금도 제 성격은 외할머니 꼭 빼다 박았다고 어른들이 그러시더군요.

연좌제와 현대 입사

우 자, 그럼 현대에 들어가게 된 얘기 좀 해 볼까요? 현대 들어가시게 된 계기를 듣고 싶은데요. 원래 고시 준비했었죠, 대학 다니셨을 때?

이 그런 적 있죠.

우 고시 준비하다가 연좌제 때문에 포기하고 누군가 신원을 보증해서 현대에 들어오고 나서 무지무지 열심히 일하셨다고 들었거든요.

이 대학에 가서 고시 공부한 이야기는 조금 설명이 필요해요. 제가 농민의 자식으로 태어나 직장 생활은 배를 만드는 현대중공업에 맨 처음 입사해서 여러 회사를 거쳐 마지막에는 현대캐피탈 현대카드에 가서 신용이라는 상품을 팔다가 선거를 통해서 벼슬아치라면 벼슬아치가 된 것이죠. 옛날 카스트 제도 같은 것으로 이야기하면 사농공상士農工商을 당대에 거친 사람이에요. 역동적으로 산 셈이죠. 저는 사실 선비가 되고 싶었지요. 벼슬아치가 되고 싶었어요. 6학년 때 운동화를 처음 신고 도지사 상을 받으러 갔는데 도지사의 모습이 굉장히 인상적이었어요. 아, 나도 벼슬아치가 되어야겠구나!

우 그때 도지사 성함도 아직 기억하시나요?

이 박태원.

우 경기도 지사셨죠?

이 네. 혁명 주체 박태원!

우 박정희 시절이면 군인 출신이겠네요.

이 군인이에요. 혁명 주체 박태원. 수원 유신고등학교 이사장. 그 후로 벼슬아치가 되어야겠다고 마음먹고 당연히 고등고시 볼 생각을 하고, 고등학교에 다닐 때도 법대 갈 생각을 했어요. 고등학교 3학년 여름 방학에 아버지가 불러서 갔어요. 그랬더니 너 어느 학교 갈 생각이냐? 법대요 했더니, 형한테 들러서 얘기를 들어 보라는 거예요. 형한테 갔더니 법대는 안 된대요. 이유는 모르고 법대는 못 가는 것인가 보다 생각했어요. 처음에 지원할 때 1지망으로 국어국문학과 가겠다고 한 것은 문학에 대한 관심도 있었지만 한문 공부를 조금 했어요. 옛날에 한문 선생님이 따로 가르쳐 주셔서 〈대학〉, 〈논어〉 따위를 읽었거든요. 그래서 잘할 것 같더라고요. 그런데 선생님이 안 된다는 거예요. 그래서 못 썼죠. 다음날 어디 갈 것이냐고 해서 국사학과를 가겠다고 했어요. 서울대학교 국사학과가 우리 1년 선배 70학번 때 처음 만들어졌어요.

우 주로 문사철 계열이네요.

이 국사학과를 가면 교수가 될 것이라는 생각을 그때 했어요. 그런데 국사학과도 안 된다는 거예요. 마지막 날 갔더니 담임선생님이 "촌놈이 밥벌이는 확실하게 해야지" 하시면서 상과대학을 가라고 해서 갔어요. 제가 한참 동안 상과대학에 적응을 못했어요. 당시는 8학기 중에 6학기는 교문을 닫아서 시험 없이 리포트 내고 학점 받고 그럴 때인데, 3학년 때 고등고시 붙은 이사철 같은 친구도 있고 해서 나도 다시 해 봐야지 하는 생각이 들었어요. 나중에 형이 내가 고시 공부하는 것을 보더니 너 시험 보는 것은 좋은데 그거 안 된다고 하더군요. 그때야 알았죠. 아, 안 되는 것이구나! 그래서 공무원 되는 것 포기하고 일 년 동안 방위 마치고 취직하기로 했어요. 그때는 일반 기업도 지원 자격에 '해외여행에 결격 사유가 없는 자'라는 조건이 있었어요. 해외여행의 의미가 다시 말하면 여권을 만드는 것이고 여권 만드는 것은 지금도 신원 조회라는 것을 하잖아요.

우 그때는 여행 자유화 이전이었으니까 더 심했겠죠.

이 신원 조회라는 메커니즘을 통해서 사회를 통제하는 것이었어요. 저는 신원이 해외여행에 결격 사유가 있는 것도 모르고 방위병 병역 의무가 끝날 때쯤 돼서 취직하려고 학교에 갔는데, 그때 만나 뵌 분이 이현재 교수님이었어요.

우 아, 총리 했던 이현재. 얼마 전에 알았는데, 그분이 아내 쪽으로 인척 관계라고 하더군요.

이 이현재 교수 만났더니 현대에서 제2제철을 하는데 제철 요원을 뽑는다는 거예요.

우 그럼 처음부터 제철에 들어가신 거군요.

이 그래서 응시했는데 그사이에 제철을 포항제철이 가져갔어요. 저는 현대중공업으로 가기로 했지요. 합격했다는데 연락이 안 오는 거예요. 해외여행에 결격 사유가 있는 사람으로 걸렸다는 거예요. 그래서 우왕좌왕하는데 그때 저를 추천한 사람이 당시 현대중공업(주) 사장인 정희영 씨, 정주영 명예 회장님의 사위였어요. 저를 직접 인터뷰한 사람은 나중에 회장이 되는 이현태 이사였어요.

이현태 이사가 해외여행에 결격 사유가 있음에도 저를 뽑았다는 거예요. 그것은 나중에 알았죠.

우 그럼 당시 이현태 이사가 직접 뽑은 거네요?

이 네. 이현태 회장이 감수한 거예요, 해외여행에 결격 사유가 있다는 것을.

우 현대 내에서는 정몽준 의원이 대학 친구라서 신원 보증을 했다는 소문이 있었고, 저도 그렇게 알고 있었어요.

이 그건 아니고 이현태 회장이었어요.

우 그럼 학교 다닐 때 정몽준 의원은 전혀 모르셨나요?

이 몰랐어요.

우 (웃음) 다 헛소문이네.

이 사람들이 정몽준 의원 때문에 제가 현대 다녔다고 생각하는데, 저는 정몽준 의원하고 아무런 관계가 없는 사람이에요. 정몽준 의원 스스로가 인정하는 거예요. 자기 동창 중에 취직할 때부터 회장이 될 때까지 인사 부탁 한 번도 안 한 사람이 저라고.

우 하여간 제가 현대에 갔더니 그런 설이 있었어요. 회사 밖이 아니고 현대 내부에서.

이 해외여행에 결격 사유가 있는 자, 도대체 왜 내가 여권을 못 만드는지 알 수 없어서 결국 수원지검에 있던 검사 친구인 이사철에게 물어봤어요. 그랬더니 그 친구가 자기는 말을 안 하고 차장 검사한테 데리고 가더라고요. 차장 검사가 이사철이랑 한참 이야기하더니 나보고 그러는 거예요. 국내에서도 하실 일이 많잖아요? 왜 그런가 하면, 우리 아버지가 감옥살이한 것 때문에 석방된 후에도, 보호 관찰이라고 해서, 아버지가 거주지를 벗어나서 여행하려면 국내 여행임에도 파출소에다 보고를 하는 거죠. 아버지 때문에 형은 36살에 처음 취직했고, 저는 여권이 안 나왔어요. 그게 연좌제예요. 1980년에 헌법을 개정할 때 연좌제를 폐지하는 조항을 집어넣었지요. 그래서 1982년 제가 여권을 처음 받았어요.

우 그게 8차 개정 헌법이었지요.

이 그건 모르겠는데 전두환 대통령 시절에 연좌제를 폐지했어요. 제도상으로 우리나라에서는 갑오경장 때 연좌제가 없어졌습니다. 그럼에도 지금도 사실상 연좌제가 살아 있어서 총각 때는 청와대 근무하다가 장가든 다음에 근무하지 못하는 사람들이 있어요. 처가, 외가, 본가를 조사할 때 신원 조회에 걸리면 청와대 근무 못하죠. 지금도 경찰대학이나 육군사관학교 갈 때 보면 아버지, 할아버지 돌아가신 이유까지 쓰도록 하고, 신원 조회를 합니다.

우 미국도 고급 공무원과 외교 관련 공무원들은 신원 조회를 해요. 정보처리인증, 보통은 클리어링clearing이라고 부르죠. 중국에서 근무하고 싶은 사람은 일정 위치에 올라가기 전까지 중국 가면 안 되고, 마찬가지로 한국에서 근무할 공무원은 한국 여행이라도 한 적이 있으면 곤란합니다. 그동안 누구와 접촉했는지 조사가 안 되니까. 그러다 보니 한국에 오는 미국 공무원들은 한국을 잘 모르는 사람들만 온다고 하더라고요. 연좌제랑 정보처리 자격이란 게 묘하게 결합되어 있지요.

이 연좌제가 없어진 덕분에 제가 여권을 처음 받았어요. 1982년에 정몽준 의원이 갑자기 현대중공업 사장이 됐는데, 제가 기억하는 한 사장 자격으로 제일 먼저 내린 명령이 "이계안을 런던 사무소로 파견 근무 보내라"였어요.

우 좋은 것이었어요, 나쁜 것이었어요?

이 봐준 거죠. 그런데다가 정몽준 의원하고 저하고 특별한 관계라고 오해하게 되는 일이 생겼어요. 정몽준 의원이 사장 자격으로 런던에 와서 현대 사람들 모아 놓고 회의하면서 각자 자기소개를 하게 되었어요. 제 차례가 되어서 일어나 입을 여는데 정몽준 의원이 앉으세요, 알아요, 제가 안다고. 그 바람에 소문이 쫙 나서 이계안은 정몽준 '비파'다, 비밀파견한 요원이라는 거지요. 그 얘기가 번져서 우 박사가 들은 소문이 되었을 거예요.

우 그런가 보네요.

이 그때부터 제가 정몽준 의원과 특별한 관계라고 알려졌는데, 굳이 부인하지 않았어요. 왜냐면 직장 생활 하면서 오너하고는 너무 멀면 춥고 너무 가까우면 타요. 그래서 오너하고 관계는 불가근불가원不可近不可遠이라는 것이 제 직장 생활의 경험담이거든요. 그것 때문에 정몽준 의원과의 관계는 그렇게 보였을 것이라고 생각해요.

이계안이 지키는 돈에 대한 도덕

우 돈에 대한 이사장님의 도덕 이야기로 이번 질문 정리하겠습니다. 저는 사람들 특히 우파들에게 이사장님만큼만 하라고 종종 말합니다. 돈이 많아서가 아니라, 두 가지를 지켰기 때문이라고 생각하는데, 제가 좌우 떠나서 진짜 중요하다고 생각하는 것이 딱 두 가지입니다. 부동산 투기 한 적 없으시죠? 골프 안 치시죠?

이 골프 칠 줄 알지만 거의 안 치죠.

우 골프 얘기는 조금 이따가 하기로 하고요, 부동산 투기에 관한 철학 얘기를 해 주시면 좋을 것 같습니다. 사실 이 이야기를 사람들한테 들려주고 싶었어요. 땅 투기 안 하고도 잘살 수 있다는 것을.

이 땅에 대한 이야기를 하면 투기이기 때문에 땅을 안 샀다고 말하기는 좀 부끄럽고요, 사실은 집에 대한 욕구 같은 것이 있기는 있어요. 가난할 때, 대학교 다닐 때까지도 제일 두려운 것이, 지금도 두렵고 그런 꿈 꾸는데….

우 잘 곳 없는 두려움이시겠군요.

이 날은 저무는데 오늘은 어디서 자지? 그래서 집을 사고 싶고 지금도 좋은 집 짓는 꿈을 꿔요.

우 혹시 집이 없어지는 꿈도 꿔 보셨어요?

이 많이 꿔요. 지금도 공포예요.

우 저는 유학 시절에 관한 꿈을 꾸면 늘 잘 곳이 없어서 방 구하는 꿈을 꾸는데요.

이 중학교 때 집이 없어서 학교를 못 다닐 뻔한 경험이 있어서 그런지 집에 관한 건 부동산 자체라기보다도 집이 없다는 것에 대한 두려움이 좀 있어요. 제가 지난번에 이사를 하면서 보니까 장가든 다음에 주민등록을 열여덟 번 옮겼더라고요. 장가들기 전에 옮긴 것까지 따지면 그것의 두 배는 넘을 거예요. 다행인 것은 이사할 때마다 조금 더 나은 주거 여건으로 갔어요. 그러니까 맨 처음 집을 산 것이 장가들고 2년 만에 200만 원 들고 900만 원짜리 집을 산 거예요, 빚을 얻어서.

우 그게 어디예요?

이 은평구 신사동의 이층짜리 다가구 주택. 방 두 개에 거실 있는 집을 샀는데, 봄에 살 땐 몰랐는데 여름이 되니까 천장이랑 지붕에서 비가 새는 거예요. 비가 새고 따뜻한 물도 안 나오고. 장모님이 하시는 말씀을 안 들었어야 했는데, 큰처남댁은 주공아파트 25평에 살고 따뜻한 물도 나오는데 우리는 집이라고 장만해서 간 것이 비 새고 연탄 갈고 그러니까….

우 그때가 1970년대 후반쯤 되나요, 처음 집을 사셨을 때가?

이 1980년인가 81년인가.

우 전두환 시대였군요.

이 아무것도 없이 출발했으니까 그때도 빨리 잘 샀다고 생각하는데 장모님이 아내를 붙잡고 열심히 돈 모아 가지고 너도 따뜻한 물 나오는 집에서 살라고 말씀하시는 것을 듣고 굉장히 가슴이 아팠어요. 그때부터 동네 건설업자가 지은 조그만 아파트를 거쳐서 런던 갔다 와서 사원아파트를 분양받으면서 결정적으로 집을 장만하게 됐습니다.

우 그때 사원아파트는 현대아파트를 분양해 주는 것이죠? 다른 회사 사원아파트랑 다르잖아요.

이 그랬죠. 그때부터는 집이 모양새를 갖추기 시작했지요. 현대는 직위에 따라서 거기에 걸맞은 집을 살 수 있는 기회를 계속해서 주어요.

우 저한테도 그런 기회가 있었는데 돈이 좀 모자라서 못 샀죠. 그때 독립문 현댄가, 그게 미달이었다고.

이 미달되면 주는 거죠.

우 계약금만 내면 된다고 했는데, 안 샀어요. 나중에 고생하면서 저도 좀 후회했어요.

이 제가 현대에서 사원아파트 분양을 세 번 받아 가지고 그중 두 채가 남아 있어요. 저는 신입 사원으로 입사해서 중역 될 때까지 15년 걸렸어요. 여섯 번 승진해서 이사 대우가 됐지요. 이사 대우에서 다섯 번 승진해서 사장이 될 때까지는 6년 걸렸어요. 해만 바뀌면 승진하고 그랬으니까.

우 제가 과장에서 부장 되고 회사 생활이 끝났는데요. 저 한 칸 올라가는 동안에 네 칸이나 올라가시더군요.

이 그렇게 올라가다 보니까 어떤 현상이 벌어졌냐면, 직위에 걸맞은 집을 주니까 상무 때 받은 집에서 살다가 한 5, 6년 지난 다음에 부사장 되니 하나 또 받게 되었어요. 저는 너무 자주 승진해서 금방 또 집을 분양받게 되어 살던 집을 팔아야 했죠. 공교롭게 IMF가 오는 바람에 안 팔려서 가지고 있다 보니까 두 채가 되고 지금까지 그냥 있는 거예요. 도곡동에도 집이 있고, 압구정동에도 집이 있어요. 그리고 현대에서 지은 오피스텔이 하나 더 있어요.

우 여의도에 있는 건가요?

이 아니, 광화문에 있어요. 그것도 현대가 지어서 잘 안 되고 그러니까…

우 미분양되어 떠넘긴 것.

이 그렇게 떠맡기니까 받는데 지금 와서 보면 그것이 다 값이 올랐어요. 운 이야기 하면 부동산도 마찬가지예요. 이를테면 압구정동 집은 IMF 오는 바람에 사실상 억지로 떠안은 것이었어요. 그런데 지금 보니까 종부세 낼 정도로 올랐는데, 순전히 인플레이션으로 오른 것이거든요. 그러니까 잘살게 되어서 부자라고 분류가 됐는데 그 과정을 보면 제가 무슨 재주가 좋아서 그랬겠어요?

우 　대체적으로 일부러 집을 사거나 농지를 사는, 흔히 말하는 투기는 거의 안 하셨고, 현대에서 주는 사원아파트나 미분양을 주로 떠안은 셈이군요. 임야나 농지 같은 별도의 부동산은 가진 게 없으시고요. 자, 그럼 골프 얘기 좀 해 볼까요? 골프 네트워크라고 흔히 부르는데, 그런 것의 도움이 필요하지는 않으셨나요?

이 　골프장 이야기를 할게요. 저는 골프를 중역이 되어서 상무 때 배웠어요. 제가 부장 때부터 모시던 사장님이 골프 배우라고 해도 안 배우고 버텼는데, 상무가 되니까 홍보 업무가 추가로 주어졌어요. 홍보 업무를 하려면 기자들을 만나야 하는데 기자들은 골프를 안 치면 절대로 만날 수가 없다는 거예요.

우 　기자들이 나쁜 사람들이네요.

이 　그런 점에서는 나쁘다고 할 수 있어요.

우 　저는 원래도 기자 잘 안 만나는데, 골프 치는 기자는 절대 안 만나요. 이사장님이 오너와 경영자 관계가 불가근불가원이라고 했다면, 저와 언론의 관계가 불가근불가원이에요.

이 　제가 상무 될 때까지 골프를 안 배운 아주 명쾌한 이유가 있습니다. 해외 지점에 근무하면 첫 번째 하는 일이 골프 회비가 싸다는 이유로 골프부터 배우는데, 런던에 3년 동안 있으면서도 골프를 작심하고 안 배웠어요. 남들 하자는 것에서 반대로 갔는데 그렇게 된 이유가 있어요. 대리 때 당시 상무였던 이현태 회장을 따라서 골프장을 한 번 갔어요. 골프를 치러 간 것이 아니라 골프장을 보러 그냥 따라간 것이에요. 지금은 골프채를 끌고 다니는 사람도 있고 카트에다 싣고 다니는 사람도 있는데 그때는 여자 캐디가 골프백을 메고 다녔어요. 그때는 어느 정도였냐면 더블백이라고 해서 캐디가 백 두 개를 메고 다녔어요. 제가 간 날이 더블백을 하는 날이었는데 뒤에서 보니까 여자 어깨가 휘었더라고요. 그래서 제가 올라오면서 이현태 상무한테 말했어요. "상무님, 저는 골프를 안 배우겠습니다. 저 사람들 저것 직업병 아닙니까?" 지금은 캐디가 굉장히 좋은, 맑은 공기 마시며 일하는 직업이라고 하지만 그때는 정말 몰려서 하는 직업 중 하나였거든요. 젊은 친구들이 술 따르는 일보다 나으니까 하는 일이었는데 더블백을 멘 젊은 여자의 어깨가 휜 걸 보고 저건 인간이 할 일이 아니다, 나는 골프 안 배우겠다, 그런 마음으로 런던에 가서 너나없이 골프 칠 때 혼자 안 쳤어요. 런던 사무소에 근무하는 파견원, 주재원 중에서 유일하게 골프를 안 친 사람이거든요. 그랬는데 상무 때 홍보 업무 때문에 골프를 치고, 사장 때까지 치고 국회의원이 되어서도 간혹 쳤어요. 사장 때는 아까 이야기한 것처럼 홍보 때문에 신문사 부장이나 데스크같이 높은 멤버들이 골프 치는 것 쳤고요, 국회의원 때는 딱 한 경우가 있었어요. 제가 열린우리당의 재정위원장이었는데 주 업무가 재정위원회를 구성해서 경제적으로 넉넉한 사람들한테 당비를 받는 것이에요. 옛날에 여당의 재정위원이라고 하면 여러 가지 보이지 않는 재미가 있었어요. 특권이 있었지요. 세무 조사 때 봐 준다든지, 이를테면 2년에 한 번 받을 것 3년에 한 번 받게 해 주는 것들이 있었는데 열린우리당은 그런 것을 못했어요. 못한 것보다도 안 했습니다. 그런 면에서는 열린우리당이 평가를 받아야 한다고 생각해요. 당비를 내라고 했는데 아무것도 해 줄 것이 없어서 재정위원장으로서 당비 내는 재정위원들을 모시고 골프를 쳤어요. 그 경우 외에는 골프를 안 쳤어요. 국회의원 관둔 다음에 지금까지 골프를 안 쳤고 골프회원권 있던 것도 다 팔았어요.

우 기자들 만날 때 골프 쳐야 한다는 건 이해하겠고요. 저는 골프와 관련해서 이런 일이 있었어요. 한 4~5년 됐을 거예요. 전경련 쪽에서 연락이 왔는데, 그룹 오너들이 일본에서 모인다면서 경제 강연을 해 달라고 해서 하겠다고 그랬더니 골프장에서 라운딩하면서 잠깐 경제 설명해 주는 프로그램이더라고요. 제가 골프 못 치잖아요. 골프 못 친다고 했더니 치는 척만 하면 안 되겠냐고 해서 못한다고 그랬어요. 저는 골프장에는 생태 조사하러 몇 번 가 봤는데, 골프채는 잡아 본 적도 없어요. 경제학을 하고 제 나이가 됐는데 골프 안 치는 것을 그 사람들이 전혀 이해하지 못하더라고요.

이 지금 제가 우리나라 경제를 보면서 두 가지를 본질적으로 고민하는데, 하나는 골프고 하나는 건물 지어 대는 것이에요. 그래서 부동산 투기 안 한 이유이기도 하지만. 골프의 경우 사람들이 주중에 골프를 많이 친단 말이에요.

우 매주 세 번 치는 사람들 알아요.

이 그 이유가 중소기업 하시는 분들이 주말에 골프 부킹을 못해서 주중에 친답니다. 원청사들, 즉 먹이 사슬의 위에 있는 사람들하고 교제해야 하기 때문이래요. 또 하나는 싱글 골프를 치려면 일주일에 두 번 정도는 골프장에 나가야 하잖아요.

우 세 번 가야 싱글을 유지한다고 하더군요.

이 매일 골프 연습을 해서 그런 것 안 하고 열심히 일한 사람들하고 경쟁해서 이겨 돈을 번다면 우스갯소리로 하느님이 공의가 없는 것이라고 생각해요. 공의가 없으면 하느님이 아니라고 생각해요.

지금 정부에서도 막대한 예산을 들여 열심히 건물을 짓고 있죠. 건물 짓는 일은 정치적인 담합이라는 것을 이해해요. 시장이나 시의원, 구청장, 구의원, 그러니까 광역단체장이나 광역의회의원, 기초단체장, 기초단체의원, 심지어 국회의원들까지 건물 짓는 것에 대해서는 반대하지 않고 동의해요. 뭐냐면 저거 봐라 저거 내가 했다, 눈에 보이는 것을 한다는 것이에요. 그래서 그것을 업적으로 내세워요, 모든 사람들이.

우 너나없이 그러지요. 거기에는 여야가 따로 없더군요.

이 토목도 그렇고 건물도 그래요. 토목 공사도 토목 공사지만 건물 같은 것을 보면 저걸 얼마나 쓸까 싶어요. 이를테면 보건복지가족부에서 청소년 수련관 같은 것을 짓고, 문화체육관광부에서도 뭐 짓고. 여러 부처에서 청소년이라는 공통의 손님을 놓고 수련관, 도서관, 문화관, 이런 식으로 건물을 마구 짓잖아요. 그런데 건물 하나에서 월요일은 보건복지가족부가 프로그램을 진행하고, 화요일은 문화체육관광부가 쓰고, 수요일은 여성부가 쓰고, 이런 식으로 충분히 쓸 수도 있는데 각각 독자적으로 건물을 짓잖아요.

우 아니면 돈을 모아서 크게 하나만 짓든지.

이 그렇죠. 규모 있게 정말 예술로 짓든지. 게다가 우리나라는 복지 체계가 잘되어 있지도 않고, 복지 예산이 많지도 않은데, 그것도 다 건물 짓는 데 써 버리지요. 치매 걸린 노인이 있는 집에 간호사를 보내어 보살펴도 되는데, 굳이 많은 돈 들여 요양센터를 짓고 모셔오게 하잖아요. 그러다 보니 치매 노인 서비스 비용만 더 높아지게 되고요. 복지 전달 체계에서도 공무원이 다 할 수 없기 때문에 기독교, 불교 등의 종교 단체에서 시설을 제공하고 자원봉사자를 통해서 같이 한다면 예산도 절약할 수 있고 인간으로서의 만족감도 줄 텐데, 교회 따로 공무원 따로란 말이에요. 교회 같은 건물도 일주일 내내 쓰는 게 아니잖아요. 학교는 주 오일제를 한다고 가정하면 수요일날 빼놓고는 교회하고 겹치는 것이 없잖아요. 그럼 하나는 오목하게 들어가고 하나는 볼록하게 튀어나왔으니까 딱 맞추면 두 기관이 한 건물만 있으면 되는데 교회는 교회대로 건물을 지어 대고, 학교는 돈이 없어서 고생하고 있죠. 건물 짓지 않고 그런 돈으로 정보 교육이나 소프트웨어 등 보이지 않는 것을 한다면 교육에 대한 예산도 훨씬 잘 쓰게 될 겁니다. 인력과 자원의 활용도를 높이면 진정한 의미의 경제 대국이 가능할 것이라고 생각하는데, 그런 것은 안 하고 동네마다 건물 짓는 것이 얼마나 많아요? 주상복합 건물이나 사업용 건물의 공실률이 위험할 정도라는 거죠.

첫 번째 인터뷰는 이렇게 끝이 났다. 이계안은 열심히 살았던 사람이다. 투기와 골프에 대해서 자신의 윤리를 가지고 있고, 대체적으로 약기는 하지만 자신을 위해서 그 악음을 쓰려고 하지 않았다. 그렇게 월급쟁이로 살았던 사람에게 재산이 주어졌다. 그게 하늘이 준 것인가, 귀신이 준 것인가? 이 질문에 대한 판단은 독자 여러분에게 맡긴다.

두 번째 질문

이계안, 정주영을 이해한 유일한 사나이인가?

"가끔 회장님은 '시류에 맞춰서 살았다'는 얘기를 했어요. 청와대에서 부르면 50억, 100억씩 정치 자금을 주면서 살았다는 의미로 이 이야기를 하시는데, 그게 너무 억울하기도 하고, 그때 부과된 세금도 억울하다고 생각하면서, 결국 정치를 하자고 마음먹은 것으로 봅니다." _ 이계안

이계안에 대한 질문에서 현대가와의 관계를 빼놓을 수 없을 것 같다. 어쨌든 '현대가의 집사'라는 별명으로 불렸던 이계안을 통해서 좋든 싫든, 한국의 기업이 형성되던 초기의 축적 방식은 물론, 2세 체계로 넘어가던 얘기, 다시 3세 체계로 이어지는 현대가의 후계 구도에 관한 얘기도 들어 보고 싶었다. 세칭 '왕자의 난'이나 기아의 정의선, 대북 문제로 관심을 모은 현정은에 관한 얘기도 궁금했다. 대체적으로 언론을 통해서 외부에 알려진 얘기와 진실은 조금 차이가 있기 마련이고, 현대의 경우도 마찬가지다.

정주영의 실체, 이명박이 잘 봤나? 이계안이 잘 봤나?

이 정주영 명예 회장님이 운에 대한 이야기를 재미나게 한 것이 있어요.

우 제가 그 얘기 하실 줄 알았어요.

이 정주영 회장님이 이렇게 말씀하신 적이 있어요. "운이라는 것을 나는 때라고 생각한다. 그리고 그 때를 어떻게 운용하는가에 따라서 스스로 좋은 운, 나쁜 운을 만드는 것이라고 믿는다." '때'를 정의하고 이를 통해서 '운'을 정의하고, 운은 만드는 것이라는 뜻이에요. 그러니까 대단한 사람이라고 생각해요.

우 운의 스케일이 한국을 움직일 수 있는 정도가 되겠군요.

이 그러니까 이 정도는 되어야 무엇이 되어도 되는 것이 아닌가 생각해요. 갑자기 오늘 정주영 회장에 대한 자료를 보고, 내일 서울대학교에서 현대 관련 강의를 하는데 이야기가 조금 겹치는 것이 있어서 다시 찾아보니까 운을 그렇게 정의하시더라고요. 운은 때다, 그런데 그 운이라는 것, 때라는 것은 만들어 가는 것이다, 이거예요.

우 본격적으로 시작하기 전에 선문답 한 번 해 보지요. 제갈량이 유비를 따라가기로 했을 때, 사마휘가 "사람은 잘 만났는데 때가 아니다"란 이야기를 하거든요. 그 문제는 어떻게 생각하세요?

이 그러니까 여기서 정주영 회장이 말씀하시는 때도 그런 때가 아닌가 싶어요.

우 유비에게는 그 때가 안 올 것이라고 말한 셈이지요. 사실은 제갈량의 선생인 사마휘가 그걸 알아챈 것이고, 그 때는 천하의 제갈량도 만들지 못할 것이라고 한 거예요. 참 안타깝지요.

이 제갈량에 대한 평가가 여러 가지가 있는데 남명 조식 선생이 제갈량에 대해서 굉장히 웃긴 놈이라고 쓴 글이 있어요.

우 아, 조식 선생이 그런 말을 했어요?

이 되지도 않는, 깜냥도 안 되는 유비를 데리고 다니면서….

우 애먼 사람들 고생시켰다.

이 그렇죠. 괜히 애먼 사람들 고생시켰다 이거예요. 남명 선생님류의 이야기가, 제갈량과 봉추를 기르는 사마휘 선생이 한 이야기가 그런 것 아닌가요? 그런 의미의 이야기인데, 역사를 쓴 자의 시선으로 보니까 소설에 쓰인 것하고는 관점이 다를 수도 있겠지요.

우 조식 선생도 아직까지 제대로 해석이 안 된 사람이지요. 기회가 되면 조식 선생에 관한 책을 써 보고 싶다는 생각을 몇 번 했어요.

이 이를테면 운이라는 것을 정주영 회장 정도로는 이해해야 난세의 영웅이라고 할 수 있지 않을까 싶어요.

우 그래야 역사 앞에 섰다고 말할 수 있겠죠. 앞 장에서 제가 했던 이야기는 운 이야기도 그렇고, 재수가 좋아서 돈을 버는 경우는 있어도 세상에 자기가 잘나서 돈을 버는 경우는 없다는 이야기를 하고 싶었던 것이에요.

이 그런데 정주영 회장은 그와 조금 다른 각도에서 보지 않았을까 싶어요. 정주영 회장이 시간을 운용하는 것에 대해서 이런 이야기를 하신 적이 있어요. "내가 평생 동안 시간을 지켰던 이유는 그날 할 일이 즐거워서 기대와 흥분으로 마음이 설레었기 때문이다." 평생 새벽같이 일어나셨어요. 그러니까 때를 그렇게 만들기 위해서 시간을 운용했다는 것이에요. 적어도 정주영 회장을 만든 것은 꿈이 아닐까, 그런 생각이 들어요. 결국은 꿈꾸는 자가 자기의 생각에 기초해서 행동을 그렇게 하고, 때라는 것도 자기가 경영한다고 생각하지 않았을까 싶더라고요.

우 그렇게 이야기하면 갑자기 자기계발서 분위기로….

이 그렇게 되나요?

우 그러면 얘기의 격이 떨어지지요. 아마 우리가 어떤 얘기를 하더라도, 희망을 가지고 열심히 살았더니 잘되었다, 여러분도 희망을 가지고 열심히 사세요, 끝…. 두 번째 질문의 가제를 '유일하게 정주영을 이해한 사나이'라고 붙였거든요. 이 이야기는 가까이 있는 사람은 오히려 보지 못한다는 큰 전제 위에 서 있는 거예요. 정주영 회장의 여러 부인이나 자식들은 이해관계자이기 때문에 너무 가까이 있어서 제대로 볼 수가 없고, 너무 멀면 아예 볼 수가 없잖아요? 그러니까 불가근불가원이라는 표현이 문맥에 딱 맞지는 않지만 그런 정도의 거리에서 제일 잘 볼 수 있을 것이다, 이것을 염두에 둔 것이지요. 단도직입적으로 "이명박 대통령이 정주영 명예 회장을 잘 봤냐, 이계안 이사장이 잘 봤냐"를 염두에 둔 질문이에요. 그리고 진짜 정주영 명예 회장을 잘 아는 사람은 이것을 쓰지 않을 거예요. 정몽준 회장이냐, 정몽구냐, 아니면 손자인 정의선이냐. 정주영 회장을 잘 이해하는 사람은? 여러 계승자가 있을 텐데, 과연 누가 정주영을 가장 잘 이해했을까. 그런 질문을 해 보고 싶었어요. 저는 개인적으로 이계안이 진짜 정주영의 사람이었다고 생각해요. 본인이 정주영의 계승자라고 생각하시나요?

이 주장해 보는 거죠.

우 어쨌든 저는 관찰자라서 이계안의 눈을 빌려 진실을 찾아보고 싶은 것이죠. 우리가 아는 피상적인 정주영 회장의 모습은 많아요. 구멍 뚫린 양말을 신고 있는 정주영 회장, 여자를 만날 때마다 아파트를 한 채씩 줬다고 하는 소문 속의 정주영 회장, 그런 것이 굉장히 많거든요. 그중에 어떤 것은 진실이고 어떤 것은 진실이 아니겠지만, 그 속에서 진실을 찾아 떠나는 여행을 해 보는 것이에요.

이 이야기를 어떻게 조리 있게 할지 모르겠지만, 정주영 회장님 이야기를 하려면 우리 아버지 이야기를 하나 해야 할 것 같아요. 정몽준 의원이 1988년 처음 국회의원이 되었을 때의 이야기예요. 선거가 끝나고 나서 아버지가 뜬금없이 찾아와서 말해요. "내가 정주영만 못한 것이 무엇이냐?" 그런데 내가 보기에 택도 없는 이야기였어요. 아버지는 돈도 아무것도 없으면서 다짜고짜 "몽준이는, 국회의원이 됐는데 너는 월급쟁이 노릇 하고 앉아 자기 아내하고 자식밖에 모르면서 살아가느냐"고 호통을 치시더군요.

우 1988년이면 노태우 대통령 때군요.

이 정몽준 의원이 37살 때인데, 울산 동구에서 무소속으로 나와서 당선됐습니다. 우리 아버지가 정주영 회장님보다 잘하는 것을 하나 대라고 하면 붓글씨는 훨씬 잘 썼어요.(웃음) 정주영 회장님의 평생 콤플렉스가 글씨 못 쓰는 것하고 노래 못하는 것이라고 해요. 아버지 노래는 내가 못 들었지만 붓글씨는 달필이어서 누가 봐도 "야, 잘 쓴다"는 얘기를 들으셨어요. 그거 하나 빼고는 도저히 견줄 구석이 없는 아버지인데 그러시는 거예요. "남자가 정치를 해야지, 월급쟁이는 무슨 월급쟁이냐." 나는 아버지와 정주영 회장을 비교하고 싶은 것이 아니라, 정주영 회장님이 살아온 것과 내가 살아온 것, 또 살아갈 것을 가끔 생각해 봐요. 무엇인가 하면 정주영 회장님이 강원도 아산에서 농민의 장자로 태어났는데, 그것 때문에 이 양반이 평생 서산 A, B지구에서 간척지 사업을 하고 대한민국 최대의 농장을 꼭 빼놓지 않았어요. 현실적으로 농민의 자식이라는 것을 피할 수 없는 사람이에요. 그리고 죽는 날까지 물건을 만들고 물건을 판 사람이에요.

우 죽는 날까지 하셨어요?

이 죽는 날까지. 1996년에 공식적으로는 자리를 다 내놓았지만 계속 관여하셨어요. 그런데 이분이 그런 와중에 스스로 정당을 만들어서 정치인 벼슬아치가 됐어요. 사농공상士農工商이라는 전통적 가치관에 의하면 하늘의 일을 다루는 사士, 땅의 일을 다루는 농農, 무엇인가 만드는 공工, 물건을 파는 상商, 이것을 당대에 한 바퀴 다 돈 사람이에요.

우 사士는 어떻게 됐죠?

이 정당을 만들어서 국회의원이 되셨죠.

우 그것을 사로 이해해도 될까요? 사는 선비 아니에요? 정주영 회장을 선비라고 하기에는 좀 그럴 것 같은데.

이 옛날로 치면 벼슬아치라고 할 수 있죠. 이분, 또 재미나는 것이 명예박사 학위를 여덟 개 받았어요. 경희대학교에서 공학 박사, 충남대학교와 연세대학교에서 경제학 박사, 조지 워싱턴 대학에서 경영학 박사, 이화여자대학교에서 문학 박사, 서강대학교에서 정치학 박사, 고려대학교에서 철학 박사, 그리고 시립대학교에서 이학 박사 학위를 받았어요. 그런데 그분의 삶을 비춰 보면 박사 학위를 받은 것보다도 더 많은 분야에서 일을 하셨어요. 평생 기업가로 일을 하시면서 정치에도 관여하셨지만, 그사이에 명함을 팔 수 있는 일을 하신 것 중 하나가 바로 대한체육회장이에요. 그리고 이분이 거의 최후까지 해마다 한 것이 시인들과 풍경 좋은 곳에서 시낭송회 따위를 하는 시인학교였어요. 1977년 '아산복지재단'을 만들어서 자선사업가의 역할도 하셨어요. 1978년 현대고등학교, 나중에 울산대학교의 재단 이사장을 했어요. 그리고 1991년 문화일보를 창간했지요. 뿐만 아니라 이분은 우리에게 철학적인 가치를 가르친 살아 있는 철인이라는 생각이 들어요. 우리한테 하신 말씀 중에 인상 깊은 것이 있어요. "담담한 마음을 가집시다. 담담한 마음은 당신을 바르고 굳세고 총명하게 만들 것입니다." 일종의 철학적 원칙인 셈이지요. 단점도 있지요. 유교적인 생각이 너무 강했어요.

우 장유유서라고 할까요, 수신제가치국평천하라고 할까요?

이 특히 장유유서를 중요하게 여기신 것 같아요.

우 다음번 질문으로 드리려고 했는데요, 정몽필 씨 이야기를 좀 듣고 싶거든요.

이 몽필 씨가 큰아드님인데 일찍 죽었죠. 그래서 두 번째 아들인 정몽구 회장이 사실상 장남 역할을 했어요. 장남에 대한 것, 장유유서에 대한 것을 정주영 회장님이 지켰다고 생각하는 것이 이거예요. 세칭 '왕자의 난'을 2001년에 겪게 됩니다. '왕자의 난'이 결국에는 누가 현대그룹 계승자냐 하는 것이에요. 그리고 마구 싸웠는데, 어느 날 정몽구 회장님이 그런 이야기를 하시더라고요. 아버지 본가가 청운동인데 청운동 집을 정몽구 회장 명의로 하라고 하셨다는 거예요. 그러면서 좋아하더라고요. 아버지가 상징적인 것 아닙니까? 자기가 살던 본가를 넘겨주는 것이니까. 그즈음에 정몽준 의원에게는 아산재단의 이사장 자리를 줍니다. 정치인으로서 행보하기 좋은 복지재단을 줌으로써 그룹 후계자 자리에서 정몽준 의원은 그렇게 정리됐다고 봤지요. 그다음에 정몽구 회장과 정몽헌 회장이 기업인으로서 경쟁하게 되었는데, 청운동 집을 주니까, 정몽구 회장이 장자 대접을 받으면서 자기가 정주영 회장님의 계승자라고 생각하신 것 같아요. 그런데 나는 그렇게 생각하지 않았어요.

우 잠깐만요, 두 가지 질문이 이어지는데요. 먼저 저는 한국 기업사를 정리해 보고 싶은 생각이 있거든요. 그리고 한국의 대기업 중에서 제일 잘 아는 곳이 현대이기 때문에 현대에 대해서 조금 더 이야기해 보려고 해요. 정주영 회장에 대해서는 제가 아직 본격적으로 연구해 보지는 않았는데 정몽필 씨의 죽음이 굉장히 큰 사건이라고 생각해요. 제가 만약 정주영이라는 사람의 평생을 놓고 그림을 그려 보면 제일 큰 슬픔은 정몽필 씨의 죽음이 아니었을까, 이것이 제 가설이거든요. 이사장님이 보시기에 정주영 회장이 살아 계셨을 때, 제일 큰 슬픔이 딱 한 가지 있다면 무엇이라고 생각하시는지?

이 그것에 대해서 답하기 전에 정몽필 사장의 죽음에 대한 이야기를 해야겠군요. 정몽필 사장은 굉장히 불우하게 살았습니다. 본격적으로 경영에 참여하지 못하고 해외 지점을 돌아다녔어요. 그러다가 처음으로 책임지고 경영하게 된 것이 동서산업입니다. 타일 만들고, 변기 만들고, 벽돌 만드는 곳. 그 공장 사장이었는데 돌아가시기 전날 정몽필 사장을 봤어요. 정몽필 사장이 울산에 계셨고, 제가 이현태 전무를 모시고 울산에 가 있었고, 정주영 회장님은 그때 전두환 대통령의 명령을 받아서 미국 순방 중이었어요. 경제 사절단….

우 그런 것이 있었죠.

이 우리가 회의를 하고 있는데, 정몽필 사장이 오셔서 저녁 식사를 같이하자고 했어요. 마침 우리가 다음 약속이 있어서 같이 못했어요. 그다음 날 정몽필 사장이 울산에서 서울 올라가다가 자동차 사고로 돌아가셨거든요. 사망 소식을 미국 출장 가 계신 정주영 회장님한테 말씀드렸어요. 그런데 그때 온 답이라는 것이 제가 기억하는 한 선산에 잘 모시라는 말이었고, 돌아오지는 않으셨어요. 미국에서 공식적인 일정을 예정대로 다 마치셨지요.

우 용인 마북리에 묘지가 있죠?

이 네.

우 거기가 선산은 아니잖아요?

이 정주영 회장님의 선산은 미사리에 있으니까 선산이라고 할 수는 없지요.

우 정몽필 씨 묘지 근처에 몇 달 근무한 적이 있어요. 그때 참 많은 생각이 들었죠.

이 '효자 정몽필지묘' 이렇게 쓰여 있죠.

우 왜 마북리로 가셨는지 아세요, 선산이 따로 있는데?

이 마북리 쓰라는 것도 정주영 회장님이 정해 주셨어요. 그때 마북리가 굉장히 넓었는데 좋은 땅이라고 생각하셨던 것도 있고 거기에 현대가 여러 가지….

우 그럼 정주영 회장이 직접 고르신 거예요?

이 지정해 주셨어요. 그렇게 알고 있어요.

우 제가 묘를 옛날에도 봤는데 얼마 전에 또 가 봤어요. 진짜 왕릉처럼 되어 있는데, 상징으로만 보자면, 위로는 현대배구단이 지키고, 현대에서 하는 양궁팀 연습장이 바로 묘지 밑에 있어서 그렇게 지키게 해 놓았다는 생각이 들더군요. '아버지치고 저렇게 애틋한 사랑이 또 있나' 하는 생각을 했어요. 외롭지도 않고. 옆으로는 현대건설연구소와 자동차연구소들이 있잖아요. 그런데 그것은 나중에 들어온 것이고. 배구를 하고 활로 지킨다고 배치한 것인데, 생각 많이 했겠구나 싶더라고요. 정말 애틋한 아버지 사랑 같은 것이 느껴졌어요.

이 당해 보지 않은 사람들은 이해할 수 없는 아픔이었다고 보아야 되겠죠. 1982년 정몽필 사장의 죽음 후에 정주영 회장님의 사고방식에 큰 변화가 왔다고 생각해요. 미국에서 돌아와 첫 번째 취한 조치가 아들들을 다 최고 경영자 반열에 올리는 거였어요.

우 다, 그때?

이 네, 그때입니다. 정몽준 의원이 그때 만 31살의 나이로 현대중공업 사장이 됩니다. 그때 정주영 회장님이 자식들을 엄격하게 교육만 시키고 책임지고 제 일을 할 수 있는 자리를 안 준 것에 대해서 굉장히 후회하신다는 이야기를 하셨어요. 그래서 사장 하던 사람은 회장 되고 사장 아니던 사람은 사장 되고, 바로 그때 정몽준 의원이 세계적인 유수한 조선소인 현대중공업의 대표이사 사장이 됩니다.

우 결국 그때 2세 승계가 그 사건으로….

이 본격적으로 이루어지죠. 그것을 보면 우 박사가 이야기하는 것처럼 정말 마음에 큰 충격, 심경의 변화가 왔던 것 같아요.

우 제가 주변의 경제학 하는 사람들하고 이야기해 보았는데, 현대의 역사에서 '왕자의 난'을 제일 슬펐던 사건으로 꼽더라고요.

이 1982년에 정주영 회장이 명예 회장이 되고 그룹 회장은 정세영 회장님이 하게 될 겁니다.

우 그러니까 '왕자의 난' 때가 가장 슬펐다는 사람이 있고, 현대건설이 떨어져 나오잖아요. 현대 밖에 있던 경제학자들의 의견이 갈려요.

이 저보고 이야기하라고 하면 '정몽필 회장의 죽음'이 가장 슬펐다고 할 겁니다.

우 그럼 그 사건으로 현대가에서 2세 승계를 시작한 거니까, 결국 재벌의 2세 승계라는 것의 원형이 그때 등장한 것이니까, 한국 자본주의의 흐름을 바꾼 사건이라고 할 수 있겠네요.

정주영, 정당을 만들다

우 자, 재벌 승계와 관련된 얘기는 이해가 되었고요, 창당 얘기 좀 해주세요. 왜 갑자기 정치를 하고 싶어졌는지, 뭔가 계기가 있었나요?

이 그것도 정몽필 사장의 죽음과 관련이 있다고 할 수 있지요. 2세에게 경영권을 이전하는 과정에서 그것을 뒷받침하는 주식 이동을 했고, 이에 대해 국세청은 주식 이동 조사를 했고, 그 결과 1,300여억 원의 세금이 부과되었습니다. 정주영 회장님은 그 세금이 참 부당하다, 억울하다는 생각을 했던 것 같아요. 그런 점이 정치를 해야겠다는 동인 중 하나가 아니었을까요? 가끔 회장님은 "시류에 맞춰서 살았다"는 얘기를 했어요. 청와대에서 부르면 50억, 100억씩 정치 자금을 주면서 살았다는 의미로 이 이야기를 하시는데, 그게 너무 억울하기도 하고, 그때 부과된 세금도 억울하다고 생각하면서, 결국 정치를 하자고 마음먹은 것으로 봅니다.

우 항간에는 이명박 대통령과 현대그룹의 관계에 대한 얘기들이 많아요. 현대에서 밀어 주는 거 아니냐는 얘기도 있고, 대통령의 당선으로 가장 덕을 보는 기업이 바로 현대 아니냐는 말도 있고요. 여기에 대해서는 어떻게 생각하시지요?

이 국민당 창당 때, 한쪽에서는 이명박 대통령이 정치하는 것을 반대했다고 하는데, 결국에는 이명박 대통령이 1992년에 신한국당에 들어가서 비례 대표 국회의원이 되거든요. 그러니까 이명박 대통령에게는 야당을 만들어서 정치할 생각은 없었다고 보는 것이 맞을 것 같아요.

우 제가 듣기로는, 이명박 대통령이 현대 있을 때 현대건설 밖으로는 영향력이 미치지 못했다더군요. 이건 잘못 알려진 것인가요?

이 이명박 대통령이 현대건설, 현대산업개발, 한라건설, 현대엔지니어링, 현대리바트, 현대제철, 옛날의 인천제철이죠, 현대엔진, 이런 곳의 CEO를 했습니다. 특징적으로 말하면, 일곱 개 회사가 모두 건설 회사나 건설 회사에 직접 서비스를 하는 설계 회사죠. 현대리바트나 현대제철은 건설 회사에 건자재를 제조해서 납품하는 회사거든요. 현대엔진은, 지금은 현대중공업에 합병됐는데, 현대중공업에 들어가는 선박용 엔진을 만드는 회사입니다. 이런 회사들의 특징은 고객 숫자가 적다는 거예요. 지금은 건설 회사가 아파트를 짓기 때문에 불특정 다수인이 고객이지만, 이명박 대통령이 현대건설 등 건설 회사를 중심으로 현대그룹의 CEO를 할 때는 고객이 제한되어 있었다는 것입니다. 현대건설 하면 정부 건설 많이 해야 하니까 조달청, 둑 만드는 것 많이 하니까 영산강 하구언 공사 같은 경우 농어촌개발공사, 댐 만드는 수자원공사, 발전소

건설하는 한국전력, 포항제철 같은 대단위 공장을 짓는 곳, 석유화학단지 정도? 그러니까 국내를 다 합해서 고객의 숫자가 부지런한 사람이면 매일 한 번씩 전화할 수 있을 정도의 범위 내에서 회사의 사장을 한 거예요.

우 교과서에 있는 말로 하면 모놉소니monopsony라고 부르지요, 수요 독점.

이 그렇죠, 수요 독점이죠. 그런 특수한 기업의 사장을 했기 때문에, 조금 빗나간 이야기이지만, 이명박 대통령이 CEO를 하면서 처음부터 끝까지 다 자기가 제일 잘한다고 말하고, 실제로 많이 알기도 한 모양입니다. 자기가 다 관여해야 하고, 권한을 위임한다든지 이런 것에 대해서 굉장히 불편해할 수밖에 없지요. 그러니까 다중 또는 대중과 소통한다는 것에 익숙지 않은 분이죠. 서울 시장을 거쳤는데도 그런 변화는 안 생긴 것 같아요. 그 양반이 서울 시장을 잘했다는 말은 안 하고 자기는 현대에서 한 것 가지고 청계천 했다는 연설을 들은 적이 있어요.

우 들으신 거예요?

이 선거할 때 그랬어요. 선거 중에 내가 왜 일을 잘할 수 있느냐, 지금과 같은 경제 난국에 왜 대통령감이냐를 이야기할 때, 서울 시장을 잘했으니까 잘할 것이다, 이렇게 말하는 것이 아니라 내가 중소기업에 지나지 않던 현대를 그룹으로 키운 기업가이고, 거기서 내가 무엇도 잘하고 무엇도 잘하고 무엇도 잘하고, 이렇게 이야기했어요.

우 정주영 회장님이 정치했던 것을 평가해 보신다면? 손해 본 장사였나요, 남는 것이 좀 있는 장사였나요?

이 정주영 회장님의 정치에 대한 평가는 아직 안 끝났다고 생각해요.

우 대선 때 기업인이 대통령 후보로 출마한 것에 대해서만이라도 평가해 보신다면요?

이 그분이 출마한 것에 대한 평가도 아직 안 끝났다고 생각해요. 진행형이라고나 할까요? 정주영 회장이 출마한 것은 부정적인 측면에서 이야기하면, 정치하는 사람들이 하도 못살게 구니까 그런 면이 있다고 보고, 긍정적인 면은 정주영가(家)가 대통령을 할 수 있다고 생각했다는 거겠지요. 정주영 회장님이 시험해 본 것이라고 할 수 있어요. 실제로는 정몽준 의원한테 기대를 걸었다고 생각해요. 정몽준 의원한테 현대중공업 주식을 주고 대표를 시켰는데, 그 회사는 1979년 한 해 빼놓고는 지금까지 적자를 낸 적이 없어요. 큰 위험은 없이 빚은 나는 조직의 장들을 다 정몽준 의원이 해요. 아산복지재단, 멋있잖아요? 세상에서 제일 불우한 사람을 돕는 재단이니까.

우 돈 잃을 것 별로 없고 리스크도 없는?

이 없죠. 울산대학교 재단 이사장 자리를 줬고. 그리고 정몽준 의원이 FIFA 부회장으로 2002년 월드컵을 유치할 때 수족이 되어 줬던 것이 현대중공업 해외 영업 지점 사람들 아니었나요?

우 그 이야기랑 현대중공업 내부 이야기까지는 제가 잘 알고 있습니다. 축구 대표팀 회식한 중국집 영수증이 현대중공업 경리부로 왔다는 얘기는 들은 적이 있어요. 울산 구장 잔디 관리하라고 현대중공업 대리를 영국으로 유학 보냈다는 얘기도 들은 적이 있고요.

이 정주영 회장님이 대통령에 출마하신 것 하나만 가지고 보면, 그것 때문에 기업이 굉장히 어려움을 겪었어요. 그것도 저는 두 가지

측면에서 봅니다. 하나는 정주영 회장님의 경영 철학의 모토가 "시련은 있어도 실패는 없다"입니다. 두 번째는, 누가 "어렵습니다", "안 됩니다"라고 하면 "하기는 해 봤어?" 이렇게 물어보셨다는 거예요. 이분은 "어떤 실수보다도 치명적인 실수는 포기해 버리는 것이다"라고 말하셨죠. 포기라는 것이 없는 분이에요. 그런데 정주영 회장님이 대권 도전에 실패하고 정치권에서 물러 나와서 경영으로 복귀하는 과정이 굉장히 힘난했어요. 힘난한 과정을 거쳐서 복귀했어요.

우 내부 반대도 많았나요?

이 아주 많았지요. 그런데 그때 어떤 사장이 못하는 일에 대해 변명하는 것을 봤어요. 현대는 사장이 무엇을 못하면 무엇 때문에 못했다는 변명 같은 것을 안 하는 그룹이에요. 변명해도 들어 주는 문화가 없어요. 그런데 그때는 정주영 회장님이 달리 말씀 못하시는 모습을 보았어요. 재무부 장관까지 설득했는데, 재무부 장관이 마지막에 승낙하기 전에 청와대에 물어봤더니 김영삼 대통령이 쓸데없는 소리라고 해서 안 되었다고 하더라고요. 예전 같으면 내가 가서 대통령 만날게 이랬을 텐데, 그냥 안 되는 것으로 끝내는 것을 본 적이 있어요. 기업을 지키는 것은 정주영 회장님 말씀대로 기술도 중요하고 자본도 중요하고, 제일 중요한 것은 사람이겠지요. 그러나 선거 이후로 실패를 용인하는 일이 생겨났어요. 1992년 대선에 실패하고 김영삼 정부한테 눈에 보이지 않는 탄압을 받았단 말이죠. 그러다 보니까 어떤 사장이 와서 설득 다 했는데 대통령이 쓸데없는 소리라고 해서 안 된답니다 하니까 물러나시는 거예요. 더 이야기하시지 않고. 노태우 대통령까지는 자기가 가서 정치 자금 주고 시류에 따라 돈 주고 했는데. 그 돈을 공짜로 주었겠어요? 세상에 공짜 점심이 어디 있겠어요? 하지만 당시는 그런 것이 안 됐어요. 그것만 보면 정주영 회장님이 정치에 관여하신 것은 손해겠지요. 또 그것이 씨가 되어서 1998년 IMF 구제 금융을 받는 시기가 되면서 어떤 것은 망할 수밖에 없는 단계에 이르기도 했지요. 반대로 요행히 도움이 된 경우도 있어요. 정주영 회장님이 하고 싶다고 하시는데 김영삼 대통령이 안 해 줘서 못한 것이 제철소예요. 지금 당진에 짓고 있는 제철소 말이에요. 만약에 원하는 대로 1997년 즈음에 제철소를 지었으면 IMF 구제 금융을 받는 과정에서 현대그룹이 망했을지도 모르죠. 어떤 것이 맞는지는 모르지만, 일반적으로 말하면 현대그룹이 IMF 구제 금융을 받은 이후에 시련을 겪은 것의 먼 원인은 정주영 회장의 정치 참여라고 하죠. 그런데 지금의 시점에서 보면 실패라고 볼 수 없는 것이, 그때 당시에는 정주영가家만, 조금 더 넓게 보면 정인영가家 정도가 재벌의 반열에 있었는데, 10년이 지난 지금 기가 막힌 현상이 일어났어요. 이것을 우리가 어떻게 설명할 수 있는가 하는 것이에요! 독점 규제 및 공정 거래에 관한 법률에 의해서 자산 규모를 가지고 48위까지 발표했는데 이 중에 공사가 있어요. 한국전력공사, 주택공사, 도로공사, 토지공사, 가스공사, 석유공사, 이런 것은 공기업이잖아요? 공기업을 12개 빼고 나면 36개가 순수한 민간 기업이에요. 그중에 정주영 회장의 피와 땀이 녹아내린 자동차, 중공업, 아직 주인을 못 찾은 하이닉스, 정몽헌 회장의 미망인이 경영하는 현대그룹, 역시 주인을 못 찾은 현대건설, 손자가 경영하고 있는 현대백화점, 조카가 경영하고 있는 현대산업

개발, 이렇게 들어가 있단 말이에요. 이런 기업들이 재벌의 반열에 올라갔기 때문에, 강제로 타의에 의해서 찢어졌다가 각각 다 재기해서 다시 큰 기업이 된 현상이 일어났기 때문에 죽어서 산 것이 아니냐, 이런 생각도 할 수 있어요. 그럼 정치적으로는 실패했느냐? 통일국민당이 없어졌으니까 죽어 버린 것 아니냐? 이렇게 말할 수도 있겠지만, 어찌 되었든 간에 자기 아들은 6선 의원이고 집권 여당의 당 대표이고, 차기 유력한 대권 후보자 반열에 있는 것이 분명하다는 거예요. 그럼 그것을 실패했다고 말해야 하는가.

우 약간 문학적으로 표현하면, 정주영 회장이 케네디가 같은 꿈을 꿨다고 할 수 있지 않을까요?

이 케네디가家가 한 사람은 밀주 장사를 하면서 떼돈 벌었고 그 돈을 세탁해서 사업하고 3대 때는 대통령 만든 것 아닙니까? 케네디가가 대표적으로 밀주 시대 때 돈 번 사람들 아니에요?

우 아일랜드 이민자들이기도 하고요.

이 아일랜드 이민자들은 가난한 사람들이고. 그런 모델을 봐서, 기업의 지배 구조는 포드가를, 정치적으로는 케네디가를 꿈꾸지 않았을까 싶어요. 직접 들은 것은 없지만 하는 것을 보면 그랬을 거라는 생각이 들어요.

우 누구나 객관적으로 보면 그렇게 한 것 같은데, 유럽의 몇몇 재벌가를 모델로 하지는 않았을 것 같네요.

이 지금 스웨덴 같은 곳은 비즈니스만 하잖아요. 그리고 정주영 회장님에 대해서 내가 이야기하는 것 중에 재미난 것이, 본인은 시류라고 표현했지만, 세상에 도전이 있으면 답을 둘 중에 하나를 빨

리 내렸어요. 도전을 해서 이겨 내든지 아니면 순응하든지. 생물학적 의미에서 적응 능력이 뛰어나다고 하겠지요. 옛날에 대한체육회장을 하고, 그 자격으로 바덴바덴에서 올림픽을 유치했을 때 생각이 나네요.

우 그때 전두환이 유치 못하면 빠져 죽으라고 했다면서요?

이 그렇다고 빠져 죽을 수 있는 것도 아니고.

우 그 이야기를 전두환이 직접 했다고 그러더라고요.

이 1982년 제가 올림픽유치위원회의 경리과장으로 파견 나가 있어서 잘 압니다.

우 아, 그때도 거기에 같이 계셨어요?

이 제가 좌우간 현대에서 이상한 일 하는 곳에는 다 불려 다녔어요. 그때 정주영 회장님과의 일화를 한 가지 얘기할게요. 대한체육회가 연말에 올림픽 팀 같은 것을 지원하기 위해 모금을 하는데, 회장님이 맨 앞에 서고 그 옆에 국세청 차장을 세웠어요. 그것이 정치적으로 문제가 됐어요. 국회의원들이 난리를 쳤지요. 국회에 불려가면 대부분 변명하는 거잖아요. 사실 그게 아니었다, 오해다, 이러는 것 아니에요? 그런데 정주영 회장님은 맞다, 어떤 사람이 내 얼굴 보고 돈을 내냐, 국세청장이라도 와 있으니까 무서워서 돈을 내지.

우 차장 아니었어요?

이 청장 대신 왔으니까, 청장 얼굴 보고 돈 내지 누가 돈을 내겠느냐고 한 것이겠지요. 그러면서 한 이야기가, 영국에서는 IOC 위원이 앤 공주입니다, 앤 공주가 영국 올림픽 팀 후원 모금 하는 곳에서 앤 공주 옆에 버클리 은행 총재 등 주요 은행 총재들이 서 있었다고 하더군요. 어떤 기업가가 앤 공주를 보고 돈을 내겠느냐고요. 기업 하려면 은행 가서 돈을 빌려야 하니까 뱅커들 보고 돈을 내는 거지요.

우 | 진실에 관한 이야기군요.

이 | 그러니까 이분은 세상일을 그렇게 말하는 거예요. 있는 것은 있다고 말하고, 아닌 것은 아니라고 말하는 거지요. 구차하게 돌아간다거나 껍질을 살짝 입힌다거나 이런 것 안 하죠. 돌아가는 것이 없어요. 정주영 회장님 이야기 하면서 제가 현대양행 창원 공장(현 두산중공업 창원 공장) 이야기 했나요? "그분은 길을 두고 돌아가지 않는다"라는 제목으로 쓰고 싶은 일화가 하나 있습니다. 1979년 9월 초에 현대양행이 부도가 나서 현대중공업이 주축이 되어 현대양행 창원 공장을 인수하러 갔어요. 가서 보니까, 공장들 사이에 꽃밭이 있고, 행정동에 식당이 있었어요. 공장에서 식당으로 가는데, 사람들이 당연히 꽃밭을 거슬러 지나가려고 하고, 관리하는 사람들은 이걸 막고. 정주영 회장님이 오셔서 이것을 봤어요. 왜 사람들을 못 막느냐고 하는 게 아니라, 여기에 왜 길을 안 내 주냐, 이렇게 말씀하셨어요. 길 내 주면 되잖아. 이것이 정주영 회장님을 한마디로 표현하는 거예요. 길을 두고 절대로 돌아가시는 분이 아니에요.

우 | 하여간 성격 독특하신 분이네요.

이 | 참 독특하세요. 결코 남이 다 닦아 놓은 길을 후발주자로 뒷짐 지고 따라가는 것 안 하셨고. 길이 본래 있는 것이 아니라는 거죠. 다니다 보면 길이 된다는 거라.

정주영, 길을 만들다

우 이사장님은 길을 어떻게 생각하세요?

이 저도 길이 없다고 생각해요.

우 회사에 계실 때도 그렇게 생각하셨나요?

이 회사에 있을 때도 그렇게 생각했어요. 루쉰이 "길은 없다"고 아주 멋있게 말했지요. 연암 박지원 선생은 "길은 강과 둑 사이다"라고 말한 적이 있지요. 강과 둑 사이는 있는 것처럼 보이지만, 실제로 가 보면 아무것도 없어요. 길은 없는 것이고, 사람이 다녀서 만들어지는 것이라고 생각해요.

우 제가 처음에 사회과학으로 책을 쓴다고 하니까 사람들이 다 그러더라고요. 우리나라에서 사회과학은 죽었고 끝났으니까, 사회과학 책 말고 입문서 아니면 소설을 쓰라고요. 소설은 아직 살아 있으니까. 길이 없으면 길을 만들면 되잖아.

이 맞아요. 우 박사도 그런 생각을 했으니까 시장에서 살아남을 수 있는 창의적인 사람인데, 나는 정주영 회장을 한 단어로 크리에이티브creative로 표현할 수 있다고 생각해요.

우 그때의 크리에이티브를 우리말로 번역하면 창의보다는 창조에 가깝겠네요.

이 창조죠! 없는 것에서 만들기도 했고. 정주영 회장은 맨주먹 가지고 시작한 사람이잖아요. 제가 구체적으로 소개할 것도 없이 일화가 많지요. 지금 현대중공업 광고하면서 동전 가지고 거북선 만드는데, 그런 일을 실제로 하신 분이에요. 그 밖에도 이런 것을 많이 봤단 말이죠. 없는 것을 만들기 위해서 있는 질서를 깨뜨리는 분이에요. 그러니까 슘페터가 말하는 창조적 파괴에 가깝겠지요. 현대중공업이 독dock을 만들기 전에 배를 주문받고, 그걸로 돈을 빌려서 독을 판다든지. 중동에서 주베일 항을 만들 때, 세계적인 업자들이 자기들끼리 보이지 않는 거대한 일종의 카르텔을 만들어서 담합으로 가격을 높이는 구조가 있었는데, 그 구조에 들어가지 않고 최저가를 써서 담합 구조를 다 깨 버렸어요. 현대자동차를 만들 때, 그때까지는 현대뿐만 아니라 우리나라 자동차 회사는 모두 일본의 기술 지도를 받아야 했는데, 일본의 기술 지도 안 받겠다고 그러고 포드에 가서 조립하기 시작했지요. 어느 정도 할 줄 알게 된 다음에야 미쓰비시하고 계약했어요. 원천 기술을 사 와서 독자 기술을 개발해야 우리가 일본 사람들을 깨지 일본 기술을 사 오면 영원히 2등이라고 말씀하셨어요. 일본 기술 사 오지 말고, 비싸더라도 또 그것을 현장에서 바로 적용하기에는 시간과 돈이 들더라도 원천 기술을 사 와서 독자 기술을 개발하라는 이야기를 엄청 많이 하셨어요.

우 제가 프랑스에서 공부할 때 지도 교수들이 저한테 해 보라고 했던 것이 있어요. 현대도 차를 만들고 멕시코도 차를 만들고 브라질도 차를 만드는데, 현대만이 자기 기술을 가지려고 했다는 거예요. 브라질의 수많은 미국 하청 공장들은 그런 노력을 안 했어요. 초기에는 현대가 바보 같다고 평가했는데 결국에는 자기의 차를 가지게 되었지요. 자동차 라인을 가졌던 비슷비슷한 개도국 중에서 한국만이 다른 모델인데, 그 모델의 힘을 설명해 보라고 했거든요.

이 정주영 회장님한테 그 답이 있어요. 정주영 회장님이 그룹 회장

또는 명예 회장으로 그룹 경영에 적극적으로 참여하실 때 매주 월요일 아침에 사장단 회의를 했어요. 그때 보고하는 것이 참 재미있는 것이에요. 첫 번째가 각 사의 수출 실적, 두 번째가 국산화 진척도, 세 번째가 종업원의 저축률이에요. 우리나라는 수출 가지고 먹고사는 나라이기 때문에 해외에서 시장을 개척해야 한다. 그래서 모든 현대그룹사는 수출을 목표로 정하고 얼마나 수출했는지가 매주 회장이 챙기는 일이었어요. 달러를 벌어 와야 한다. 그래서 구호가 "밖에서 벌어서 안을 살찌운다"였어요. 그리고 국산화를 얼마나 강조하셨는지, 국산화 비율을 몇 프로 올리라고 기업마다 숙제를 주었어요. 지금 보면 현대중공업이나 현대자동차가 규모의 경제 때문에 스스로 국산화하지 않은 것 빼놓고는 국산화 안 된 것이 없잖아요. 그리고 근검을 강조해서 저축을 엄청 많이 시켰어요. 현대그룹의 사훈이 근면, 검소, 친애입니다. 참 재미난 이야기죠. 직급별로 월급의 몇 퍼센트를 저금하라는 것이 있었어요. 그래서 월급을 많이 줘서 재산이 형성되는 것이 아니라 현대 다니는 사람들은 거의 강압에 가까운 회사 방침에 따라 저축해서 재산을 형성하고, 또 회사가 앞장서서 주택 조합을 만들어서 집을 살 수 있는 기회를 많이 주었습니다.

우 제가 현대를 2년 다니면서 월급받은 걸 거의 저축했는데, 그때 집을 사게 됐죠.

이 그러니까요. 정주영 회장님은 독특했어요. 근검, 검소, 친애라고 말로만 한 것이 아니에요. 정주영 회장님이 말씀하시는 것이 전부 창조적인 것이고, 또 기존 질서나 세상을 지배하는 원리를 그대로 수용하기보다는 항상 도전해서 깰 수 있으면 깨 버렸던 분이에요.

'정주영 모델'은 있다? 없다?

우 이번에는 어려운 질문이에요.

이 어려운 질문요? 큰일 났네. 지금도 어려운데 더 어려운 것이 있단 말이에요?

우 몸 풀기는 끝났고, 이제 어려운 질문이 시작됩니다. 정주영 회장님은 포디즘 시대를 사셨잖아요. '대량 생산 대량 소비' 시대에 살았는데, 우리가 살아야 할 21세기는 탈포디즘의 시대라고 말할 수 있잖아요. "지금도 정주영 모델이 적합한 것인가?"라는 질문을 드리기 위해서 다른 질문을 드리는 것인데, 정주영을 일종의 경영 모델 혹은 오너 모델이라고 할 때, 그 모델이 21세기에도 재생산이 가능하다고 보십니까?

이 경영 모델요?

우 경영 모델이든 기업 모델이든, 어찌 되었든 하나의 모델이라고 정의하면, 그 모델이 다시 만들어질 수 있어야 재생산된다고 하잖아요. 그리고 그 사람이 있을 때만 작동하지, 그 사람이 다시 나올 수 없다면 재생산은 안 되는 것 아니에요? 정주영 모델을 재생산될 수 있는 모델이라고 보시는지?

이 저는 재벌 2세들은 MBA를 안 했으면 좋겠다고 생각해요.

우 MBA요?

이 이 말은 "이기는 정주영 지지 않는 이병철" 이야기와 일맥상통하는데, 정주영 회장님은 "해 보긴 했어?" 하면서 도전하시는 분이에요. 재벌 2세들이 많은 정보와 지적인 학습을 받지만, 많은 기술을 공부하면서 "이렇게 해서 망했다", "저렇게 해서 망했다",

이렇게 망하지 않는 훈련을 받지만, 미국식으로 표현하면 '전선 frontier'을 단 1센티미터라도 넓히는 것에 대해서는 거의 훈련을 안 한다는 거죠. 어떻게 보면 이런 건 훈련해서 될 일이 아닌지도 모르겠어요.

우 수성의 시대와 공성의 시대라고도 하지요.

이 창업의 시대와 수성의 시대라는 이야기인데 정주영 회장님은 창업의 시대에 맞는 사람이기 때문에 정주영과 똑같은 모델로 수성하기는 어렵겠지요. 한다고 해서 될 일이 아니라고 생각해요. 그리고 정주영 회장님이 기업을 많이 하셨지만 회장님이 창업했던 현대를 돌이켜 보면 맨 처음에 한 것이 '아도서비스'라는 자동차 AS 회사예요. 그때는 자동차를 타는 사람이 손가락으로 꼽을 정도로 소수였어요. 그 다음에 현대건설을 만드셨어요. 이런 업종의 특징이 이명박 대통령이 CEO를 했던 회사처럼 고객 숫자가 적어요. 현대그룹의 특징은 오너가 영업을 한다는 겁니다! 그리고 전문 경영인이 관리를 해요. 이것을 삼성의 선대 회장인 이병철 회장과 비교하면 재밌는데요, 삼성물산은 오너가 물건을 사서 파는 일을 안 해요. 시장에서 통하는 사장을 두고 자기는 관리를 하는 거예요. 처음부터 전문 경영인을 두고 때로는 감시하고, 때로는 견제하고, 때로는 열심히 일하게 만드는 조직이 필요한 것이에요. 그것이 삼성 비서실 아니에요? 그래서 정주영 회장님이 모델인지 이병철 회장님이 모델인지 그것은 모르지만, 각각 처음의 출발점이 달랐지요. 이제 와서 보니까 기업이 성숙하게 되었고, 현대그룹도 불특정 다수인을 상대하는 기업이 많이 늘어났어요. 여전히 건설사도 있지만….

우 현대카드가 대표적이죠.

이 대표적인 것을 꼽으라면 그거야 그렇죠. 현대자동차도 이미 불특정 다수인이 됐다고 할 수 있지만 여전히 보이지 않는 다수의 담합 가능성이 있지요. 그러나 카드나 캐피탈 등 금융 회사의 사람 다루는 전략 같은 것은 정주영 모델로서는 이해할 수 없는 것이었어요. 그래서 실패했어요. 금융 산업에서 실패한 예가 있어요. 현대증권이 '바이 코리아'로 상품을 엄청나게 팔아서 수탁금을 많이 받았는데, 그때 금융을 아는 사람들이 위험 관리 없이 계속해서 외형을 키우는 일은 죽는 일이라고 했어요. 실제로 위험 관리 장치 없이 금융을 토목 공사 실적 올리듯이 했고, 수탁고가 오늘은 2조요 내일은 3조요, 이랬단 말이에요. 그래서 바이 코리아가 망했지요. 정주영 회장님이 금융업의 속성을 모르시면서 전문 경영인에게 맡겼는데, 전문 경영인을 통제할 수 있는 범위를 벗어났다고 봐요. 정주영 회장님이 열심히 하실 때는 어떤 업종에 대해서 완전히 마스터하고 마스터한 범위에서 전문 경영인을 쓰는 거예요. 너희들이 뛰어 봐야 손오공이야, 부처님 손바닥 위에서 노는 손오공이지. 본인이 부처님이라고 생각하고 살았어요. 그러니까 정주영 회장님은 전문 경영인하고 경쟁하는 법이 없어요. 전문 경영인을 일하게 만들었지, "저 사람이 나중에 신문 기자 만나서 내 욕하면 어쩌지?" 그런 걱정 안 하셨어요.

우 제가 현대 있을 때, '현대는 이렇게 이렇게 하면 좋겠다'라고 보고서를 만든 적이 있어요. 그랬더니 정주영 회장님이 박사는 돈 주고 살 수 있는데, 나는 돈 주고 살 수 없잖아라고 했다더군요. 까불지 말라는 얘기지요.

이 제가 흔히 말하는 일화가 있어요. 하버드 경영학부에 마이클 포터라는 아주 유명한 분이 있어요. 비교 경쟁력을 기업 경쟁력과 국가 경쟁력으로 확대한 사람이지요. 그 사람이 쓴 책이 우리나라에 여러 권 번역되어서 나왔는데, 그중 한 권이 현재 한나라당 대표인 정몽준 의원과 조동성 교수 공역으로 나왔어요. 방학 때 정몽준 의원이 마이클 포터를 초청했어요. 역자가 원저자를 부른 것이죠. 정몽준 의원이 자기 아버지한테 가서 마이클 포터 만나서 이야기도 듣고 밥도 한번 사 주시라고 했어요. 그랬더니 정주영 회장님이 마이클 포터가 뭐하는 사람이냐? 저명한 경영학자입니다. "아, 내가 어떻게 돈을 벌었는지 뒷조사하는 사람이구만." 그러니까 정주영 회장님은 길이 있어서 간 것이 아니라, 자기가 간 길을 학자들이 보편화해서 흉내를 내면 돈을 벌 수 있는 것으로 학문화한다고 생각하고, 그 일을 하는 사람을 경영학자로 본 것입니다. 경영학대로 했더니 돈을 벌었다는 것이 아니고…. 이분이 비즈니스에서 중요하게 생각하는 것은 딱 한 가지예요. 신용, 신뢰. 그것을 잃으면 다 잃는 것이다, 어떤 경우에도 지켜야 한다, 그것만 있지 나머지는 없어요. '사람이 중요하다. 신용이 중요하다.'

우 그럼 정주영 모델이 재생산 불가능하다고 생각하시는 거네요.

이 저는 정주영 모델이라는 것은 없다고 생각해요.

우 모델이 없다! 그래도 핵심 코드는 남아 있을 것 아니에요. 방금 신용, 신뢰라고 말씀하신 것처럼.

이 그러니까 그것을 DNA 같은 유전자로 이해할 수 있는 것은, 정주영 회장님이 기업 경영자보다는 "담담한 마음을 가집시다"라고 했던 게 더 중요한 것 같고, 그래서 저는 정주영 회장을 철학자라고 이해하는 편이지요. 철학자로서 정주영 모델은 다시 나올 수 있지만, 경영자, 기업인으로서의 정주영이 다시 등장하기는 어려울 것이라고 생각해요.

우 아무래도 시대가 바뀌었으니까.

이 바뀌었으니까요.

우 다른 사람들은 실망할 텐데요.

이 실망하겠죠.

우 정주영처럼 하면 된다고 말하고 싶어 하는 사람들이 많을 텐데. 현대에서 얼마 전에 20대 정주영 몇천 명 만들기 프로젝트에 돈을 낸다는 얘기를 듣고, 미쳤다는 생각을 한 적이 있는데요. 좋든 싫든, 한국에서 정주영은, 지금까지 최고의 롤 모델 중 한 명이었잖아요.

이 정주영처럼 하려면, 아까도 이야기했지만 창조적 파괴를 할 수 있어야 하는데, 사회적인 여건도 그렇지 않고 그렇게 용감한 사람도 없는 것 같아요.

우 어떻게 보면 탈포디즘 시대인 지금이야말로 정주영식의 파괴가 필요한 것이 아닌가 생각했거든요.

이 포디즘이라는 것을 어떻게 규정해야 할지 모르겠어요. '대량 생산 대량 소비'로 규정짓는다면 모르겠지만, 그것보다도 포드는 스스로 공산주의자 아니었나요?

우 그렇게 생각하는 사람은 거의 없고, 찰리 채플린 같은 사회주의자는 포드를 악덕 사장의 대표적인 사례로 묘사한 적이 있죠. 영화 〈모던 타임스〉에서요.

이 공산주의자라는 말이 좀 과한가요?

우 〈모던 타임스〉에서 컨베이어의 속도를 마구 올리는 사람이 바로 포드일 것이라고 생각한 관객들이 많았다고 하더군요.

이 실제로 전쟁 중에는 포드가 공산주의자라고 정치적으로 공격을 많이 받았어요. 그리고 포드가 대량 생산을 하면서 풀려고 했던 영원한 숙제가 한 가지 있지요. 자기 회사에서 일하는 사람이 자기 회사의 차를 살 수 있게 해 주어야겠다고 생각한 건데, 실제로 월급도 올려 주고 동시에 차값도 낮춰서 그게 가능하게 했지요. 포드는 T형 차를 만들어서 값을 끊임없이 낮췄어요.

우 고종이 T형 포드를 탔었죠.

이 1933년인가 34년에는 T-4 포드차가 600달러에서 240달러로 떨어져요. 240달러면 요즘 시세로 5,000달러 정도 되지요. 21배예요. 그런데 지금 전 세계에서 5,000달러 이하인 차가 있는 나라는 인도밖에 없어요. 우리나라뿐만 아니라 전 세계 자동차 회사들이 값을 너무 비싸게 올려놨어요. 포드는 그러지 않았지요. 자동차를 어떻게 규정짓느냐? 요즘은 자동차를 교통수단으로 이해하는 게 아니라, 모바일 오피스니 무슨 무슨 엔터테인먼트 기능이니 하면서 본질적으로 차가 빨리 안전하게 달리는 기능보다는 부가 기능에 더 신경 쓰고 자동차 값을 올리잖아요.

우 미국 자동차에는 안전장치인 ESP를 기본으로 달아 주는데, 국내 자동차에는 안전 옵션을 잘 안 달아 준다고 소비자들이 불만이 많아요. 저는 지금도 기름을 덜 먹는 수동 자동차를 주로 타는데, 요즘 나오는 수동 자동차에는 안전장치를 아예 안 달아 줘요. 그것 때문에 따로 수입할 수도 없고.

이 문제가 좀 있지요.

우 요즘 제가 다른 일로 섬유 산업을 조사해 봤는데요, 패션 산업과 자동차 산업의 특징이 거의 비슷하더라고요. 둘 다 사치제, 즉 럭셔리 시장인 거예요. 패션에는 반드시 패션쇼가 있는데, 자동차에도 모터쇼가 있잖아요. 살 때 별생각 없이 산다는 것도 같아요. 수천만 원짜리 상품을 사면서, 10만 원짜리 물건 살 때보다도 덜 고민하고 사는 아주 특수한 상품이더라고요.

이 포드가 생각했던 생산 방식 중에 대량 생산, 표준화도 있지만 다른 또 하나의 특징이 수직적 통합vertical integration이에요. 미국 자동차 회사는 이미 수직적 통합을 포기하고 최종 조립만 하지요.

우 GM이 완전 그렇게 됐죠.

이 우리나라 자동차 회사들이 거꾸로 가고 있거든요. 현대자동차 같은 경우가 모비스를 앞세워서 수직적 통합을 강화하잖아요. 앞으로 어떻게 될까요?

우 거기에 제철소까지 가지고 있는 최초의 자동차 회사가 될 가능성이 높죠.

이 포드가 수직 계열화를 강화했을 때는, 제철 공장뿐만 아니라 고무 농장까지 있었어요. 고무 농장에서 타이어를 만들었지요. 브리지스톤Bridgestone인가요? 지금은 일본 회사가 되었지만, 그때는 포드의 외갓집 것이었죠. 그리고 자동차를 실어 날라야 하니까, 자동차 운반 회사에서 쓸 배를 만들려고 조선소도 만들었어요. 현대가 그렇게 포드 모델을 썼습니다. 자동차 보십시오. 현대가家에 조선소도 있잖아요. 배 전용선은 현대중공업이 만들었고 배를 전용으로 실어 나르는 현대상선을 만들었고, 만도 기계 따위의 숱한 회사를 만들었습니다. 한때는 타이어 회사도 설립했고 거기에 들어

가는 고무를 생산하려고 현대석유화학을 만들었지요. 납사도 분해했고, 그걸 공급하는 현대정유도 있어요. 현대그룹이 포드를 그대로 따라 했지요. 그런데 포드나 GM은 그런 통합을 분리해서 대부분의 회사를 외주화했고, 지금은 다 만든 것을 가져다가 조립만 하죠. 실제로 현대제철이 만든 철판이 언제 자동차 만드는 철판이 될지는 모르지만, 정몽구 회장이 현대제철 착공하고 사업을 시작하면서 "현대자동차가 좋은 자동차를 만들기 위해서는 좋은 철판이 필요하고 그러기 위해서는 우리 스스로 철판을 만들어야 한다"고 하셨어요.

우 포드 경영권이 사모펀드로 넘어갈 때 저도 충격을 좀 받았는데요. 마이클 포터의 용어를 가져다 쓰면, GM이나 포드가 망할 만큼 어려워진 것이 내부화를 중지하고 외부화했기 때문인가요? 현대는 내부화를 계속 늘렸기 때문에 성공했고?

이 내부화와 외부화에 균형점이 있어야 해요. 규모의 경제를 살릴 수 있어야 내부화가 성공해요. 그러니까 우리 회사에도 납품하고 다른 회사에도 납품해서 규모의 경제를 살려야 합니다. 그런데 나중에는 외부에는 값싸고 경쟁력 있는 물건을 주고, 내부에는 비싸고 형편없는 물건을 납품하는 경우도 생깁니다. 내부자인데 오히려 품질 보증을 안 해 주는 경우가 생겨나지요.

우 제가 현대 있을 때 계산해 봤더니, 현대 계열사 58개사 중 절반 정도가 그러더군요. 그룹사 납품은 비싸게, 그것도 형편없는 물건을. 현대에서 만드는 컴퓨터, 사무용 가구들, 비싸서 시장에서는 아무도 안 살 물건들을 그룹사에 공급하고 있더군요.

이 그러면 망하는 거예요. 대표적인 예가 광고 회사지요. 재벌마다

인하우스 광고업체가 있습니다. 이 사람들이 자기 회사의 광고는 열심히 만들지도 않으면서 비용은 되게 많이 청구하기도 하지요. 그런데 그 밖의 것에 대해서는 프레젠테이션도 열심히 하고 광고도 잘 만들고 가격 경쟁력도 있단 말이에요.

우 제가 금강기획이랑 한 번 일해 봤는데, 도저히 못하겠다고 했더니, 그 사람들도 먹고살아야 하니 참아 주라고 하더군요.

이 금강기획을 현대가 가지고 있다가 IMF 때 외부에 팔았는데, 판매 조건이 earn-out basis라고 해서 수익금의 일부로 회사 매각 대금을 주는 것이죠. 금강기획이 돈을 벌게 해 주기 위해서 현대그룹 광고는 다 금강기획에 줘야 하는 거예요. 제가 현대자동차 때 반대했잖아요. 나 못한다. 그래서 깼어요. 안 된다 이거예요. 도망 못 가는 고객을 위해서 서비스하는 것이 가능하다면 세상에 체크앤드 밸런스 기능은 필요 없다는 말과 같아요. 정주영 회장님의 유명한 사례가 있습니다. 1983, 84년에 우리나라가 자동차 수출을 시작했는데 조선은 발주가 안 되는 거예요. 그런데 조선소 해운 회사들이 배를 발주하면서 우리가 배를 만들 테니 현대자동차가 수출하는 차를 싣게 해 주시오 그러더란 말이죠. 그래서 현대중공업의 선박 판매 담당 중역이 배를 주문받는 조건으로 현대자동차 수출 물량을 조금 떼어 주었어요. 어쨌든 간에 팔았잖아요? 배를 주문하는 데가 거의 없던 당시로서는 잘했다고 할 수 있잖아요. 그런데 그 사람, 쫓겨났어요. 절대로 그룹 내 다른 회사의 사업 기회를 이용해서 비즈니스를 못하게 했어요.

우 학문 용어로 지대 추구 rent seeking 행위라고 하지요.

이 그런 의미에서도 정주영 회장님은 보통 사람들이 편하게 가는 길을 안 가신 분이에요.

우 종기실에 계실 때, 현대 전체의 컨트롤 타워 역할을 하셨던 것 아니에요? 제가 최근까지 들은 이야기가 이계안이 현대의 집사라는 설과 정씨 일가의 집사라는 설인데, 그게 종기실의 특징 때문에 생겨난 말이거든요.

이 현대의 집사와 정씨 일가의 집사의 개념 차이가 뭐예요?

우 현대의 집사는 전문 경영인이 회사와 관련된 의사 결정을 하는 것이고, 정씨 일가의 집사라면 회사에 부담을 주더라도 가족의 영광을 위해서 일하는 것이라고 할 수 있겠죠. 지금까지 제가 알아본 걸로는, 두 설이 팽팽해요. 본인은 어떻게 생각하시는지?

이 이분법으로 이것이다 저것이다 말하기 어려운데.

우 본인은 어떤 것이었으면 좋겠다든지?

이 제가 종합기획실에서 세 번 일했어요. 첫 번째는 사원일 때 비공식적으로 파견을 나갔고, 두 번째는 차장에서 부장 대우 때까지 근무했는데 공식적으로 현대중공업에서 파견 나가 있었고, 세 번째는 경영전략팀장, 그룹 경영 책임자로 일했어요. 지금 묻는 것은 세 번째에 해당할 거예요.

우 네, 책임자로 계실 때.

이 제가 종합기획실 실무 책임자로 있을 때 종합기획실을 규정했어요. 종합기획실에 재무 1팀, 재무 2팀, 재무 3팀으로 구성되는 재무팀과 인사팀이 있었어요. 팀장급으로 일할 때는 정주영 회장의 사인만 받으면 모든 것이 통할 때였어요. 정주영家를 위해서….

우 정주영 마패라고 불렀지요.

이 차장 시절에는 정주영에서 정주영 아들로 주식 이동을 얼마나 경제적으로 하느냐, 즉 증여가 제일 큰 과제였어요. 그때의 모든 가치는 정씨 일가를 위해서 일했다고 하는 것이 맞아요. 그리고 경영 책임자가 되자마자 IMF가 왔어요. IMF 구제 금융 때 했던 일은 오너의 책임을 강화하고 전문 경영자와의 관계를 명확히 하는 것이었어요. 그때 제가 그룹의 실무 책임자 노릇을 했습니다. 정주영가를 보호하기 위해서도 최선의 노력을 했지만, 그때의 최대 관심사는 현대가 아니라 대한민국 경제가 어떻게 하면 덜 망가지는가였고, 대표적으로 한 일이 버리는 것과 살리는 것을 선택하는 일이었어요. 그 당시 저는 기아자동차를 인수해서 현대자동차를 대형화하고 특화해야 한다고 주장했고, 빅딜을 통해 석유화학과 인천제철을 버려야 한다고 했습니다. 이런 것들을 버려야 현대나 정씨가를 뛰어넘어서, 대한민국 경제가 IMF 구제 금융을 받는 어려운 시기를 살아남을 수 있다고 생각했어요. 저는 이런 빅딜을 디자인한 사람이에요. 이것에 대해서는 중앙일보 이영렬 기자가 쓴 『빅딜 게임』이란 책이 있어요. 그렇게 했기 때문에 어느 때는 정씨 일가를 위해서 일했다, 저는 맞다고 해요. 그런데 IMF 구제 금융을 받던 시기를 전후해서 그룹 경영전략팀장이 되었을 때는 입장이 좀 달랐어요. 현대나 정씨 일가만을 위해서 일했던 것은 아니지요. 현대자동차 사장하고 현대자동차 노사 관계 협상할 때는 334 원칙을 이야기했어요. 1987년 노태우 대통령의 6·29선언 이후 노동조합이 우후죽순 생겨나고 정치적으로 강성화됩니다. 그런데 10년이 지난 1998년에도 어떻게 노사 관계를 교섭하고 어떤 것이 장점이고 어떤 것이 단점인지 정해지지 않았어요. 그래서 해마다 임금 협상, 단체 협상을 하면서 파업을 하게 됩니다. 그때 제가 노조 위원장한테 그러지 말고 사전에 이익이 나면 어떻게 나눌 것인가에 대해 규칙을 정하자. 그래서 제가 334 이야기를 했어요. 3할은 주주 몫으로, 3할은 근로자들의 인센티브로, 4할은 기업의 미래를 위해서 투자하자. 이 안에 대해 정몽구 회장님은 별말씀 없었는데, 그때 당시 기획예산처 장관이던 진념 씨가 시비를 걸었어요. 이렇게 되면 노동조합에 대한 협상력도 떨어지고 노동조합한테 너무 많은 것을 준다는 거예요. 그래서 제가 가서 설명했어요. 그때 진념 장관이 현대자동차가 하면 전 산업계에 퍼질 것이라고 말했어요. 제가 답했죠. "실제로 계산해 보십시오. 해마다 파업을 하고 다 지나간 다음에 노동조합에 실제로 3을 안 준 적이 있습니까?" 그런데 사전에 3 : 3 : 4로 정하면, 파업을 해서 기업 이익이 줄면 자기 이익이 줄어드는 것이잖아요. 그런데 지금까지는 파업을 해도 불법 파업을 했다고 구속하고 마지막 단체 협상의 조건으로 고소 고발 취소, 취하, 이미 형사 처리된 사람에 대해서 특별 은혜를 베풀어 주는 것, 그다음에 무노동 무임금을 지킨다면서 실제로는 뒷돈 주는 거예요. 그러니까 노동자들 입장에서 보면 파업을 안 할 이유가 없잖아요? 파업한다고 해서 임금이 깎이는 것도 아니고 오히려 더 주는데. 미리 노동자 몫을 사회적 원칙으로 정하면, 노동조합도 합리적 기대 같은 것을 하면서 대화하기가 훨씬 수월해지겠지요. 그랬더니 진념 장관이 그랬어요. "아, 머리 좋은 이계안 사장이 오죽 생각을 많이 했겠소." 그런데 제가 현대자동차(주) 사장을 그만둔 다음에 이것에 대한 구체적인 논의가 끝났고, 삼성전자가 성과급을 가르는데 3 : 3 : 4는 아니지만 일정한 비율로 나누는 방식을 도입했지요. 저는 사장 할 때,

정주영가나 현대라는 생각보다는 좀 더 크게 보았고, 대한민국의 전체적인 운영 시스템으로서 노조와의 관계의 기본을 마련하고 싶었어요. 정리하자면 차장 대우, 부장 대우 때까지는 현대종합기획실에서 어떻게 하면 가장 경제적으로 정주영 회장의 재산을 아들들에게 사전 상속하느냐가 임무였어요. 숱한 세법을 실무적으로 고치는 작업도 했고요. 그 시절의 저에게 정주영가의 집사 아니냐고 하면 할 말 없지요. 실무 책임자로 종기실에서 일할 때는, 누구를 위해서 일한다기보다는 대정부 협상을 하고 노조와의 관계에 임했는데, 그때 정주영가와 현대를 뛰어넘어서 대한민국 전체의 경제를 운용하는 것에 관심이 많았어요. 아마 이것이 정치를 하게 만든 동인일지도 몰라요.

우 하여간 제가 사람들에게 물어보니까 설이 팽팽하고 자기들끼리도 누가 더 안다 덜 안다 평가가 복잡하더군요.

이 분명한 것은 아무도 제가 한 일에 대해서 이의를 단 사람이 없다는 것이에요.

우 자, 오늘은 이 정도 하고 마칩시다. 긴 시간 고생하셨습니다.

고위급 인사와 인터뷰를 하면, 생각보다 많은 비밀이나 알려지지 않은 얘기들을 알게 된다. 그중의 어떤 것들은 너무 장황하고 어떤 것들은 기억 속에서 지나치게 미화되어 있기도 하다. 그런 비밀에 관한 다큐멘터리 중에서 내가 가장 재밌게 본 것은 포드 자동차 회사 사장이기도 했지만 오랫동안 미국 국방부 장관을 지냈던 맥나마라의 인터뷰 형식의 다큐멘터리인 〈포그 오브 워The Fog of War〉라는 것이었다. 미국 공군의 원

폭 투하 결정 과정, 쿠바 위기 때 백악관과 국방부의 내부 이야기, 월남전과 관련된 맥나마라의 얘기와 함께 그가 아내와 자식들을 잃게 되는 얘기들은, 그 자체로 기억에서 잘 잊히지 않는 진실에 관한 기록이었다. 나는 다큐멘터리 제작에 관해서 제안을 받은 적이 몇 번 있었는데, 이 두 번째 인터뷰를 하면서 한국 경제 도약기의 기억을 가진 사람들이 모두 사라지기 전에 그런 것들을 기록해 놓으면 좋겠다는 생각을 내내 했다. 우리는 너무 우리의 역사를 일방적으로 미화하거나 폄하하는 데 익숙하다.

세 번째 질문

누구나 **승진**해서 **사장**이 될 수 있나?

"삼성은 자유분방하게 자란 사람을 틀 속에 집어넣어 평균 이하는 다 잘라내고 … 하는 일이라는 것이 실패하지 않는 법을 가르치는 조직이라는 생각을 가지고 있어요. 현대는 많은 사람 중에서 사자 새끼 기르는 것처럼, 일을 줘서 하는 사람한테 계속 더 주는 거예요." _ 이계안

"이계안 승진의 특급 비밀은, 아랫사람을 빨리 승진시키라는 것이다. 그러면 그 사람들이 승진하기 위해서 자신을 더 빨리 승진시키게 될 가능성이 높다는 것이다. 실제로 전무 이후 회장까지 이계안의 고속 승진은 자신이 예전에 승진시켰던 부하 직원들이 그렇게 만들어 놓은 성격이 강하다." _ 우석훈

대기업에서 성공하는 것은 월급쟁이들의 꿈일 것이다. 나도 그런 적이 있었는데, 사장이 되고 싶지는 않았지만, 의사 결정권을 가지고 싶다는 생각을 한 적이 있다. 에너지관리공단의 팀장으로 옮겨 간 이유는, 월급은 줄어도 안정적인 정부 기관으로 옮기고 싶다는 생각보다는 부장이 되어서 팀장으로 세상을 보고 싶다는 생각이 강했다. 별것도 아닌데, 결정권을 가지고 싶었던 것이다. 막상 해 보니까, 사실 별것도 아니었다. 어쨌든 승진이라면 누구보다도 잘했던 이계안을 만났으니, 그가 생각하는 승진의 비결에 대해서 물어보지 않을 수 없다.

승진하려면 독서를 하라

이 그 질문을 들으니 작은아들 생각이 나네요. 우리 작은아들이 웃기는 것이, 내가 질문을 하면 대답하는 것이 아니라 그 질문 자체에 대해서 다시 질문을 해요. 질문이 틀렸다는 둥, 질문이 말이 안 된다는 둥, 질문을 왜 하냐는 둥 그러는데, 누구나 사장이 될 수 있는가? 도대체 사장은 뭐고 승진은 뭔가 하는 생각이 들더라고요. 승진해서 사장이 된다고 하면 사장에 대한 이야기부터 해야 하는데, 회사 하면 사장을 떠올리는데, 사장이 무엇이냐?

우 거기다 요새는 입사를 하나 더 집어넣어요. 20대에게는 입사 자체가 큰 미션이죠.

이 우 박사가 이야기 잘하셨는데, 저는 입사하지 않은 사람에게는 꼭 입사하라고 말하고 싶지는 않은데, 어쨌든 조직 위계를 타고 올라가서 마지막 정점을 사장이라고 상정하게 되겠지요. 위로 올라간다는 것이 무엇인가? 위로 올라간다는 것은 자기가 남에게 미칠 수 있는 영향력의 범위가 커지는 것이라고 생각해요. 영향력이 커지는 것이 승진이다, 영향력이 커진다는 것은 경영에서 쓰는 말로 하면 외부적인 보상과 내부적인 보상으로 나눌 수 있겠지요. 물론 우리는 권한과 돈을 많이 받는 외부적 보상에 대해서만 이야기하는 경향이 있지만요. 할아버지한테 받은 생각에 의하면, 직장 생활을 하면서 때에 맞춰 승진한다는 것은 그 자체가 부에 관한 이야기라고 생각해요.

우 승진 자체를 부라고 보신다고요?

이 작은 부자라는 거겠지요. 이렇게 생각하는 이유는 이거예요. '부지런하면 누구나 작은 부자는 될 수 있다', '때에 맞춰서 승진할 수 있다'. '소부小富는 재근在勤이다' 할 때보다 더 큰 부자라면 그 부자는 하늘이 내는 것이에요. 〈명심보감〉에 '대부大富는 재천在天이다'라는 말이 있어요. 여기서 사장이라는 것을 그렇게 해석해보면, 자기가 열심히 노력할 뿐만 아니라, 자기가 속해 있는 회사가 살아서 움직이는 비즈니스 분야, 나라의 경제 시스템, 때, 이런 것이 다 맞아떨어져야 할 수 있단 말이에요. 저 같은 경우에도 사장이 된 것은 제가 열심히 노력해서라기보다는 IMF라는 격동기가 작용한 부분이 있어요. IMF가 의미하는 것을 경제적으로 두 가지 정도 생각해 볼 수 있겠지요. 내수는 몹시 위축되어 있었고, 환율은 원화 가치가 급속하게 떨어졌기 때문에, 회사가 살아남기 위해서는 해외 시장에 수출할 수밖에 없었죠. 국내 시장이 없으니 해외에 가서 물건을 팔려면 값싸게 팔 수밖에 없고, 무기라고는 값싼 것밖에 없는데 원화가 평가 절하되는 바람에 저절로 우리 물건의 값이 떨어져서 해외 시장에 갈 수 있었죠. 제가 사장이 될 수 있었던 데에는 또 약간의 사연이 있어요. IMF를 맞아서 현대자동차의 경영진이 한 것이 무엇이었는가 하면, 회사가 살아남아야 한다는 것을 큰 목적으로 놓고 살기 위해서는 결국 구조 조정을 해야 했어요. 구조 조정은 바로 사람 자르기잖아요. 명예퇴직이라고 해서 숱한 사람을 잘랐어요. 잘리는 사람들에게 무슨 명예가 있겠어요? 사람들 왕창 자르고 나니까 잘린 사람은 물론 살아남은 사람도 실패한 지금의 경영에 승복할 수가 없는 거예요. 그래서 경영 방식을 바꿀 수밖에 없었어요. 지금까지 조직에서 회장이네 사장이네 본부장이네 하던 사람들은 자기를 자르게 만든 바로 그 경영의 책임자들이기 때문에 사원들이 더는 승복할 수 없게 된 거지요. 이 사람들을 바꾸어야 하는 시점에서 새로운 세력을 대표하는 사람으로 제가 사장이 된 셈이지요. 그래서 제가 현대자동차 사장이 된 데에는 천시天時와 지리地利와 인화人和가 있었다고 이야기해요. 정리해 보면, '소부'로서 사원이 대리가 되고 과장이 되는 것은 부지런하면 누구나 할 수 있지만, 사장이 되기에는 여러 가지 조건이 맞아야겠지요. 입사에 관한 이야기를 해 볼까요? 사람들이 일자리는 적고 일자리를 얻으려고 하는 사람은 많다고 하는데, 저는 그런 생각을 해요. 입사하려는 사람들이 보통은 평범한 사람들이지만, 이 사람들이 입사하지 않기로 결심하면 어떻게 될까? 한국에서 입사하지 않고 사는 방법은 없을까? 우리나라는 1980년대 중반 이후로는 소기업을 창업하고, 이것을 키워서 중견 기업을 만들고, 중견 기업이 다시 대기업이 된 사례가 없어요. 이를테면 2009년 4월 30일 기준으로 독점 규제 및 공정 거래에 관한 법률에 의해서 자산 규모를 가지고 1위부터 48위까지 대기업 집단을 발표한 것을 보면 한전 등 공사가 12개고 순수 민간 기업이 36개예요. 이 중에서 1980년대 이후에 새로 만들어진 기업으로는 STX하고 웅진밖에 없을 거예요.

우 웅진이 벌써 50위권에 들어요?

이 네.

우 무서운 사람들이네. 웅진이 건설사를 만든다고 해서, 무슨 토건 회사까지 하느냐고 했던 게 엊그제 같은데요.

이 그런데 STX는 창업한 것이라기보다는 쌍용중공업이니 범양해운이니 계속되는 M&A 기법으로 회사를 키웠어요. 옛날과는 달리 처음부터 창업해서 기업을 키워야 하는 것, 내재적인 성장만 해서 키워야 하는 것은 아니니까, 이것도 하나의 예라고 보면, 대기업이 하나 나타났다고 할 수는 있겠지만요. 이렇게 보면 창업해서 50위 내에 오른 것은 웅진 하나인데, 웅진은 무엇을 했는가? 잘 살펴보면 주로 한 것이 사교육이에요. 돈벌이라면 이것저것 가리지 않는 대기업조차도 사교육 분야에 자기 명함을 걸고 들어가는 것을 주저할 때, 웅진이 씽크빅으로 그걸 한 거예요. 거기서 성공해 가지고 급기야는 여기저기 기업을 인수하기도 하여 48대 기업까지 들어간 것이란 말이죠. 이런 것을 보면 창업해서 그런 것이라고 하기는 좀 어렵죠. 우리나라는 빌 게이츠나 스티브 잡스같이 창고에서 창업할 수 있는 분위기는 안 되는 것이냐? 이것은 기성세대의 문제이고 또 많은 사람들이 기존 질서에 도전하기보다는 순응하는 문화의 문제라고 생각해요. 그러니까 젊은 사람들이 안정을 추구해서, 특히 1997년 IMF를 겪은 다음부터 그렇기 때문에 탓하기는 어렵지만, 이미 설립되어 있는 기존의 대기업에 입사해서 기성세대의 기성 질서에 순응하려는 경향이 너무 강한 것 같아요. 일단은 입사하는 데 최선의 노력을 다하고, 그다음에는 어떻게 하면 승진할까, 어떻게 하면 오랫동안 살아남을까, 어떻게 하면 사장이 되어 볼까, 이것보다는 젊은이들이 도전을 해야 하고, 기성세대도 마찬가지 노력이 필요하다고 생각해요. 기성세대도 도전하는 사람들한테 후한 점수를 주고 기회를 주고, 도전하다 실패한 사람들이 인생의 빚이 아니라 자산으로 삼을 수 있도록 만들어 가는 것이 필요하다는 이야기이죠. 그러니까 두 가지를 다 해야 해요. 이것은 질문하고는 다른 이야기이지만, 오늘도 제가 저녁에 대학생 창업 동아리에 가는데, 학생들 참 잘하는 것이다, 기존 질서에 가서 순응해 봐야 20년 지나고 나서 회사가 어려워지면 쫓아낸다고 말할 거예요.

우 그것도 물어보려고 했는데요, 만약 평균적 조건에서 살고 계시면서 다시 입사해야 하는 상황이라면 입사하실 거예요, 아니면 다른 길을 가실 거예요?

이 그때 당시 상황으로 돌아가서 이야기하면….

우 이사장님은 예전에 가난하셨으니까, 선택의 여지가 없었던 것이고.

이 그렇죠.

우 지금에 와서 평균적인 대학생의 조건을 갖추었다면? 05학번쯤 되고, 군대 갔다 와서 취직 준비해야 하는 대학생이라면 어떻게 하시겠어요? 이 조건에서도 창업하실 용기가 있을까요?

이 자식들한테 하는 이야기인데요, 내 자식들이 장사한다고 하면 저는 하라고 해요. 지금은 굶어 죽지는 않아요. 제가 절박한 것 이야기하면, 옛날에는 해 떨어지면 무서웠어요. 오늘은 어디 가서 자지? 그러니까 직장에 들어가면 식당에서 밥 먹고 월급 타면서 하숙할 수 있는 것이 너무나 좋았는데, 지금은 집안이 어렵다고 해도 사실 그 정도는 아니거든요. 망해도 아버지가 밥은 먹여 준다, 이런 것이 아니라 사회 분위기가 자기가 안 해서 그렇지, 우리나라에서 통계적으로 보면 저 사람이 대학 나왔다는 것이 무슨 의미일까 의심을 품게 하는 사람조차도 자기가 대학을 나왔다는 이유 하나만으로 넥타이를 매야 하고, 책상에서 일해야 하고, 생산 라인에 못 서겠다고 해서 그렇지, 그것을 벗어 버리는 순간 우리나라에 일자리는 아직도 많습니다. 취직 안 하고 있는 우리 조카들에게 삼촌으로서 "야, 그거 해 봐. 네가 제일 잘할 수 있는 일 있으면 거기 가서 해." 그래야지 못하는 일 억지로 맞춰 가지고 아침에 출근하면 오늘은 무슨 일로 야단을 맞을까, 무슨 일을 하라고 할까, 그거 재미 하나도 없어. 하지 마! 내가 만날 형수에게 야단맞아요. 직장 구해 주지도 못하는 주제에 그런 이야기나 한다고. 내

자식에게도 그래요. 네 인생 네가 사는 것이니, 한번 살고 나면 두 번 다시 못하는 거니까 한 살이라도 젊을 때 해 봐. 우리 아내는 그런 저를 나무라요.

우 social salary라는 말 들어 보셨어요, 사회적 임금?

이 사회적 임금? 어떻게 정의되는 말이에요?

우 OECD 통계로 뽑는 것 중 하나인데요, 한 20년 전까지 우리는 임금이라면 자기가 받는 임금만 생각했잖아요. 보험이나 사회적 연금이나 주거 지원 같은 것, 사람이 생활하는 데 드는 돈을 정부가 일정 정도 부담해 주면, 이런 것들은 월급에서 나가지 않아도 되는 거잖아요. 이런 것들을 사회적 임금이라고 부릅니다. 스웨덴 등 북구 국가들이 그런 것이 많아요. 월 소득의 절반 가까이가 사회적 임금으로 구성되지요. 당연히 한국은 아주 낮지요. 그러니까 지금 청년 실업 문제를 미스 매치miss match라고만 보는 것은, 이런 사회적 임금과 교육에 대한 몰입 비용 같은 것을 생각하지 않는, 그야말로 배부른 얘기라고 보는 거 아닐까요? 당신이 모자란 사람이니까 그렇게 사는 거 아니냐고 말하는 셈일지도 모르지요. 한국은 사회적 임금이 낮으니까 직접 임금이 높아야 하고, 그런 데는 몇 군데 안 되지요. 그리고 대학 등록금이 일종의 선투자 개념 아니에요? 이렇게 선투자한 것을 자기가 갚으려면 선택할 수 있는 직업이 정말 몇 개 안 되지요. 그걸 사회가 줄여 주면 알아서 더 하위 직종으로도 가겠지요. 그리고 그걸 '턴 오버turn over'라는 논리로 설명하면, 대학생이 중소기업에 갈 수 없는 걸 간단하게 설명할 수 있잖아요? 대학 등록금을 갚을 길이 지금은 없지요.

이 제가 용어를 어떻게 썼는지 모르지만, 앞에서 젊은 사람들이 창업

할 수 있는 조건을 기성세대가 만들어 주자는 이야기가 지금 우 박사가 한 이야기와 같은 개념이라고 생각해요. 회사에 들어간 사람들이 어떻게 하면 승진할 수 있는가? 입사했으면 승진해야 한다고 생각하는데, 작은 승진은 소부에 비유해서 부지런하면 되고 사장 되는 것은 부지런한 것 외에도 다른 여건, 환경이 맞아야 되는 거겠지요. 작은 부를 이루는 승진 방법은 이런 것 같아요. 내가 젊은 사람들에게 하는 이야기가 첫째 기본에 충실해라, 기본을 안 지키고서 승진하는 사람은 없어요. '나인 투 파이브'는 엉터리로 해도, 퇴근 이후에 유력자들하고 술 마시고 잘 놀러 다니면 승진할 줄 아는데, 한 번은 그럴 수 있지만 두 번은 절대로 안 됩니다. 기본을 잘해야 한다는 것은, 맡은 일을 잘하는 것은 물론이고 스스로 마음도 튼튼, 몸도 튼튼해야겠지요. 술 마시는 방법으로 승진하려고 하면, 아무도 건강을 책임지지 못합니다. 건강은 본인이 책임지는 것이지요. 두 번째, 반드시 독서를 해라. 책을 읽지 않으면 절대로 안 된다. 책 읽는 것에 대해서는 정주영 회장님도 말씀하시는 것이 그거거든요. 본인의 첫째 스승은 부모, 둘째 스승은 독서라는 말씀을 하셨어요. 이것은 정주영 회장님이 말씀하신 것을 제가 인용할 뿐이지, 누구나 다 시간이 가고 나면 아 내가 그때 술 마시고 포커 칠 것 조금 참고 이런 공부를 했더라면 하고 후회합니다. 공부가 단순히 영어 단어를 암기하는 것이 아니라 인간을 이해하기 위해서 역사, 문화, 철학, 예술 따위에 대해서 조금씩이라도 보면 지금은 작은 차이지만 나중에는 큰 차이가 생겨나게 됩니다. 직장 생활 처음 시작할 때부터 지금까지 아는 사람 중에, 이를테면 차장 때까지는 비슷하게 승진했던 사람들이 있어요. 과장 때는 열한 명이 같이 승진했고, 차장 때는 둘이 같이 승진했고, 그 다음부터 혼자 올라갔어요. 그런데 저를 승진시킨 사람들이 하는 이야기가, 저는 아침마다 와서 하는 이야기가 달랐다는 것이었어요. 만날 때마다 같은 얘기만 하는 사람을 왜 두 번 만나요? 저는 오늘 만나면 이런 이야기 하고 다음날 만나면 또 다른 이야기 하니까 윗사람이 저를 만나기를 좋아하고 새로운 일이 생기면 너는 어떻게 생각하느냐고 물어본단 말이죠. 그래서 직장 생활 할 때 기본을 잘하는 것이 진짜 몸도 튼튼, 마음도 튼튼해야 하고 독서를 해야 해요.

우 일주일에 몇 권 정도 보시나요?

이 양에 대해서 이야기하자면, 어떤 인터뷰를 하는데, 질문받은 것이 그것이었어요. 당신은 서재를 무엇이라고 정의합니까? 그래서 제가 조금 오만한 이야기일 수도 있는데, 서재는 'Where am I', 내가 있는 곳이다, 하나님이 'I am I'라고 말씀하신 것처럼 이야기했어요. 저는 책을 보는 장소가 정해진 곳이 없어요. 주머니 속에 문고판을 넣고 다니면서 약속 장소에 1분이라도 먼저 도착하면 꺼내 놓고 보고, 대중교통 수단 이용할 때도 꺼내서 보아요. 그리고 사무실 두 군데와 집에 책을 두고서 거기에 앉으면 그 책을 보는 것이고 이동하면 다른 책을 보는 것이죠. 집에 가서도 아내와 식탁에서 이야기하면서 들춰 보.

우 사모님하고 이야기하실 때도 책 보세요?

이 네.

우 사모님이 화 안 내세요?

이 우리는 집에서 책 보는 장소가 책상 있는 곳 셋, 소파 하나, 식탁

둘, 화장실 둘, 화장실에서 족욕하면서 굉장히 두꺼운 책을 봐요. 집중이 되니까. 『논어』 같은 것 다시 보고, 화장실에서는 사진첩 같은 것 보고 여기 와서는 선거 때문에 선거 페이퍼 보지만 다른 사무실 가면 지금 『하나님의 장치』라고 종교에 관한 책 주로 보거든요. 집에 가서 책상에 앉으면 역사책 보는데 요새는 로마사 보는 중이에요.

우 시오노 나나미?

이 시오노 나나미가 쓴 것이 아니라 서양 학자들이 쓴 본격적인 로마 역사책. 가족이 밥 먹으면서 보는 것은 만화예요. 일본 만화 같은 것. 독서하는 것은 거의 고등학교 학생들이 일주일 시간표대로 교과서를 보듯이 보기 때문에 보편적으로 독서량을 말하기는 어렵고요, 굳이 생각해 보면 이틀에 한 권 정도는 보는 것 같아요.

우 저는 이사장님이 하루에 두 권씩 본다고 말하고 다녔는데, 큰일 났네.

이 옛날 말이지요. 요즘은 두 권씩 못 봐요. 선거 준비로 돌아다니기 때문에….

우 회사 다니실 때는 두 권 보신다고 이야기했거든요.

이 실제로 많이 볼 때는 그렇게 봤어요. 새벽에 일어나서 책을 보는 것은 단단히 마음을 잡고 보는 것이니까.

이계안의 승진 비법

이 승진하려면 계획과 원칙을 잘 세워야 해요. 계획은 먼저 세우고 일은 제때 하고 평가는 자주 한다, 이게 제 생활의 모토인데, 아침에 출근해서 일찍 회사 일을 시작해요. 이를테면 현대가 여름에는 8시, 겨울에는 8시 30분에 일을 시작하는데 제가 6시 15분이면 회사에 도착해서 일을 시작하거든요. 6시 15분에 출근해서 그날 일할 것을 미리 정리해 가지고, 사원 때는 대리한테, 대리 때는 과장한테, 바로 윗분이 출근하자마자 내가 한 일과 할 일에 대해서 이야기하는 거예요. "제가 어제 무엇 무엇을 한다고 했는데 이것을 이렇게 했습니다", "오늘은 이런 이런 일을 하려고 하는데 이것은 저 혼자 할 수 있고 이것은 대리님 혹은 과장님이 해 주셔야 합니다." 제가 서류 내밀며 이렇게 말하면 다른 사람들 8시 출근이면 1분 전에 도착해서 옷 벗기 바쁘고 정신없으니까 "그래, 그렇게 해, 그렇게 해." 이렇게 된단 말이에요. 그러면 저는 OK 받은 것 아니에요? 그러니까 그때부터 자유예요. 제가 계획을 말했고, 제가 한 것 그다음 날이면 반드시 말하고, 어떻게 됐는지 저 스스로도 평가하지만 상사한테 평가받고. 아무리 공부를 열심히 해도 선생님이 문제를 내면 100점 맞기가 어려워요. 그러나 내가 문제를 내면 100점 맞기 쉬워요. 제가 한 것을 보면 제가 시험 문제를 내고 제가 채점하는 거잖아요. 그러니까 성적이 나쁠 리 있어요? 그것도 매일매일 평가받을 때 매일매일 잘했다고 했으니까 6개월에 한 번씩, 일 년에 한 번씩 평가하면서 A를 주어야지 B를 줄 수 없잖아요? 제가 런던 사무소에 근무할 때 그 집단에 다 B를 준다든지 그런 경우 외에는 B를 맞아 본 적이 없어요. 비법이라는 것이 미리 계획을 세우고 때맞춰 일하고 평가를 자주 받으니까 엇나가도 금방 수정할 수 있지요.

우 그것은 이사장님이 했던 일이 주로 기획 쪽 일이라서 가능했던 것 아닐까요?

이 그렇지 않아요.

우 이를테면 일반 생산직 같은 경우에는 자기가 계획을 세우는 게 아예 불가능하지 않나요?

이 대부분 그렇게 말하는데, 제가 기획 쪽에도 오래 있었지만, 일반 라인에서도 일을 많이 했어요. 그것은 똑같은 거예요. 아까도 이야기했지만 성공해야 직장에서 승진하는 것이 아닙니다. 실패해도 윗사람이 높이 평가해 주는 경우가 많아요. 제가 잘못해서 승진한 경우도 있어요. 정부에 가서 협상하는 일을 하는데 잘 안 되는 거예요. 공무원들이 철저한 계급 사회잖아요. 이를테면 사원 때는 내가 아무리 잘나도 가서 만날 수 있는 사람이 주사예요. 그런데 그 일을 하려면 과장한테 가서 말해야 했어요. 제가 직속 상관에게 가서 "주사까지는 설득했으니까 과장한테 가서 이야기해 주세요" 하면 실패해도 제 책임이 아니고 상관 책임이잖아요? 보통은 "그냥 네가 가서 하라고 해"라고 말해요. 그리고 상관 직책을 저에게 줘요. 그러니까 이를테면 회사 일을 하는데 과장 타이틀보다 부장 타이틀을 가지고 가는 것이 회사를 위해 큰일이라고 생각하면, 정규 인사 때가 아니어도 내일서부터 부장 하라고 그래요.

우 제가 과장으로 일 년 다니니까, 과장이라고 그러지 말고 연구위원이라고 하라고 외부에서 쓸 수 있는 타이틀을 하나 달아 주기는 하더군요. 월급도 같이 올려 줬으면 기분 엄청 좋았을 텐데 말이지요.(웃음)

이 마찬가지예요. 과장 하면 능력이 있어도 과장 대우만 해 주고 과

장이 결정할 수 있는 일에 한계가 있지요. 기억할 일은 아니지만 공무원들이 술을 얻어먹고 싶으면 과장한테는 만 원어치, 부장한테는 5만 원어치 얻어먹을 수 있으니까 그 사람들은 무슨 일이 있으면 과장이 아니라 부장한테 이야기하거든요.

우 아니면 담당 이사나.

이 그렇기 때문에 회사에 들어가서 일을 하려면 항상 자기가 먼저 계획하고 때맞춰 일하고 자주 평가를 받아라, 그러면 성공할 확률도 높지만 실패해도 금방 피드백이 되기 때문에 반복적 실패를 하지 않고, 따라서 회사에서 평가가 항상 좋을 수밖에 없지요. 이것이 승진하는 비결이고, 어떤 경우든 간에 9시부터 5시까지 기본을 잘해야지 다른 시간에 번외 경기를 잘하는 것은 사이좋게 지내고 주말에 놀러 다닐 때 하는 게 맞아요.

우 제가 현대에도 있어 보고 정부에도 있었는데, 차이가 몇 가지 있어요. 그중 하나가 현대에 있을 때는 회사 오는 것이 좋다고 아침 일찍 출근하는 사람들이 있었거든요. 여섯 시 반, 일곱 시. 이런 분들에게 "왜 이렇게 일찍 오세요?" 물어보면 회사 오는 게 즐겁다는 거예요. 저는 속으로, 일찍 오지 않으면 자리 치울까 봐 저런다고 생각했지만, 어쨌든 회사 오는 게 즐겁다는 사람들을 종종 봤어요. 에너지관리공단이나 총리실에서는 그렇게 일찍 오는 사람을 못 봤어요. 정부에서는 즐거워서 일찍 온다는 사람이 없었어요.

이 저는 사기업과 공기업의 차이가 그렇다고 생각해요. 건설 회사가 전형적이라고 할 수 있지요. 공사를 맡기면서 열 시간에 하든 스무 시간에 하든 같은 돈을 주어요. 그걸 도급이라고 하지요. 또 한

가지 방법은 성과가 무엇이든 간에 시간만 가면 돈을 주는 것이 있어요. 공무원들이나 공단에서 일하는 사람들은 시간만 가면 돈을 받는 범주에 속하고, 기업에 속하는 사람들은 어떠한 일을 짧은 시간에 다 하고 나면 나머지 시간은 놀아도 되지요. 그런데 대개 회사의 경우에는 일을 하고 나면 다른 일을 더 줘요. 회사는 성과의 법칙이기 때문에 일을 많이 하면 승진이 빨라지지요. 공무원들이 아침부터 나와 일을 잘했다고 해서, 사무관에서 서기관으로 빨리 올려 주지는 않지요. 그러니까 평가와 승진을 연결하는 것도 다른데, 사기업이기 때문에 제가 말하는 것이 통하는 것이지, 아마 공기업에서는 그 시간에 일찍 나오는 것보다 대학원에 다녀서 스스로의 가치를 높여라, 그것이 사는 방법이다, 이렇게 될 거예요. 우리 대학 동창 중에서 저 같은 학사가 거의 없어요. 사기업체에 근무하는 사람 중에서도 특별히 일을 많이 하면 금방 보상을 주는 조직 문화인 현대에서 근무했기 때문에 저는 학사만 하고 사는 것이에요. 삼성 다니는 친구들 중에는 박사 학위 소지자들이 많아요. 그것은 삼성과 현대의 조직 문화가 달라서 그래요. 그래서 승진이라는 것이, 모든 것을 걸 만한 가치가 있는 것인지는 모르지만, 직장 생활 할 때 즐겁고 보람 있게 하다 보면 저절로 따라오는 거라고 할 수 있지요.

우 제가 『조직의 재발견』이라는 책에서 한 이야기인데요, 제가 본 국제적인 엘리트는 일주일에 책 두 권 정도 보는 사람이라고 정의했거든요. 제가 UN에도 가 보고 여기저기 가 봤는데 일주일에 책을 두 권 미만 보는 엘리트는 본 적이 없어요. 일정 직급 이상에서는 다 그렇게 하는데, 제가 그 책을 쓰면서 삼성을 필드 스터디해 보니까, 이 사람들은 책을 한 달에 두 권도 안 보는데, 술은 일주일에 두 번씩 꼬박꼬박 마시더라고요. 책 두 권 보는 대신에 술 두 번 마시는 조직이 한국을 끌고 가면 나라가 망하겠다는 생각이 들었어요. 조직 내의 문화 같은 것을, 아니면 개인도 좋고 조직도 좋고, 생각해 보신 적 있나요?

이 문화라는 것을 정의하기가 참 어려운데, 생각이 반복되면 다른 사람들도 동조하고 동조하면 습관이 되고 습관이 세월이 가면 문화가 되는 것 아닌가요?

우 단재 신채호 선생님이 그렇게 말씀하셨죠.

이 제46회 대종상 시상식, 제47회 영화인의 날 기념식에 갔는데, 굉장히 나이가 많은 감독하고 한 테이블에 앉았어요. 카메라가 다 젊은 배우들에게만 가는데 이 사람이 "저 사람들은 문화를 모른다"고 하더군요. 그래서 "문화가 무엇입니까?"라고 물었더니 "문화는 먼지가 쌓인 거야"라고 해서 깜짝 놀랐어요. 일상의 삶 속에서 시간이 흘러서 먼지가 쌓인 것이 문화지 저렇게 빛내고 광내는 것이 문화가 아니라는 거예요. 기업도 마찬가지라고 생각하는데요, 선입견이겠지만 삼성은 자유분방하게 자란 사람을 틀 속에 집어넣어 평균 이하는 다 잘라내고 평균 이상의 사람을 만들고, 하는 일이라는 것이 실패하지 않는 법을 가르치는 조직이라는 생각을 가지고 있어요. 그런데 현대는 정주영 회장님이 그래서 그런지 모르지만 많은 사람 중에서 호랑이 새끼, 사자 새끼 기르는 것처럼, 일을 줘서 하는 사람한테 계속 더 주는 거예요. 그래서 일을 많이 한 사람을 부쩍 띄워서 별을 보여 주고, 뒤처지는 사람들은 쳐다보지 않고, 저 사람 봐라 별처럼 보이지 않아? 이런 방식을 쓰는 것 같아요. 새로운 아이디어를 내는 사람은 새로운 정보, 새로운 지식이 있어야 하는데, 웃기는 게, 항상 조금밖에 없는 사람이 많은 사람한테 가져다 바치는 것이 정보라는 거예요.

우 맞아요, 진짜 그렇죠.

이 그리고 똑같은 정보를 보고도 새롭게 해석할 수 있으려면 본인 스스로가 훈련해야 하는데 그 훈련이라는 것은 독서밖에 없다고 생각해요.

우 저는 영화 보는 것도 그렇다고 생각하는데.

이 좋죠. 영화도 그렇죠. 제가 조직을 장악하여 평가하는 사람들을 불러서 항상 계량화해서 차를 몇 대 팔아라, 이런 이야기도 물론 많이 하지만 아이디어 있는 사람, 의사 결정권자하고 시간을 많이 보내는 것, 의사 결정권자하고 공유하는 시간을 많이 늘리는 것이 승진하는 방법이에요. 그 사람 생각과 내 생각이 공조화되면 좋고 그렇게 하려면 새로워야 해요. 새로우려면 정보가 많고 지식이 많아야 하는데 그것을 동시에 할 수 있는 방법이 제가 지금까지 아는 것 중에 독서가 최고예요.

우 앞으로도 상당 시간 그럴 것 같아요. 1990년대 중반, 후반에 책이라는 매체가 없어지고 인터넷으로 간다고 할 때, 저는 책이 생각보다 오래갈 것이라고 믿었거든요. 몇 가지 이유가 있는데 인간이 책을 만들기 시작하면서 인간이 됐거든요. 인류를 기록하기 시작한 것부터 따지는데 책에 아주 묘한 힘이 있는 것 같더군요. 책은 한참 더 버틸 거예요.

> 이계안의 사장학

이 사장에 대해서 조금 더 얘기하면, 직위가 높아지면 멀리 보는데, 안 들리는 소리를 어떻게 들을 것인가, 이것이 CEO의 일이라고 생각해요. 모든 조직의 장이 되고 높아지면 높아질수록 경계해야 될 일이고, 승진해서 그 자리를 지키려면 더 많이 보는 것만큼 더 많이 듣는 노력을 하는 사람이 되어야 한다고 생각해요. 그래서 누구나 이 원칙을 지키면 사원이 대리 되면 대리를 잘할 수 있고, 대리가 과장 되면 과장을 잘할 수 있고, 승진할 수 있는 전제 조건이 된다고 생각해요. 결론적으로 말하면 사장은 모르지만 상당한 정도까지 승진할 수 있다.

우 제가 우리나라 CEO들 만나 뵙고 이야기해 보니까, 몇 분을 빼놓고 공통적으로 소통 능력에 문제가 있는 분들이 많으시더군요.(웃음) 제가 경제학 박사 아니에요? 그런데도 저한테 경제학을 가르치려고들 하시더군요.

이 회의할 때 자기 혼자 떠드는 이유가, 보이는 것이 너무 많아서 그래요. 많이 보이니까 말을 많이 하는데, 소통하려면 자기는 멀리 보지만 자기가 살고 있는 곳은 발을 딛고 있는 땅이잖아요. 그러면 발의 이야기를 들어야 하는데 대체로 이것이 안 들리는 거예요. 자연의 이치가 그런 것이 아니라 자기가 상징적으로 그런 것이에요. 저는 보는 것과 듣는 것의 균형을 맞추는 것이 소통이라고 생각해요.

우 어떻게 보면 양지의 인사이더 내에 있던 사람들이 CEO가 많이 되니까 인사이더들끼리 하는 이야기가 있잖아요. 학교도 거의 비슷하고, 정보 값도 너무 단일하니까 제가 우리나라 CEO들 만나면, 아 우리나라 위험해 보인다는 생각이 들더군요. 영국이나 미국, 프랑스는 조금 다른 것 같아요. CEO들의 학력 따위를 보면, 같은 대학 출신이나 비슷한 생각을 공유하는 사람들이 별로 없거든요. 프랑스도 에나ENA 출신이 행정 관료 되는 사람이거든요. 에나 출신과 국립대학 출신은 앙숙간이에요. 에나는 나폴레옹 때부터 학교지만, 국립대학은 1968년 이후에 새로 정비된 것이거든요. 국립대학 출신은 신생 그룹이니까 오래된 권력을 견제하는 역할을 하죠. 일부러라도 이런 이질적인 그룹과 같이 일하는 것이 필요한데, 그런 면에서 한국 CEO들은 너무 특정 계층, 특정 문화를 가진 사람들만 모인 것이 아닌가 하는 생각이 들어요.

이 그것은 우리나라 기업의 발달사를 보아야 한다고 생각해요. 우리나라는 자수성가해서 스스로 CEO가 되거나 자수성가한 사람과 협력해서 CEO가 되잖아요. 그렇기 때문에 IMF 구제 금융을 받기 전까지는 한마디로 순혈주의자만 CEO가 되었어요. 다시 말해서 우리나라는 CEO 시장이 없습니다! 내부 시장만 있어요. 특히 삼성같이 불특정 다수에게 물건이나 서비스를 파는 회사 같은 경우에는 그나마 나은 편인데, 현대처럼 소수의 고객에게 물건이나 서비스를 파는 업종으로 시작한 회사에서는 극단적으로 말하면 오너하고 친하게 지내는 사람이 CEO가 되는 거지요.

우 그런 측면이 있죠.

이 그런데 작은 시장에서 안면 가지고 하는 것이 아니라 시장이 점점 국제화되고 상대방 회사 사람들도 다수가 의사를 결정하는 이사회 체제가 되다 보니까, 서로 보편적인 이야기를 할 수 있는 사람이 되어야 하는 문제가 생긴 거지요. 점점 사내 소통도 잘하고 외부와도 소통할 수 있는 사람이 사장이 되는 거예요.

우 제가 태어나서 올해 처음으로 CEO 제안을 받았거든요. 아직 아닌 것 같아서 거절했지만요.

이 어떤 종류의 업종에서 CEO를 하라고 했어요?

우 아주 유명한 회사였습니다. 사장을 할지도 모른다고 생각하고 나니까, 사실 사물을 좀 다르게 보게 되더군요. 제가 실제로 사장이 된 것도 아닌데 말이에요. 제가 지금 현대 차를 타고 있는데 불만이 많아요. 이 차를 소비자의 눈으로 본 거죠. 내가 만들면 이렇게 안 만들 텐데, CEO 제안을 받고 나니까 이렇게 생산자의 눈으로 보기 시작했어요. 저한테 2년을 주더라도 2년 내에 제 차에 있는 문제를 못 고칠 것 같더군요. 왜냐면 지금 연구 개발을 시작한다고 하더라도 2년 내에 신제품이 안 나올 것 아니에요? 그런 과정들이 보이기 시작하고, 그런 생각도 들더라고요. 자기의 위치에서 보는 것만이 아니라 남의 눈을 빌려서 보는 것들이 필요할 것 같더군요.

이 그것과 관련해서 CEO가 되는 방법 중 하나가 'CEO처럼 생각하기'인데요, 우선 CEO처럼 생각하기에 앞서서 이런 것을 봐야 해요. 이를테면 지금 우 박사가 이야기한 것처럼 자동차를 타는 사람이 무엇이 문제라고 생각하잖아요? 그래서 그것을 고치는 데 비용이 100이 든다고 치면, 그것을 제조하는 과정에서 고쳤다면 비용이 10이 들어요. 그런데 그것을 설계에 반영하면 1이 들어요. 이것을 1 : 10 : 100의 법칙이라고 해요. 우리가 차를 만들 때 설계에 공을 들이고 충분한 시간을 두고 연습을 많이 해 보게 하는 이유가 R&D에서 고치면 1이 드는데 R&D에서 놓친 것을 생산의 흐름에 집어넣었다가 그때 발견하고 생산 프로세스에서 잘못된 것을 고치려면 10이 들고 고객들에게 나눠 준 다음에 발견해서 집단 리콜을 하든, 우 박사가 이야기한 것처럼 다시 설계로 피드백을 하든, 100의 비용이 들겠지요. 사장은 어떤 생각을 해야 하느냐? 항상 설계를 생각해야 해요. 디자인을 생각해야 해요. 그러니까 사장은 디자인을 멋있게 한다, 이런 것보다도 무엇이든지 구상, 기획을 잘해야 해요.

우 엔지니어링 용어로 말하면, 베이식 디자인이라고 부르는 거겠지요.

이 그렇죠. 베이식 디자인 문제겠지요. 현대자동차 이야기를 하나 예로 들면, 정몽구 회장이 1998년 현대자동차 회장이 됐는데 실적으로 보면 성공했다고 할 수 있지 않겠어요? 잘한 원인에 대해서 저는 품질이 좋아졌기 때문이라고 생각합니다. 제가 정몽구 회장 때 품질이 좋아졌다고 했더니, 정세영 회장님이 가꾸어 놓은 과일을 정몽구 회장이 따 먹었다고 말하는 사람들이 있는데, 그건 아닌 것 같아요. 정세영 회장님과 정몽구 회장님은 자동차 산업, 자동차를 보는 눈이 달라요. 정몽구 회장님은 자동차 회장이 될 때까지 애프터서비스 공장을 가지고 있었어요. 자동차 애프터서비스를 가지고 영업을 했습니다. 그러니까 이분은 공장에서 매일 차에 대해 불평하는 소리만 들은 거예요. 그러다 보니 내가 차를 만들면 저렇게 안 만들 텐데, 하는 것이 생겼어요. 정세영 회장님은 자동차가 무엇이라는 것을 배워 가지고 자동차를 디자인하고 생산하고 판매하는 것까지만 하셨죠. 시제품 공정을 개선하고 제품을 개발할 때 어디에 초점을 두는지가, 보는 관점이 달랐다고 생각해요. 정몽구 회장이 자동차 회장이 되고 나서 실적이 올라간 것은 우연이 아니라 연습을 많이 해서 된 거라고 생각해요.

우 저도 한 가지 사례를 이야기해 보죠. 저는 스타렉스를 좋아했거든요. 아내가 반대하지 않았으면 그 차를 샀을 거예요. 실제로 등판각이 제일 좋은 차가 스타렉스 포휠이었지요. 생태 농업 따위를 하다 보면 승용차는 택도 없고, 산에는 트럭이나 스타렉스 몰고 올라가는 수밖에 없어요. 전설적인 차였죠. 정몽구 회장님이 스타렉스를 몰고 다녔다는 얘기를 듣고 대단하다고 생각했거든요. 나중에 스타렉스 신차가 나왔는데 엄청 좋아졌다고 해서 기대가 컸지요. 그런데 광고하는 것 보니까, 음주 운전으로 면허가 정지된 사람을 모델로 쓰더라고요. 그래서 다 거짓말이구나 싶었어요. 나중에 사람들이 모두 놀란 것이, 스타렉스에서 최고로 쳤던 4WD 모델이 사라진 거예요. 4WD 모델이 등판각이 좋은데다 눈 올 때도 안전해서 농민들이 많이 탔어요. 짐차로도 쓸 수 있고. 그래서 그 모델이 전설이 되었던 거지요. 그런데 스타렉스를 전설로 만들었던 모델은 사라져 버렸고 음주 운전으로 면허가 없는 사람이 모델을 하니까 그 사람은 운전을 못하지요. 운전하면 불법이거든요. 차를 두고 왔다 갔다 하면서 문만 열더군요. 그때 이 사람들이 차에 대해서 전혀 모르는구나 생각했지요.

이 또 한 가지 이야기하면, 인생을 '종말 처리 시설end of pipe system' 처럼 살면 안 된다고 생각해요. 환경을 보호하려면 주부가 설거지할 때 세제를 두 방울 쓰던 것을 한 방울로 줄여야지 근본적인 문제가 해결되는 거잖아요. 그런데 주부가 세제를 많이 쓸 때는 아무 말도 안 하고 있다가 마지막에 종말 처리장만 엄청 크게 만들어 가지고 여기서 물을 순화해서 강에다 내보내는 것이 환경 보호라고 생각하면 안 된다는 것이에요.

우 지금 4대강 방식이 딱 그렇지요.

이 바로 그거예요. 인생이라는 것이 평소에 잘해야지, 그것은 잘못하고 마지막 순간에 가서 내가 잘하면 돼, 한 방이 있어, 이렇게 생각하는 사람은 실패하게 마련이지요.

우 자, 조금 다른 질문을 해 볼까요? 바로 위의 상사가 인간적으로도 안 맞고 일로도 안 맞으면 어떻게 하시겠습니까?

이 제가 그런 경험이 있어요. 우리 회사가 큰 회사인데 작은 회사와 합병하게 됐어요. 제가 대리 때인데, 작은 회사의 상무가 우리 회사의 상무로 왔어요. 저는 대리 때 과장, 부장한테도 보고했지만, 전무한테 가서 직접 보고해도 시비를 거는 사람이 없었는데 새로 온 상무가 모든 것을 본인에게 보고하라는 거예요. 당연한 권리이긴 하죠. 그런데 제가 있던 회사는 외형이 커서 사업 계획 따위를 할 때 단위가 백만 원이었어요. 외형이 몇조씩 되니까 회장에게 갈 때는 억 단위로 보고했어요. 그런데 합병된 회사는 일 년에 전체 외형이 몇십억이었고, 사업 계획서가 원 단위였어요. 두 회사가 합병된 후 제가 사업 계획서를 하나 짰는데, 전무한테 가기 전에 가지고 오라고 해서 백만 원 단위로 설명했더니 백만 원 이하가 없다고 다시 해 오라는 거예요. 그때 제가 전무한테 가서 이계 안 대리를 데리고 일하시든지 상무를 데리고 일하시든지 하라고 했죠. 제가 그때는 못 참았어요.

우 만약 그렇게 이야기해서 안 되면 그냥 나오실 생각이었어요? 대리가 상무를 치워 달라고 한 거잖아요? 굳이 표현하자면 하극상 아니에요? 기절초풍할 노릇이네요. 야, 그런 간 큰 대리가 한국에 있었다니!

이 그렇죠. 인생이 한 번밖에 없는 저는 그렇게 못 살겠더라고요. 절이 싫으면 중이 떠난다고, 이 중이 떠나면 절이 잘되나 보자고 배짱부린 것이죠.

우 그래서 어떻게 됐어요?

이 상무를 자르지는 못하고 그 사람이 관리하기 적당한 회사로 보내주고 원상회복했지요.

우 이런 질문 한번 해 보지요. 하는 업무가 정말 싫을 때에는 어떻게 하셨어요? 정말 자기랑 안 맞아서 다른 일을 해 보고 싶을 때.

이 호기심이 많은 사람에게 똑같은 일을 반복해서 시키면 싫증을 내고 능률도 안 올라요. 제가 현대에서 28년 근무했는데 직장을 현대중공업에서 런던 사무소, 그룹 사무실, 현대석유화학, 그룹 사무실, 현대자동차, 현대캐피탈, 이렇게 일곱 번을 옮겼으니까 평균 4년씩 근무했어요. 신입 사원 때 4년 남짓 일했고, 석유화학에서 4년 일했고, 나머지는 다 그 미만이었어요. 그러니까 저보고 어떻게 회장까지 갔는가 물으면 답 가운데 하나가 호기심이 많아서 항상 새로운 일을 했다, 지금 싫다, 그러면 그 일을 버려야 해요. 저는 운이 좋아서 제가 버리지 않아도 회사에서 그럴 기회를 줬는데, 그런 기회를 주지 않았으면 못했을 것이고, 다른 사람들한테도 싫은 일 참고 하라고 권하고 싶지 않아요. 자기도 인생을 망치는 것이지만 회사 입장에서 봐도 능률도 성과도 오르지 않는 거예요.

우 그 이야기를 조금 연장해서요, 직장에서 한 우물을 파라는 이야기를 많이 하잖아요. 어떻게 생각하세요?

이 그건 아니라고 생각해요. 한 우물을 파는 것과 관련해서 제가 이렇게 직장을 자주 옮겨 다니니까 이른바 주특기가 없잖아요. 선거 치를 때 되니까 참 좋더라고요. 각각 와서 하나씩 도와주니까. 실제로 한 우물만 파서 전문가가 되는 업종이 있어요. 깊이 연구해서 기술을 개발하는 사람들, 학문하는 사람들이 그렇지요. 그런데 직장 생활 할 때는 서로 섞여서 학제적으로 하는 것이 훨씬 성과도 있고 또 넓고 깊게 할 수 있다고 생각해요.

드롭아웃, 누구나 언젠가는 자신을 위해 살아야 한다

우 저도 누가 맨 처음 썼는지는 잘 모르지만 최근 일본에서 많이 쓰는 용어 중에 드롭아웃dropout이 있더군요. 자기가 살던 조직이나 패턴에서 빠져나왔다는 의미예요. 직장 다니던 사람이 직장을 그만두고 카페를 내거나 귀농한다든지, 하여간 어떤 식으로든 사회적 패턴에서 나온 사람들을 드롭아웃이라고 하거든요. 저도 에너지관리공단을 나오면서 드롭아웃을 한 번 한 거죠. 이사장님은 나오고 싶어서 나왔는지 회장 말고 더 갈 곳이 없어서 그랬는지, 어쨌든 드롭아웃을 하셨는데, 요즘 직장인들에게 드롭아웃이 키워드가 될 것 같더군요. 들어 보니까 자기 혼자만 있으면 드롭아웃 하고 싶다는 사람이 굉장히 많아요. 혼자는 먹고살 수 있는데 부인에 아이들에 식솔이 있으니까 그만두지 못하고 그 상태에서 30

대 후반 40대 초반을 보내더라고요. 그런 사람들에게 해 주고 싶으신 이야기가 있나요?

이 제 경우가 드롭아웃인지는 잘 모르겠지만, 2004년에 국회의원 선거를 했는데, 실제로는 2002년 말, 2003년 초에 오랜 꿈이던 신학 대학에 가려고 연세대학교에 학사 편입 양해를 받았어요. 그런데 그 이후에 상황이 바뀌어서 저와 잘 알던 사람들이 열린우리당 가서 정치하자고 하는 바람에 신학 대학에는 결국 못 갔어요. 그 과정에서 어려웠던 것은, 이제부터는 기업인으로 살던 것과는 다르게 살아야 하니까 그때까지의 관계를 정리하고 새로운 관계를 형성하는 것이었지요. 실제로 2004년 2월 열린우리당에 가게 되면서 기업 활동을 하면서 알던 사람들의 반쯤은 사실상 관계가 끊어졌어요. 기업 하는 사람들과 열린우리당은 좋은 관계가 아니었던 것 같아요.

우 한나라당 갔으면 조금만 잃었을 텐데요.(웃음)

이 한나라당 갔으면 3분의 1 정도만 잃지 않았을까 싶어요. 저는 일찍이 드롭아웃을 준비했는데, 다른 사람한테도 그런 이야기를 많이 해요. 한 우물을 파는 것이 아니라고 했듯이 한쪽에서만 사는 것도 아닌 것 같아요. 지금 직장 생활 하는 사람은 물론이고 직장 생활을 시작하는 사람도 드롭아웃한다고 생각하고 인생 프로그램 자체를 준비해야 한다고 봅니다.

우 마지막 질문입니다. 제가 총리실에 근무하던 시절, 사람들이 재택근무할 수 있게 만들어 주는 것이 꿈이었어요. 2002년 기후 변화 2차 종합 대책을 만드는데 재택근무를 꼭 넣고 싶었어요. 재택근무하면 월급이 조금 줄어도 괜찮잖아요. 최소한 교통비가 빠져도 되고 점심 값이 빠져도 되니까 3분의 1쯤 월급을 줄여도 괜찮고, 시스템이 안착되면 국민의 절반 정도는 집에서 근무하고, 일주일에 한두 번만 출근하면 교통 문제나 환경 문제 등 여러 가지를 푸는 방법이라고 생각했거든요. 넣으려고 했더니, 총리를 포함해서 제 위에 있는 분들이 모두, 말은 구구절절이 다 맞는데, 다음에 하자고 그러시더군요. 이명박 정부는 저탄소 녹색 성장을 4대강 가지고 한다고 하는데, 저는 기후 변화 협약의 꽃은 재택근무라고 생각하거든요. 여기에 대해서는 어떻게 생각하세요?

이 전적으로 동의합니다. 제가 요즘 가장 많이 고민하는 것이 일과 집 문제예요. 서울의 중심부를 보면 재생 사업을 해야 하는데, 중심지 사람들이 일하는 곳에 주거지가 없어요. 값싼 집이 없으니까 자꾸 멀리 가잖아요. 옛날에 공해 시설 건설해 놓고도 GDP 성장에 기여했다고 했듯이 광역 교통망을 계속 확대하고 경기도 지사는 이것을 본인이 가장 잘한 사업이라고 주장하고 있지 않습니까? 해결하는 방법은 일터와 쉼터, 일터와 주거지를 붙이는 것이고, 그것이 안 되면 모든 업무에 대해서 재택근무를 할 수 있으면 좋겠어요. 물리적으로 사람이 움직이지 않는 것이 주택 문제, 주거 문제, 교통 문제, 환경 문제를 해결할 수 있는 답이라고 생각하거든요. 미국 사람들이 그러더라고요. 케네디 스쿨에 가서 보니까 집중 근무 시간대가 아니면 아무 시간대나 와서 일한다는 거예요. 또 재택근무를 하면 보육 문제도 해결할 수 있어요. 일하면서 아이를 보면 일이 제대로 되겠느냐고 하는데 부모가 옆방에 있는 것만으로도 아이들이 훨씬 인간다워지는 것 같아요. 제가 보니까 아이들이 있는 경우에는 될 수 있으면 사무실에 덜 오는 일들을 주더라고요. 아이들을 다 키우면 다시 바꾸고요. 이렇게 해야 일과 육아가 병존하는 사회가 되겠지요.

우 프로이트가 사랑의 노동이 인간이 궁극적으로 가야 할 모습이고 인간이 멸망하지 않으려면 그렇게 해야 한다고 했거든요. 사랑의 노동이 별것이 아니고 배우자와 함께 일할 수 있도록 해 달라는 거예요. 사람들이 프로이트가 아무것도 모르고 짝사랑이 잘 안 되니까 그렇게 말한다고 해석했는데 한 세기가 지나서 보니까 그 말이 맞는 거예요. 프로이트가 만약에 부부가 같은 일을 하거나 집에서 비슷한 일을 할 수 있게 해 주면 전쟁이 일어나지 않을 거라고 했거든요. 이것을 구현할 수 있는 것이 재택근무 아닐까요?

이 저는 부부 관계까지는 잘 모르겠는데 적어도 육아 문제에서 가족이 근접하는 것을 미국 사람들은 하는데 왜 우리는 못할까, 이런 생각을 하는 거죠.

우 영화감독 류승완이 〈짝패〉를 찍은 유명한 사람인데, 영화를 하던 사람과 영화를 좋아하던 사람이 결혼했거든요. 남편은 영화감독이 됐고 부인은 영화사를 만들어서 대표가 됐어요. 그래서 부인이 남편을 고용하는 방식이 된 거죠. 돈은 남편이 댔지만 부인이 사장이니까 힘이 세거든요. 저 부부가 잘됐으면 좋겠다고 지켜보는 중이에요.

이 저는 김대중 대통령이 IT 강국, 광 고속도로 만드는 것의 목표가 노동의 형태, 가족 구성원의 형태를 어떻게 바꿀 것이라고 설명했으면 성공했을 것이라고 생각해요. 그런데 그분이 그런 설명을 못했어요. 그래서 제가 연구소 이름을 2.1연구소라고 했어요.

승진에 성공한 사람이 하는 말은, 모든 것은 너무 쉽고, 기본에만 충실하면 된다는, 그야말로 공자님 말씀 같은 경우가 많다. 대체적으로 이계안은 자신이 기본에 충실해서 재밌게 살았다고 생각하는 것 같지만, 그야말로 모범생다운 답변이기는 한데, 독자들이 기대하는 피가 되고 살이 되는 얘기라기보다는 답답한 답변이 계속 이어졌다. 예전에 들었던 출세의 비결을, 오늘은 얘기하지 않았지만, 독자 여러분을 위해서 내가 덧붙인다. 이계안 승진의 특급 비밀은, 아랫사람을 빨리 승진시키라는 것이다. 그러면 그 사람들이 승진하기 위해서 자신을 더 빨리 승진시키게 될 가능성이 높다는 것이다. 실제로 전무 이후 회장까지 이계안의 고속 승진은 자신이 예전에 승진시켰던 부하 직원들이 그렇게 만들어 놓은 성격이 강하다. 하여간 모범생 이계안, 오늘은 특히 교과서 같은 얘기가 많았고, 학생들은 꾸벅꾸벅 졸았다.

네 번째 질문

돈을 지배하는 법

"극단적으로 말하면 이명박 대통령은 자기가 대통령을 해야 하는 이유를 모르는 것 같아요."

"삼성가의 사위이자 삼성화재 회장이던 이종기 씨가 죽었을 때, 신문에 미담으로 자기가 가지고 있던 삼성생명 주식을 삼성생명공익재단에 기부했다는 기사가 났어요. … 명의 신탁했던 것을 찾은 것이니까 세금을 내야 하는데 거꾸로 세금도 안 내고 미담을 만들어 버린 거예요."

"우리나라에는 자유 시장이라는 것이 없다, 죽었다, 병들었다고 했습니다. 이것이 계속되면 폭력 혁명이 일어날 것 같아서 두렵다고 했더니…." _ 이계안

이계안은 짠돌이는 아니지만, 그에게 술 얻어먹기가 쉽지는 않다. 술을 아예 안 마시는 사람이니까. 강금실과 맞붙었던 지난번 서울 시장 선거에서 아마 태어나서 처음이자 마지막으로, 그가 나에게 술을 사 준 적이 있다. 그러나 그는 생각보다 많은 단체와 활동에 후원금을 내고 기부를 한다. 점잖게 돈을 쓰는 것을 좋아한다. 내가 알기로, 그는 돈을 싸들고 죽거나 자기 자식에게 몽땅 상속하지는 않을 것 같다. 무엇이든 의미 있는 일에 가치 있게 돈을 쓰고 싶어 하는 것이 내가 이해하는 그의 재산에 관한 철학이다. 한마디로 돈에 영혼을 뺏긴 사람은 아니다. 그가 돈에 대해서 어떻게 생각하는지, 어떻게 하면 돈의 노예가 되지 않았는지, 그런 얘기를 들어 보고 싶어서 이 질문을 마련했다.

돈은 상전이 아니다, 밑에 놓고 써라

01 돈에 관해 수없이 많은 자료와 책이 있는데 그것과 다른 이야기를 해야 한다는 것 때문에 며칠 동안 잠을 못 잤어요.

우 참고로 돈과 관련해서 〈프레시안〉에서 할 때는 '밥&돈'이라고 했거든요. 문화 인류학회에서 경제 인류학을 따로 하는 모임의 이름은 '혼돈회'예요. 돈 안에 혼이 들어가 있다는 뜻이지요. 제가 화폐 경제학과 관련해서 준비하고 있는 책의 제목은 '돈과 말'…. 이런 것들이 '돈'이라는 단어를 앞에 놓고 얘기하는 경우들이지요.

이 오늘은 제가 생각하는 돈 이야기를 해 볼게요. 두 가지를 이야기하고 싶은데, 먼저 모든 것을 합할 수 있는 틀이라고 생각해요. 이를테면 사과 두 개, 배 두 개를 합하면 몇 개냐고 물으면 이것은 사과 두 개, 배 두 개이지 네 개가 아니잖아요. 사과와 배를 아우를 수 있는 과일이라는 틀을 넣어야지요. 모든 것을 화폐 단위로 전환해야 합하는 것이 가능하잖아요. 극단적으로 지금부터 모든 것을 버리고 통계를 낸다고 하면, 이를테면 군국 장병 위문을 가는데 사과 두 박스, 바나나 두 박스, 이것을 간단하게 말하면 과일 5만 원어치예요. 돈은 모든 것을 합할 수 있는 단위라고 생각해요.

우 화폐 경제학에서는 방금 말씀하신 단위 문제라고 하고, 뉘메레르 numéraire라는 이름을 붙여 줍니다. 물질적인 매스 밸런스와 비교하기 위해서 화폐 밸런스monetary balance라는 용어를 쓸 때도 있고, '합산의 문제'라고 부르기도 합니다.

이 학문적인 것은 잘 모르겠는데 저는 실물적으로 그렇게 생각해요. 또 사람들이 돈과 권력을 이야기할 때 권력은 나눌 수 없다고 하잖아요. 돈은 끝전까지 나눌 수 있어요. 협상이다, 타협이다, 이런 이야기를 할 때 돈을 벌어 본 사람들이 잘할 것이라는 생각을 종종 해요. 정치하는 사람들이 타협하면 혼이 없다고 하지만, 결국 세상 사는 것이 서로 밀고 당기는 타협이라면 돈을 아는 사람이 협상을 잘할 것 같아요. 그러니까 돈은 모든 것을 합하고 끝까지 나눌 수 있는 것이라고 생각해요. 돈을 '가장 더러운 상전', '가장 비싼 종'이라고들 하잖아요.

우 많이 있으면 자기 밑에다 놓고 쓸 수 있잖아요.

이 저는 돈이 많아도 밑에 놓고 쓰는 사람 이야기를 들어 본 적이 없어요. 정주영 회장님 같은 경우 돈은 벌면 된다면서 돈 자체는 중요하게 생각하지 않고 신용을 굉장히 중요하게 생각하셨어요. 신용을 잃으면 다 잃는 것이라고 말씀하시고 돈 잃는 것에 대해서는 그럴 수도 있다고 했지요. 그럼에도 저는 그분이 돈 문제로부터 자유롭지 않아서 정치를 하게 되었다고 생각합니다. 정치를 하게 된 그분의 속내는, 발단은 1982년에 큰아들이 죽고 아들들을 보는 눈이 달라지기도 했지만, 결국 돈 문제 아니었을까요?

우 이사장님은 왜 정치를 시작하셨나요?

이 어떤 면에서 보면 제 뜻이 아니고 어떤 면에서 보면 제 뜻이고 그래요. 김종필 씨가 자의 반 타의 반이라고 멋있게 표현했지요. 아버지께서 살아생전에 저한테 꼭 했으면 좋겠다고 하셨던 것, 하지 말라고 하셨던 것이 있는데, 지금 생각해 보면 아버지가 살아 계실 때는 하라고 한 것도 안 했고 하지 말라고 한 것도 안 했어요. 돌아가시고 난 다음에는 하라고 했던 것도 하고 하지 말라고 했던 것도 해요. 재미있는 말장난을 하고 있는데, 아버지가 살아생전에 정치하라고 하셨어요. 그리고 절대로 글을 쓰지 말라고 하셨어요. 제가 아버지 돌아가신 다음에 정치를 하고 지금 책을 내려고 글을 쓰잖아요. 제가 아버지 말씀 참 안 듣는다는 생각이 들어요. 아버지는 정치를 어떻게 정의할지 모르지만, 아버지도 정치판에 뛰어

들어서 뜻대로 못 살고 육신의 고통을 받은데다가 자식들도 연좌제로 피해를 받았음에도 저보고는 늘 사내자식이 정치를 해야 한다고 그러셨죠.

우 정주영 회장이 정치하신 이야기를 자주 하시는데 유사점이나 차이점이 있는지?

이 저는 회장님이 분노 때문에 정치하셨다고 생각해요. 부정의 힘이 강하기는 한데, 즐거움은 별로 없는 것 같아요. 어쩔 수 없는 상황에 처했고, 분노를 가지고 있었던 것 같아요. 저는 긍정의 힘으로 정치를 시작했어요. 그게 가장 큰 차이라고 생각해요.

우 정치를 자원 분배 과정이라고 하셨지요? 이 대통령도 CEO 출신인데, 지금 정부 되게 안 좋잖아요. 거기에 대해서 어떻게 생각하시는지 궁금합니다.

이 극단적으로 말하면 이 대통령은 자기가 대통령을 해야 하는 이유를 모르는 것 같아요. 이를테면 이 대통령이 봉착한 제일 큰 문제가 대화할 줄 모르고 소통할 줄 모르는 거라고 생각하거든요. 국민이 무엇을 원하는지, 국민이 원하는 것과 자신이 원하는 것이 다를 때 국민을 설득해서 같은 편에 서도록 하는 문제에 대해서 관심도 없고 뜻도 없고 할 줄도 모른다고 생각해요. 그런데 그분이 청계천 공사를 하면서 반대하는 사람들, 삶의 터전을 잃게 되는 상인들과 수도 없이 협상했다고 하거든요. '가든 파이브'를 보면 정말 그랬을까 싶기도 하지만, 협상했다는 것은 소통했다는 말이잖아요? 대화했다는 뜻이잖아요? 그런데 대통령이 된 다음에 대화하는 것을 본 적 있어요? 대화하는 것을 본 적이 없단 말이죠. 그러면 시장 때는 그렇게 대화하고 국민과 소통하고 이해관계자들을 설득했던 분이 대통령이 된 뒤에는 왜 안 했을까? 제 생각은 그거예요. 그분은 대통령이 되는 것을 인생의 끝점이라고 생각하고, 그 앞의 모든 과정을 그 길로 가기 위한 디딤돌로 썼다는 것이지요. 디딤돌 만들 때는 누구나 열심히 하거든요. 저는 이명박 대통령 스스로가 대통령 되는 것이 최종 목표였지, 그 다음에 대해서는 비전도 없고 소명 의식도 없는 분이 아닌가 생각해요.

우 같은 CEO 출신인데, 비교되지 않을까요?

이 그것을 아주 천하게 이야기하면, 저 개인을 위해서라도 이명박 대통령이 잘되기를 바랍니다. 그래서 아, 이명박 대통령이 잘했으니까 이명박 대통령처럼 CEO 하고 국회의원 한 사람이 무엇을 해도 잘하겠지, 이런 소리 듣고 싶어요. 이기적으로 말하자면, 그런 것 때문에 이명박 대통령이 잘되길 바라는데, 그것이 아니더라도 국민과 나라를 위해서 잘해야 하잖아요. 그게 한 바람이고, 저하고 무엇이 같고 무엇이 다르냐고 질문하면 경력 쓸 때 현대그룹에서 CEO를 했다, 그리고 국회의원을 했다, 이런 것만 같고 나머지 사는 태도나 생각하는 것은 하나도 같은 것이 없다고 봐요.

우 돈 이야기 계속하죠. 원래 이 장에서 의도했던 것은 돈을 번 사람들이 어떻게 기부하고 사회와 더불어 사는지를 알고 싶었거든요.

이 돈에 관해서는 앞에 이야기한 것처럼 합치고 끝까지 나눌 수 있는 것이고, 우리가 유행어처럼 말하듯이 돌고 돌아서 돈이잖아요. 그러니까 그것을 어떻게 순환시키느냐에 관한 이야기인데…. 제가 아내를 1971년 4월에 만났어요. 1976년 3월 15일에 입사하고 그때부터 돈 관리를 아내가 했어요. 당시에는 아내도 아니고 약혼자도 아니고 그냥 여자 친구인데, 다른 데 시집 못 가게 하려고 그랬어요. 결혼하고 나서 제 아내에게 한 이야기가 무엇인가 하면….

우 돈 들고 도망가셨으면 어떻게 하려고 그러셨어요?

이 남편들 월급날 되면 아내들 계좌로 들어오잖아요? 저는 평생 한 번도 아내 계좌에 월급을 넣은 적이 없고 지금도 안 줘요. 제가 장남은 아니지만, 다른 사람들하고 같이 나눠 살 수밖에 없는 처지라는 것을 처음서부터 이야기했어요. 월급은 될 수 있으면 전액 가져다주겠지만 상여금은 제 마음대로 쓰겠다는 것이 양해 사항이었어요. 박봉임에도 나눠 사는 것을 받아 준 아내가 고맙지요. 그때부터 지금까지 재산 배분에 대한 원칙이 있어요. 재산의 3분의 1은 남을 위해서, 3분의 1은 저하고 가정을 위해서, 3분의 1은 자식을 위해서 쓰겠다고 했어요. 저는 정치하기 전부터 오랫동안 기부를 해 왔고 지금도 하고 있어요. 특별한 이유는 없고 자랄 때 남이 도와주지 않았으면 학교를 다니지 못했을 테니까 빚졌다는 생각을 했고, 지금은 빚을 갚는다는 생각을 해요.

우 저는 아내가 다 가지고 있고, 용돈 타 쓰는데요, 저도 소득의 10퍼센트를 기부하게 되더라고요.

이 그러니까 좋은 거죠. 성경에서 이야기하는 십일조같이.

우 제가 부자들을 관찰해 보니까, 돈 벌려고 열심히 하는 사람이 돈 버는 것을 못 봤어요. 제가 아는 부자들은 대부분 돈이 따라오더라고요.

이 우리나라는 돈 버는 것이 전통적으로 부동산 하는 것이잖아요. 제가 서산에 120만 평짜리 공장 짓는 것의 실무 책임자 노릇을 했어요. 대산석유화학단지가 120만 평 남짓인데, 그중 약 100만 평은 바다를 메워서 만들어진 땅이고, 나머지는 주변 땅을 사들였거든요. 그때 제가 거기다 땅을 사 가지고 투기를 했으면 훨씬 부자가 됐을 거예요. 그런데 재미나는 것이 그거예요. 현대석유화학 근무 할 땐데, 제가 부장 때예요, 하루는 동료 선배가 "이 부장, 미안해" 그러는 거예요, 그래서 "뭐가요?"라고 물었더니 아무리 설계를 다시 해도 제 땅을 비켜서 송전탑을 세울 수가 없다는 이야기였어요. 공장을 지으면 전력이 많이 필요하니까 가까운 변전소에서 전력선을 끌어와야 해요. 한전이 해 주는 것이 아니라 각 사업체에서 알아서 하는 거예요. 고압 송전탑을 세우려면 부지가 필요하니까 땅을 사야 하는데, 땅을 사기도 어려운데다가 고압선이 지나가면 암이 발생하는 빈도수가 높아진다는 등 말이 많아서 보상도 많이 해 줘야 해요. 그게 일반적인데, 아무리 전기 끌어오는 선의 설계를 바꾸어도 제 땅을 비켜서는 송전탑을 못 세운다는 거예요. 그것이 무엇인가 하면, 회사에서 땅을 산다고 그러면 땅 주인이 땅을 팔지도 않고 비싸게 부르기 때문에, 회사 돈이지만 개인 명의로 땅을 샀다가 나중에 회사 명의로 이전을 해요. 그것이 관행이에요. 그런데 사람들이 그 사실을 모르고 제가 회사 일을 하면서 투기하려고 땅을 사 놓은 것으로 오해한 것이었어요. 그게 보통 땅 사는 사람들이 하는 짓이었으니까요. 그때 곧바로 회사 명의로 땅을 전부 바꿨어요. 이런 이야기를 왜 하는가 하면, 우리나라 재벌들이 분식 회계도 하고 주식을 다른 사람 명의로 신탁하고 이러잖아요. 대표적으로 지금 삼성생명이 상장한다고 그러는데, 십중팔구 요란한 일이 벌어질 거예요. 삼성생명 주주들 보면 이건희 일가 외에도 삼성그룹 고위 임직원 명의로 되어 있는 주식이 많습니다. 그런데 어떤 일이 있었는가 하면, 삼성가의 사위이자 삼성화재 회장이던 이종기 씨가 죽었을 때, 신문에 미담으로 삼성화재의 이종기 회장이 죽었는데 자기가 가지고 있던 삼성생명 주식을 삼성생명공익재단에 기부했다는 기사가 났어요. 제가 그때 국회의원 할 때라 국세청장과 재정경제부 장관에게 편지를 보냈어요. 이것은 명의 신탁했던 것을 찾은 것이니까 세법상 세금을 내야 하는데, 거꾸로 이 사람들은 세금도 안 내고 미담을 만들어 버린 것이다, 그러니까 사실 관계를 조사하라고 했죠. 그런데 조사를 못하더라고요. 그래서 이것 때문에 삼성에서 찾아오는 것 아닌가 하는 생각이 들었어요. 물론 국세청과 재정경제부에 한해서 국회의원으로서 정식 질의를 비공개로 했는데 삼성으로 이 이야기가 흘러갈까 싶었지만요. 그런데 며칠 지나자 전부터 알던 삼성의 지인들이 찾아오더라고요. 장관이나 청장이 삼성의 에이전트도 아니고 이게 뭔가 싶더군요. 그런 경험이 있은 후 나중에 밝혀진 것이 무엇인가 하면, 삼성 에버랜드 재판 따위 할 때 현명관 씨가 스스로 고백했잖아요. 내 명의로 삼성생명 주식이 있는데 이것은 명의 신탁된 주식이다. 고백한 그 사람만 그런 것이 아니에요. 상장해서 그 주식이 거래되면, 그것이 누구 돈이냐? 아마 이병철 회장이 차명으로 넘겨주고 간 것이 커져서 그렇게 되었다고 설명할 거예요. 그러나 그런 식으로 말하면 삼성가가 국민들한테 사랑받지 못하겠죠. 한 번은 고백해야죠. 제가 굳이 삼성 이야기를 하는 이유가 무엇인가 하면, 우리나라의 많은 재벌 회사들이 스스로 원했든 원하지 않았든 이렇게 숨겨진 재산들이 있어요. 오너가 자기가 직접 명의를 가지고 있는 지분이 낮기 때문에 안정적인 경영권을 확보하기 위해서 명의 신탁을 하는 경우도 있지요. 금융실명제하에서는 명의 신탁이 허용되지 않기 때문에 명의 신탁 받은 사람이 내 것이라고 주장하면 그 사람 것이 되지요.

우 회사에서 킬러를 보내겠죠.(웃음)

이 그런 것이 많아요. 또 아까처럼 기업이 공장을 지을 때 기업이 산다고 하면 땅 주인들이 팔지 않기 때문에 편법으로 재력 있는 사람들을 내세워서 땅을 샀다가 소정의 변호사 비용이라든지 등기 비용 등을 붙여서 회사에 파는 경우가 있죠. 이때 부동산 거래를 하면 국세청에서 이 사람이 땅을 살 만한 돈이 있는지 재력을 검토해서 세무 조사를 해요. 그러니까 재력 있는 사람에게 명의를 빌려야 하잖아요. 대개 그룹사의 퇴직 임직원들이 명의를 빌려 주죠. 제가 국회의원 할 때 발의는 됐는데 통과 안 된 법이 하나 있어요. 모든 재산을 공개하는 공직자들은 재산 규모만이 아니라 그 재산 형성 과정을 설명하자는 법이었어요. 이렇게 하면 이명박 정부에서 대부분의 고위직 사람들은 장관도 못 되고 대법관도 못 되었을 텐데, 그 법이 통과되지 않았죠. 재산을 어떻게 쓸 것이냐? 저는 지금도 삼분법을 지키고 있고 앞으로도 지킬 거예요. 미란다 빌게이츠 재단을 보면서 적당한 시점에 제 재산을 다 써야겠다고 생각했어요. 미란다 빌게이츠 재단은 자기들이 죽고 나면 50년 안에 재단 재산을 다 쓰고 없애 버리라고 되어 있어요. 신선한 발상이다, 저게 맞겠다는 생각을 했어요.

우 샤넬은 돈을 많이 벌기는 했는데 돈을 안 가졌거든요. 샤넬이 후원하던 예술가들이 있었어요. 마티스가 그중 한 명이었을 것이고 희곡가들에게도 돈을 대줬어요. 샤넬이 죽으면 그가 후원하던 사람들에게 생활비를 대줄 사람이 없어지잖아요. 그것을 대주려고

재단을 만들었더라고요.

이 그것은 재단의 미션이 무엇인가 하는 이야기라고 생각해요. 많은 재단이 기본 재산을 가지고 있잖아요. 그 재산을 소진해서 사업을 하는 것이 아니라 재단 이사장, 명예 이사장, 명함 파는 사람들, 사무 보는 사람에게 돈을 쓰고 새로운 사업은 아무것도 못하면서 유지하는 재단들이 많아요. 그런 것이 인간의 기본적 욕망에 충실한 것이라고 생각해요. 그것이 목적일지도 모른다는 생각을 하거든요. 아무리 재산이 많은 사람도, 이병철 회장이 되었든 정주영 회장이 되었든, 죽고 나면 없어지는 것인데, 마치 부장물 같은 것을 관 속에 넣는 것처럼 그 사람을 기리는 재단을 설립하는 것이 아닌가 싶어요. 재단이 있는 한 그 사람도 있으니까요. 그렇게 생각하고 이해하는데 그것을 한 단계 뛰어넘어야 하지 않을까요.

부자들의 사명과 의무

우 우리나라 부자들을 보면, 그거라도 만들라고 해야 하지 않을까 싶더라고요. 제가 시민 단체 관련 일을 하면서 보면 돈이 진짜 없거든요. 세상에 이렇게 돈이 없는 곳이 다 있나? 교수들과 이야기해 보면, 외국은 이 정도의 명분과 사람이 있으면 후원금이 온다는 거예요. 그런데 한국에서 정상적으로 후원금이 오는 경우는 한 번도 못 봤거든요.

이 기부금이 명분 있게 쓰는 돈이라는 자체가 어떤 단계를 벗어나야 한다고 생각해요. 미국에 있는 동안에 MIT에 가니까 굉장히 큰 건물을 짓고 있었어요. 한 사람이 돈을 내서 짓는다고 하더라고요. 미국 같은 경우도 큰 금액은 대개 창업자가 낸다는 거예요. 2세, 3세들은 기부금을 못 낸다는 거예요. 그러는 것 보면 인간의 본질적인 것이 아닌가 싶어요. 우리나라도 기부금을 대부분 창업자들이 내는데, 여건이 척박했다는 생각도 해요. 지금 우리나라에서 돈 낼 만큼 돈을 벌었다고 할 만한 사람이 없잖아요.

우 땅 투기 부자들 있잖아요.

이 땅 투기 해서 부자가 된 1세대들은 자기들이 번 돈이 아니어서 못 내는 거지요. 우리나라에서 처음 경제 성장할 때, 외국에서 수입 신용장을 받으면 그걸 담보로 은행에서 돈을 빌려요. 그 돈으로 땅부터 사지요. 그 땅을 담보로 공장을 짓고, 다시 그 건물을 담보로 기계를 사 와요. 그리고 기계를 담보로 돈을 빌려서 그때부터 원료를 사요. 원료를 사는 동안 생산 집하 자금이라고 해서 은행에서 돈을 또 빌려 줘요. 그러다 보니 단계마다 발생하는 금융 비용 때문에 큰 이익이 날 리 없잖아요? 현상 유지만 하는 거예요. 사업해서는 돈이 안 남는데 그사이에 땅값이 오르는 거예요. 화폐는 100만 원을 연 20퍼센트로 빌리면 120만 원 갚으면 되는데, 돈을 빌려서 산 땅값은 200만 원 되면 빚을 갚고도 80만 원 남는 거잖아요. 이런 식으로 인플레이션을 통해서 기업이 돈을 남겼어요. 우리나라 재벌들은 대부분 이렇게 인플레이션을 노리고 땅을 산 거예요. 또 그 땅을 재평가하면 땅값의 차익이 회계에서 자본금으로 들어가게 되어 있어요. 그러면 자본 잉여금을 거쳐 주식으로 전환해서 다시 자본금으로 가요. 이 이야기를 재미나게 해야 하는데…. 이를테면 정몽준 의원이 대주주인 현대중공업이 제가 입사했을 때 자본금이 40억이었어요. 지금은 3,800억까지 갔는데, 1,800억 갈 때까지는 현금을 한 푼도 증자하지 않았어요. 자산 재평가 차액을 자본으로 전입한 거예요. 40억 때 1억을 가지고 있던 사람은 인플레이션 소득으로 인해서 재산이 계속 늘어나잖아요. 그러면 인플레이션 소득을 왜 주주만 가져야 합니까? 그것이 우리나라 재벌들이 돈을 벌었다고 주장하기 어려운 점이지요. 이렇게 돈을 버니까 공권력이 강할 때는, 정부가 강제로 기업을 공개하게 해서 주식의 30퍼센트 이상을 국민들에게 팔도록 했어요. 이런 과정을 지켜본 사람들은 우리나라 재벌들에게 고개를 숙이고 사업을 잘했다, 돈을 벌었다고 하기 어려울 거예요. 그 이후에는 세상이 바뀌어서 자본 규모가 커지니까 인플레이션 소득뿐만 아니라 증자를 통해서, 특히 1997년 IMF 구제 금융을 받으면서 IMF PLUS라는 협약을 맺고 그때 조건이 모든 기업의 부채 비율을 200퍼센트 밑으로 낮추는 거였어요. 부채 비율을 낮추려면 자본금을 늘려야 하는데 그때 자산 재평가는 인정해 주지 않았어요. 그래서 돈을 외부에서 조달해야 하니까 외자 유치해 오고, 이런 식으로 가다 보니 재벌 총수들의 지분율이 낮아지니까 경영권 방어가 어려워지고, 이런 어려움을 회피할 수 있도록 상호 출자를 다시 허용해서 순환 출자를 해 주는 과정을 겪게 되죠. 돈 이야기 하다 엉뚱한 곳으로 빠졌네요. 실제로 우리나라에서 돈이 무엇인가, 돈을 어떻게 할 것인가, 이야기하다 보면 돈을 어떻게 벌었는가, 이런 이야기를 하게 되고 모든 사람들이 부동산으로 벌었다고 하니까 회사 개발 계획에 편승해서 벌 수 있는 기회가 있었다는 이야기를 했는데요. 제가 이 이야기를 계속할까 말까 망설이는 이유가 있어요. 2007년 대통령 선거 때 이명박 대통령에 대해서 BBK도 있었고 도곡동 땅 이야기도 있었고 하여간 논쟁이 많았잖아요? 도곡동 땅 이야기가 지금 이야기하는 것의 한 예이지요. 건설 회사에서 근무하다 보면 개발 정보를 알아서 자기가 땅을 사기도 하고…. 건설 회사가 공사를 하려면 흙과 돌이 필요해요. 그런데 흙과 돌을 아무 산에서나 퍼올 수 없으니까 산을 하나 살 수밖에 없어요. 이를테면 고속도로를 뚫는다고 쳐요. 고속도로에 들어갈 흙과 돌을 될 수 있으면 가까운 곳에서 사야 운송비가 덜 들잖아요. 흙을 다 파고 나면 산 하나가 대지가 되지요. 대표적인 예가 남태령 지나가다 보면 돌산 깎인 곳이 있어요. 현대건설 관악 공장 때, 거기서 자갈 채취해서 콘크리트 만들 때 들어가는 밤톨만 한 돌을 만들었거든요. 돌산 사서 돌 파서 장사하고 나면 땅이 생기는데, 건설 회사가 어느 정도로 어리숙했는가 하면 땅 사는 것을 경비로 처리해요. 땅은 부동산이기 때문에 회사의 자산으로 회계 처리를 해야 하는데, 현대건설도 한때는 도급 회사의 연합이라고나 할까요, 그런 형태로 경영했어요. 회사가 조달청에 가서 100억짜리 공사를 따 오면 현장 소장한테 얼마에 공사를 할 수 있는지 물어서 가장 싸게 부른 사람한테 책임지고 공사를 하라고 맡기는 식인 거예요. 그때 예산 범위 내에서 흙도 사고 돌도 사고 인부도 동원하고 중장비도 동원해서 일을 하는 거지요. 그런데 그때 흙을 사 올 수도 있지만 흙산을 사서 퍼올 수도 있잖아요. 현장 소장 같은 경우에는 회사 전체의 개념이 없이 내가 돈을 들여서 공사를 예산 범위에서 하면 성공한 것이고, 또 돈이 많이 남으면 개인 돈으로 남겨도 크게 시비를 안 했단 말이에요. 1960년대, 70년대가 그런 시대예요. 그러다 보니까 공사를 다 하고 났더니 100억짜리 공사를 99억 들여서 1억 남았다고 결산했는데 나중에 보니까 옆에 좋은 택지가 남아 있는 거예요. 부외簿外 자산이 생기는 거지요. 도곡동 땅 같은 경우도 도곡동 지하도 뚫다 보니까 공사하고 나서 땅이 생긴 거예요. 평수가 100평쯤 되면 소장이 알아서 처리하면 되겠지만 1,000평쯤 되면 자기 맘대로 할 수가 없잖아요. 그러면 이것을 회사에 와서 사장님에게 고백하는 거예요. 그러면 협의해서 회사 자산으로 처리하기도 하고, 해당 공사에 공로 있는 사람들한테 일정한 비율로 나누어 주기도 했어요. 도곡동 땅도 이런 연장선에서 볼 수 있다는 것이지요.

우 요즘 같으면 스톡옵션이라고 할 텐데.

이 그렇게 어설프게 생긴 땅이 값이 천정부지로 오르니까 갑자기 부자가 나오는 거예요. 특정인을 이야기해서 조금 그런데, 미래기획위원장 곽승준 씨 아버지가 현대건설에서 부사장까지 지낸 분이에요. 곽 위원장이 재산 등록할 때 아버지한테 증여받은 땅 때문에 곤혹을 치렀죠.

우 그것까지는 봐주겠는데, 대학생 때 증여를 받으니까 황당해하는 거 아니에요.

이 대학생 때 받아야 증여지, 돈 벌 때 그 돈으로 사면 증여가 아니지요.

우 그리고 나서 자기가 대학교 때 돈 벌었다고 하니까 많은 사람들이 당황했지요.

이 왜 자식들이 기부를 못하는가에 대해서 이야기해 볼까요. 예를 들어 록펠러는 팁을 1달러 주는데 아들은 5달러 주었지요. 아들은 5

달러 주는데 진짜 부자인 당신은 왜 1달러밖에 안 주느냐고 물었더니 나는 부자 아버지가 없다고 했다는 이야기가 있어요. 이와 반대로 대부분은 도덕적이어서 아버지한테 증여받아 이룬 재산은 자기가 풍성풍성 못 써요. 기부하려면 풍성풍성 써야 하는데 못하는 거예요. 그것을 어떻게 극복할 것인가? 여기에 정답이 있는 것 같진 않아요. 창업해서 돈 번 사람한테는 재단을 만들어서 이름을 남기게 할 것이 아니라, 이를테면 사회 공익적 목적으로 써서 이름을 남길 수 있게 명분도 만들어 주고 그런 사람들을 기리는 문화를 만드는 것이 중요할 것 같아요. 증여받은 사람들의 경우는 아버지한테 받은 것은 사회에 내놓고 그것을 바탕으로 번 돈은 자기가 쓰다가 자식에게 증여하겠다 정도의 문화가 만들어졌으면 좋겠다는 생각을 해요.

우 없는 제도를 만드는 게 필요한데, 돈 있는 세계를 잘 아는 사람이 시민 단체에는 별로 없으니까요.

이 그것을 만들려고 하는 사람이 있어요. 제 친구이자 로펌의 대표이고 교회 장로인데 우선 교육에 관한 일을 하려고 해요. 일산에 있는 작은 학교의 가난한 학생들을 대상으로 시험을 하고 있는데 독지가가 돈을 내기도 하고 불특정 다수의 돈을 받기도 하지요. 지금 NGO가 봉착한 문제가 무엇인가 하면, 명분이 있어서 돈을 냈더니 그 돈으로 명분 있는 일을 하는 게 아니라 구성원들이 먹고 사는 데 다 써 버리더라, 심지어는 명분 있게 시작한 NGO를 권력화, 사유화해 가지고 특정 개인의 것처럼 되더라, 그러니까 사람들이 돈을 안 내는 거예요. 그래서 돈을 걷기 위해서 전문 업체가 나서서 디자인하기도 하는데, 그럴 것이 아니라 모금하는 사람이 돈에 얽매이지 않는다면 아무래도 기부하는 사람들이 더 신뢰하지 않을까요?

우 펀드 매니저처럼 기부금 매니저가 필요하다는 말씀이네요.

이 네, 저보고 그런 기부금 매니저donation manager를 하라는 거예요. 저보고 돈을 거두라는 것이, 제가 인상이 나쁜 사람 같지도 않고 그 돈으로 먹고살아야 하는 사람 같지도 않으니까요. 정치가 남을 위해서 하는 거잖아요? 그런데 그것을 불특정 다수의 큰 것이 아니라 작은 것을 해도 모델이 될 만한 것을 해 보면 의미가 있지 않겠는가 하고 저를 설득하는데, 정치하지 말라고 해서 여전히 고민 중이에요.

우 제가 지금까지는 글을 쓰든 강의를 하든 어지간하면 지역에 관한 이야기를 안 하려고 했거든요. 그런데 이제부터는 지역 이야기를 하려고 해요. 한국에 공식적으로 지배층이 없잖아요. 그런데 지금 이것이 생기면서 정형화되는 과정에 있고, 여기에 맞춰서 사회 제도가 변하는 중이라는 가설을 하고 있거든요. 이름을 붙이자면, 일단은 '강남 TK'라고 부를 거예요. 지역마다 지방 토호들이 있는데, 전라도나 다른 지역의 토호들은 실패했지만 TK들은 서울에 와서 주로 강남 지역에 살면서 중앙형 토호가 된 것이라고 생각해요. 그들이 바로 한국의 지배층일 것이라는 가설이죠. 조선을 이룩한 사람들은 어쨌든 나라를 새로 만들었잖아요? 공이 있으니까 양반이 된 것이고, 하다못해 통일 신라를 이루었던 서라벌 사람들도 나름대로 통일한 공이 있잖아요? 그래서 지배층이 된 것인데, 오늘날 한국을 지배하는 사람들의 공은 도대체 무엇인지 모르겠다는 거예요. 그럼에도 그들이 일종의 계급처럼 되면서 기득권을 재생산하는 방식으로 교육 따위를 바꾸고 실제로 돈도 자기들이 지배하는 것 아닙니까?

이 저의 편견은 아까도 잠시 이야기했는데요, 우리나라에서 돈을 번 사람들은 산업 자본이라고 부를 만한 것이 아니라 오로지 인플레이션이라는 신을 잘 믿어서 돈을 벌었기 때문에, 번 사람도 어쩌다 보니까 벌게 되었고, 주위 사람들도 그들이 돈을 번 것에 대해서 정당성을 부여하지 않게 되지요. 그러니까 우리 주변에서 근면과 성실로 될 수 있는 부자의 범위를 벗어난 사람들은 거의 부동산으로 돈을 벌었다는 거죠. 기업가들도 마찬가지예요. 우리나라의 1등 자본, 2등 자본 순서가 자기 회사 명의로 가지고 있는 땅 평수일 거예요. 그런 것이 없는 사람들은 인플레이션 혜택을 받을 수 없기 때문에 살아남지 못했어요. 고리채가 죄라는 식으로 공준이 바뀌었는데, 그 과정에서 사회적인 투쟁과 타협이 있었다고 봐요. 그런데 우리나라에서 부자가 되는 과정은 마치 투쟁하는 것처럼 보이지만 투쟁하지 않았고, 그렇기 때문에 정당성을 부여하지도 않고 존경하지도 않는 이상한 형태가 되었다고 생각해요.

우 상황이 그렇다고 내버려 두기도 어렵잖아요. 이를테면 사회 펀드 같은 것에 투자한다거나 사회적 자본 같은 것에 기여해야 하는 것 아닌가요?

이 그래야 한다고 생각해요. 그 문제에 관해서 우 박사와 저의 생각에 차이가 있다면, 저는 동인과 관계없이 기회가 되면 그 사람들에게 내라고 하라는 거예요. 이를테면 검찰 수사를 받다가 사회에 일조할 테니까 감옥에 보내지 말라고 하면 타협해라 이거죠. 제가 정치하느라 그 말을 못했지만 실제로 그렇게 하는 것이 맞다는 생각이 들어요. 이를테면 대원군이 안동 김씨 재산을 빼앗은 방법이 고종을 데리고 가서 재우는 거였어요. 왕이 잠을 자면 그 집은 왕의 것이 되었으니까요.

우 원래 왕이 자꾸 남의 집에 가서 자면 민폐를 끼친다고 해서 만든 암묵적 제도인데, 대원군이 그 제도를 활용해서 안동 김씨의 별장을 뺏은 거죠.

이 어렵지만 한국의 부자들에게 돈을 내게 하려면 가능한 모든 방법을 다 동원해야 한다고 생각해요. 우리나라에 독과점으로 굳어 가는 경제 구조를 깨뜨리지 않으면 새로운 산업, 특히 새로운 기업가가 나타나기가 상당히 어려울 거예요. 미디어법 같은 것도 마찬가지예요. 미디어법이 시행되면 여러 사람이 종편, 공중파 방송을 할 것이라고 생각들 하지만, 광고 시장이 지금처럼 정체되어 있으면 못하죠. 할 수가 없어요. 아마 삼성과 현대자동차가 광고비 1등, 2등일 텐데 제품을 팔기 위한 광고와 기업 이미지 광고를 따지면 후자가 훨씬 많을걸요. 제품 광고를 할 필요가 없는 것이에요. 기아자동차 K7 나오고 광고 며칠이나 하는지 보세요. 내수 시장 몇 퍼센트 이상 차지하고 나면 광고 내려요. 광고해 봐야 더 팔리지도 않고 더 팔아야 하는 이유도 없는 거니까. 이미 사회가 고착화되고 있고, 경제도 그렇고. 지역을 배경으로 혼맥을 연결체로 해서 유사 계급이 생기고 있는 거죠.

우 제가 새벽에 대원군과 관련된 글을 쓰다 나왔거든요. 우리는 대원군을 나쁘다고 하는데 실제로 서얼 철폐하고 중인 등용하는 것들을 대원군 때 처음 했더라고요.

이 유럽 역사를 보면 그들은 귀족만 세금을 내죠?

우 한동안 그랬죠.

이 그래서 이 사람들이 세금을 늘리기 위해서 귀족을 양산하잖아요. 우리나라에서는 양반이 되면 세금을 안 내죠. 그러니까 저는 임진왜란 때 우리나라가 망했어야 한다고 생각하는데, 임진왜란 때 공명첩을 팔잖아요. 공명첩이 장기적으로 보면 세금 낼 사람을 줄여 가며 당장 급한 돈을 거둬들이는 것이잖아요.

우 일종의 세금 '와리깡'이죠. 몇 년 치 세금을 할인해서 한 번에 받는 방법.

이 우리나라는 기본적으로 나라가 오래가지 못할 구조였어요. 공명첩이 상징적이죠. 유럽에서는, 특히 로마 같은 경우에는 원로원 자격이 제한되지 않습니까. 돈을 번 사람들도 그런 것에 끼지 않으면 세금을 안 냈는데 귀속세를 자꾸 늘려 주잖아요. 다시 말해서 국가가 운영되는 데 필요한 물적·인적 기반을 확대하는 것이 그 사람들 역사고 우리나라는 물적·인적 기반을 깎아 먹는 역사라는 생각이 들어요. 그것을 극복하기 위해 할 수 있는 것이 양반을 줄이고 중인들을 등용하는 것인데, 영남은 땅이 조금밖에 없으니까 양반이 벼슬하지 않으면 굶어 죽는 것 아니에요. 그러니까 대원군 시대 때 자기가 좋아서 서얼 철폐한 것이 아니라 다른 방법이 없었던 거겠지요.

우 차별 이야기를 조금 더 하면, 근대 국가 이전에는 차별이 늘 있었잖아요. 이것을 없애면서 우리가 '리퍼블릭'이라고 부르는 국가 체계가 생긴 거고요. 어떻게 보면 21세기인 오늘날 한국에 차별이 제도적으로 돌아오는 것이고, 이것은 중고등학교 교육 과정 특히 사교육까지 연결해서 보면 민주주의를 재생산하는 것이 아니라 차별을 재생산하는 것이고, 대원군 이전의 시기 더 멀리 보면 서라벌 시대로 돌아가는 것 같다는 생각이 들거든요. 강남의 생태적 형태, 도시 형태가 서라벌이랑 흡사해요. 둘 다 계획도시이고 '에코'라는 것으로 포장은 하지만 실제적으로는 전혀 생태적이지 않지요. 이것이 끝까지 가면 안정적이지 않을뿐더러 지속 가능하지도 않은 조건이거든요. 내버려 두면 결국에는 무너질 거예요.

이 학교라는 시스템이 일종의 블랙박스 아니에요? 이 블랙박스를 통해서 역동성이 생겨나 우리나라가 여기까지 왔어요. 해방 후에 특히. 그런데 지금 이 블랙박스가 역기능을 하기 시작해서, 기회를 누릴 수 없는 자와 누릴 수 있는 자, 정치적으로 이야기하면 그런 사람들의 계급이 만들어지고 유지되는 것 아닙니까? 그러면 역동성이 떨어지잖아요.

우 이를 보완하거나 견제할 만한 장치가 한국에는 없는 것 같아요. 결국은 강남 TK라고 부르든 강부자라고 부르든, 현실적으로 한국을 지배하는 사람들에게 "이게 아니다"라고 말할 수 있는 그룹이 없거든요. 정부도 공식적으로 이런 얘기 하기 어렵고, 일반 시민들은 이들이 어떻게 사는지 뭘 하는지 전혀 모르잖아요. 타워 팰리스 모여 사는 강남 TK들이 일반 시민들과 만날 일도 없고 말이에요. 그러면 그 내부에서 어떤 식으로든 자기 규제 장치나 도덕이라도 만들어서 최소한 이런 것은 하지 말자고 해야 하는데 그런 게 없어요. 프랑스나 스웨덴은 그런 것이 있거든요. 스스로 안 만들면 결국에는 시민 혁명으로 갈 것으로 보는데 이사장님은 어떻게 생각하세요?

이 방송국 회장을 지냈던 분을 어제 만났거든요. 저의 당적黨籍을 보니까 성장보다는 갈라 먹는 것에 열중하는 사람 같은데 그것에 대해서 설명해 보라는 거예요. 그래서 제가, 경제에 관해서는 여전히 나는 시장주의자, 그런데 문제가 무엇인가 하면 경제가 교과서에서 배운 것에 근접한 시장이어야 하는데, 우리나라에는 그런 자유 시장이라는 것이 없다, 죽었다, 병들었다고 했습니다. 이것이 계속되면 폭력 혁명이 일어날 것 같아서 두렵다고 했더니 그분은 지나치게 걱정하는 것 아니냐고 하더라고요. 우 박사보다 제 마음속의 두려움이 더 클 거예요. 더 폭력적인 혁명이 올 것이라는 생각이 들어요.

우 이를테면 프랑스 혁명만 봐도 이룩하려는 이상적인 사회가 있었잖아요. 그것이 당시에는 폭력 같아 보였어도 사실은 새로운 사회 혹은 경제의 건설 과정이었어요. 제가 가장 우려하는 것은 폭동 이후 증오만 남은 파시즘 같은 정치 형태로 가는 거예요. 중남미 몇몇 나라 보니까 부자들은 납치당할까 봐 아이들을 밖에 내보내지도 못해요. 한국도 그렇게 갈지 모른다는 생각이 들어요.

이 제가 요즘 재개발하는 곳 다니면서 두려운 것이 그거예요. 재개발을 소규모로 할 때는 세입자 문제를 해결하기 위해 임대형 아파트를 지었어요. 단지 하나마다 임대 아파트 하나씩 지었지요. 그러고 나서 분양용 아파트와 임대 아파트 사이에 철조망을 치고 임대 아파트에 사는 아이들은 다른 학교 다니게 하려고 길도 마음대로 못 다니게 했어요. 이것을 극복하고 사회적 혼합을 위해서 한 건물 안에 짓자는 이야기를 하잖아요. 이것이 서울에서 잘 안 될 뿐만 아니라, 제가 놀란 것 중 하나가 강남 지역 민주당 당원들 중 일부도 그런 주장을 한다는 거예요. 이건 민주당의 가치가 아니거든요!

우 어느 당이나 강남 가면 다 그렇습니다. 심지어 민주노동당도 강남에서의 논의는 개발주의 쪽 공약이 많아요.

이 돌아가서 다시 이야기하면, 지역이 동서라는 것도 있지만 강남과 강북 지역, 강남에서도 특히 압구정동, 청담동, 대치동 따위 작은 범위의 것들은 가치나 이념에 앞서서 제일 우선 기준이 땅값인 것 같아요. 당도 마찬가지 아니에요?

우 제가 작년에 조사하러 갔더니 강남이라는 지역은 없고, 도곡동과 대치동이 전혀 다른 모델이라고 하더라고요. 속으로 미친놈들 아닌가 생각했어요. 다 옆 동네인데, 자기들은 청담하고도 다르다고 하더군요. 대치동 학원가나 타워팰리스나 생긴 지 10년도 안 되는 것들인데, 그걸 전통이라고 이야기하더라니까요.

이 맨 앞에서 이야기한 것처럼 돈은 다 합할 수 있는 틀이고 끝까지 나눌 수 있는 틀이기 때문에 교육이 사회의 역동성을 키우는 블랙박스 역할을 하지 못하고 거꾸로 가는 것을 해결할 수 있는 것도 결국 돈이라고 생각해요. 돈을 어떻게 모으고 어떻게 배분할 것인가를 가지고 지금 역동성을 죽이는 교육 구조를 깰 수 있는 것도 그것밖에 없다고 생각하거든요. 사교육도 없애라고 하기보다는 공교육처럼 기회를 갖도록 비용을 낮추고 여유 없는 사람들을 공적으로 어떻게 지원해 줄 수 있을까 고민해서 교육의 기회를 늘려야 하지 않을까요? 공교육을 활성화하고 정상화해서 사교육에 대처한다? 그것이 가능할까요? 뿐만 아니라 동서고금을 막론하고 사교육이 없었던 시절이 있었을까요? 정도의 문제일 뿐 그런 시절은 없었어요.

우 애덤 스미스의 〈국부론〉도 과외 선생 할 때 쓴 거예요.

이 영국의 '퍼블릭 스쿨'은, 사립학교라기보다는 왕족들이 모여서 공부하다가 귀족들을 비롯하여 대대적으로 문을 열자 하여 'open to the public'이라는 의미로 퍼블릭 스쿨이 됐다는 것 아닙니까. 서민까지 간 것은 아니지만 그렇게 해서 이튼스쿨이 만들어졌다고 하는데, 이런 과정을 보면서 공통적으로 느끼는 것은 그거예요. 역사라는 것이 우리가 체험하면서 작용과 반작용을 통해서 가는 것인데, 우리는 이를테면 부산에 수입품을 실은 열차가 도착하면 그것만 가지고 살아요. 그리고 다음 열차가 도착하면 앞서 온 열차의 물건과 뒤에 온 열차의 물건이 달라서 연속이 안 된단 말이에요. 마찬가지로 교육 제도를 비롯하여 모든 사회 시스템에 연속성이 없지요. 새로운 상품, 새로운 아이디어를 수입해서 풀어다 놓는 시험장 같은 역할만 하는 것이 아닌가 하는 두려움이 있어요.

우 이슬람에는 한 달간 라마단이라는 금욕 기간이 있잖아요. 해 있는 동안은 굶고 해 지면 밥을 먹는데, 굉장히 오랫동안 지켜지고 있어요. 그것을 분석한 것들을 보니까 이렇다는 거예요. 이슬람에도 부유한 사람과 가난한 사람이 있는데 라마단 기간에는 너나없이 굶어요. 부유한 사람들도 가난한 사람들의 삶을 느끼는 거예요. 그때 줄인 돈으로 돈이 없어 못 먹는 사람들의 식사비를 낸대요. 어떻게 보면 "사회는 우리가 같이 사는 것이다"라는 것을 라마단 기간에 회복하고 리빌딩하는 것인데, 한국은 그런 기회가 전혀 없는 거죠.

이 고민이에요. 영어로 breakfast가 굶는 것을 깨는 것 아니에요? 이슬람에 가면 라마단 기간에 다 같이 굶는 것도 있고, 또 양 잡는 날이 있어요. 부자는 양을 많이 잡아서 못 잡은 사람들 나눠 주고 가난한 사람들은 여러 명이 모여서 한 마리를 잡기도 하는데, 어쨌든 모든 국민이 다 양을 잡아요. 종교적인 관습이고 전통이기도 하지만, 모로코에 가서 국회의장과 이야기해 보니까, 다른 사람한테 최소한도로 베푸는 것이라고 해요. 가난한 사람들은 양 잡는 날 부자들이 나누어 준 양고기를 저장해 놓고 먹는 거예요. 그렇게 굶주림을 해결하는 거지요. 그런데 주는 사람은 교만해지기 십상이고 받는 사람은 비굴해지기 마련이잖아요. 하지만 이슬람에서는 종교적인 관습을 통하니까 주는 사람의 교만함과 받는 사람의 비굴함이 없는 거예요. 가난을 체험해 보는 기회이기도 하고 물건을 평등한 관계에서 자연스럽게 주고받는 날이라는 거죠.

우 신의 원칙이라고 할 수 있겠죠.

이 우리나라도 옛날에 윗사람이 아랫사람에게 주던 뇌물인 행하行下가 있었어요. 원칙적으로 말하면 윗사람이 아랫사람에게 주는 게 뇌물이에요. 우리나라의 대표적인 뇌물로, 여름이면 임금이 나이 드신 분들에게 얼음을 나눠 주었어요. 옛날부터 우리나라는 맛있는 음식도 꼭 남기게 되어 있어요. 밥조차도 물 말아서 못 먹는 거예요. 성경에서도 까치밥 같은 것 남겨 놓으라고 하잖아요. 성경에 그런 구절이 참 많습니다. 이를테면 한번 딴 감나무 다시 돌아보지 마라, 추수하고 떨어진 나락을 되돌아서서 줍지 마라. 이런 것들이 성경에 나온다는 것은 그쪽 동네의 오래된 관습이라는 말이겠죠. 우리나라도 조선 시대 지방 관아의 아전들이 월급이 없었잖아요. 그래서 밥을 어떻게 먹었냐면, 원님이 먹고 물리면 아전이 먹고, 아전이 먹고 남긴 밥상을 종이 먹는 거예요. 그러니까 아무리 생선이 맛있어도 뒤집어 가면서 대가리부터 꼬리까지 먹는

원님이 없고, 그 나머지를 다 뜯어 먹는 아전이 없는 거예요. 조금이라도 남아서 굴비가 종의 밥상까지 가는 거예요. 우리나라에 그런 전통이 있었는데 지금은 그런 것이 없어요. 먼저 차지한 사람이 다 먹어 버리잖아요. 음식뿐 아니라 기업체에서 원청사와 하청사, 1차 하청사와 2차 하청사의 상하 관계 따위를 보면, 이익을 적당히 나눠서 공존하는 것이 아니에요. 삼성전자 같은 경우는 1차 하청사가 돈을 얼마나 벌었는지 감사를 해서 자기 회사가 물건을 살 때도 깎아요. 깎고 깎아서 값싸게 샀음에도 1차 하청사가 경영을 혁신해서 돈을 벌 수도 있잖아요? 그러면 그것을 경영을 잘했다고 하는 것이 아니라 나중에 장부를 조사해 가지고 빼앗아 가잖아요. 이것이 지속 가능한 경제 제도이고 경제 구조인가요?

우 손속이 맵다고 하죠. 대기업일수록 더 지독하지요.

이 그러다 보니까 중소기업이 중견 기업으로 자랄 수 있는 시드 머니를 마련하지 못하는 거예요. 원청사가 전부 쓸어 가니까. 이런 것을 낱낱이 이야기하고 그런 운동을 할 수 있을까? 아니면 스스로 자각해서 이것을 극복하고 스스로 변화할 수 있을까?

우 말씀하신 것을 생태학 용어로 리던던시redundancy라고 하는데, 중복 혹은 잉여라는 뜻이에요. 원래 그런 종은 기능이 겹쳐서 필요 없다고 했는데, 나중에 생태학이 발달되어서 보니까 그런 잉여가 없으면 큰일 난다는 걸 알게 되었지요. 생태계에 필요 없는 것은 없다.

이 경영학에서 슬랙slack이라는 개념이 나오지요. 열차 곡선부에 일부러 여유 공간을 두어요. 안전을 위해서 필요한 조치지요. 〈리어왕〉에 그런 대목 나오지 않나요? 리어왕이 아무런 권세도 없는 상태에서 종을 네 명 거느리고 살지요. 딸이 와서 종이 둘이면 되지 왜 넷이 필요하냐고 하잖아요? 그때 리어왕이 왕은 필요 없는 사람을 데리고 있는 사람이고, 부자는 필요 없는 것을 가지고 있는 사람이라고 말해요.

우 제가 인터뷰할 때마다 명사들한테 꼭 물어보는 것이 있는데요, 옷은 무엇이라고 생각하시고, 본인 옷은 어떻게 사서 입으시나요? 직접 사시나요, 아니면 누가 사 오나요?

이 옷을 정의하지는 못하겠고요, 형편이 되어 여유가 조금 생기고 나서부터 양복을 맞춰 입었어요.

우 주로 어디서 맞춰 입으시죠?

이 양복점에서. 조흥은행 옆의 조은 양복점, 한양 나사, 지금은 코스모스, 콘티넨탈, 아무튼 굉장히 많이 맞춰 입었어요. 제가 멋쟁이라서가 아니라 몸이 불균형이라서 그래요. 팔이 짧아요. 기성복이 다른 곳은 다 고칠 수 있는데 팔이 짧은 것은 고치면 아주 이상해요. 그래서 양복을 맞춰 입었는데, 그러다 보니까 팔이 짧은 것도 감춰지더라고요.

우 그게 21세기 패션 리더의 정의와 똑같아요. 패션을 통해서 자기의 결점을 보완하는 사람이 패션 리더거든요.

이 그리고 또 하나는 여유가 생기니까 약간 억울(?)하다는 생각이 들었어요. 저는 담배도 안 피우고 술도 안 마시거든요. 그리고 모든 것을 회사에서 다 해 주잖아요. 월급을 받아서 저를 위해서 쓰는 돈이, 이발소 가는 것밖에 없더라고요. 그런데 그것도 회사 안에 구내 이발소가 있어요. 그래서 원래 양복을 맞춰 입던 것에다가 조금 사치를 부리기 시작해서 양복을 자주 해 입는 거예요. 제가 양복이 꽤 많습니다. 옷에 관해서 정의를 내리자면, 불균형을 균형으로 만들어 주는 것이에요.
우 요즘도 옷을 직접 구매하시는 거예요?
이 네. 지금은 양복점을 한 군데만 다닙니다. 왜냐하면 이미 치수를 알고 있으니까 직접 안 가도 되잖아요. 가끔 아내가 가는 김에 옷감을 고르는 경우가 있죠.
우 요즘 옷 맞추러 다니시는 곳은 어디예요?
이 롯데호텔에 있는 '봄바니에'예요.
우 스타일리스트가 따로 있는지 궁금했거든요.
이 스타일리스트가 있는데 제가 그 사람 말을 잘 안 들어요. 스타일리스트들은 머리를 심으라는 둥 별짓을 다 시키죠. 선거를 치르자면 스타일리스트가 필요해져요. 텔레비전 나가면 확실히 신경을 쓴 것과 쓰지 않은 것의 차이가 있고 그것이 일종의 팬서비스이기도 하니까요.

이계안의 재산 관리에 관해서는, 내가 이해한 바로는 별 대단한 방법은 없고, 그야말로 살다 보니 운이 좋아서 넉넉해진 경우라고 보는 것이 맞을 것 같다. 그러나 재산을 쓰는 방법에 대해서는 그 나름의 철학이 있다. 3분의 1은 사회에, 3분의 1은 자기 자신에게, 3분의 1은 자식들을 위해서. 말은 그렇게 하지만, 자식들에게 뭘 엄청나게 주거나 과외를 시키거나 그러지는 않는 것으로 알고 있다. 우리나라 부자들이 자신을 위해서 부동산 투기를 더 많이 하는 대신에 3분의 1을 사회를 위해서 사용한다면 어떻게 될까? 오늘 이계안과 돈에 관한 얘기를 하면서, 어쩌면 그렇게 3분의 1은 사회에 내놓겠다고 생각하고 사는 것이, 오히려 그를 탐욕과 도덕적 비난으로부터 지켜 준 것이 아닐까 하는 생각이 들었다. 나도 내가 버는 돈의 3분의 1까지는 사회에 내놓지 못하고 있다. 적당한 때가 되면, 큰돈은 아니더라도 내가 가진 것들을 정리해서 20대 혹은 10대를 위한 기금 같은 것으로 내놓겠다는 생각을 했다.

다섯 번째 질문

돈을 만드는 법

....
"요즘에 와서 생기는 문제가 정주영, 이병철 같은 기업가들의 자식들이 미국에 가서 어설프게 MBA나 하니까 부모 세대와는 달리 제조업보다는 돈에 대한 관리만 생각하고, … 수십 년 동안 제조업을 해서 모았던 것을 금융을 통해서 일시에 털어먹는 바보짓을 하고 있는 것이 아닌가 싶기도 하고."

"노무현 대통령이 재계 사람들 안 만난 것은 저와도 상관이 좀 있어요. … 제가 독대하지 말라고 했습니다. 제가 알기로는 노무현 대통령이 기업 총수와 독대한 예가 없을 거예요. 이 말을 어떤 역사학자한테 했더니, 조선이 오래간 것은 독대가 없어서 그랬다는 거예요." _ 이계안

돈이라고 하면 보통은 쓰는 법에 대해서 얘기하거나 돈 굴리는 법, 즉 이자 소득이나 투기 소득을 만드는 재테크에 관한 얘기를 하게 된다. 금융 위주의 눈으로 보거나 아니면 "20대 재테크에 미쳐라"류의, 듣기만 해도 미쳐 버릴 것 같은 얘기들 위주이다. 그러나 돈에는 이런 것만 있는 것이 아니라 자본이라는 속성도 있고 제조업이라는 속성도 있다. 이계안이 현대 시절에 주로 했던 일 중의 하나가 이 엄청난 덩어리의 기업에 돈줄을 대는 일이었다. 한마디로 그는 돈을 만드는 것에 대해서도 자신만의 노하우를 가지고 있는 사람이다. 기획을 하다 보면, 돈을 만드는 일이 필요한 순간이 있다. 사업뿐만 아니라 시민 단체, 하다못해 조그만 생활협동조합 하나를 세우려 해도 돈을 만들어야 하는 순간이 있다. 작은 연구팀 하나를 유지하기 위해서도 계속 돈을 만들어야 한다. '돈 만드는 법'에 대한 이계안의 노하우를 들어 보는 것이 이 질문의 의도이다.

제조업과 금융업, 그 다른 길

우 오늘 할 얘기는, 돈을 버는 법이 아니라 만드는 법에 관한 것이에요. 너무 돈에만 집중해서 보면 마르크스의 용어로 화폐 페티시즘 문제에 부딪히게 되지요. 결국 돈은 수단인데, 돈을 목적으로 보는 문제가 생기지요. 또 돈을 굴리는 사람들 눈으로 보면 그게 금융이잖아요. 재테크나 금융 얘기는 너무 오랫동안, 또 많이 했어요. 그래서 오늘은 생산자의 눈, 사회적 사업을 하는 사람들의 눈을 부각시키려는 것이거든요.

이 우리가 계급으로 사농공상士農工商을 이야기하는데, 사농공상이 계급이 된 이유가 그것 아니에요? 사士는 하늘에 관한 일을 하는 것이고, 농農은 땅에 관한 일을 하는 것이고, 공工은 무엇을 만드는 일을 하는 것이고, 상商은 만드는 것도 없이 움직이기만 한다는 것 아니에요? 그래서 가장 천하다는 것 아닙니까? 그런데 돈을 만드는 것과 관련해서 보면 본질적으로 돈을 버는 것은 결국 농공업이고.

우 약간 오래된 논쟁 하나 얘기해 보지요. 서양에서는 자본주의가 중상주의에서 출발했어요. 그때는 에스파냐, 포르투갈 따위의 나라들이 세계를 지배했는데, 그들은 금을 중심으로 경제를 보았어요. 금을 어떻게 왕에게 잘 가져다줄 것인가? 그 시절 경제학은 관방학이라고 불리는, 관리들의 학문이었어요. 그런 시기에 자본주의가 생겨난 것이거든요. 거의 비슷한 시기에 중농주의와 고전학파가 등장해요. 시기는 같아요. 프랑수아 케네F. Quesnay가 중농주의를 만들어서 실제 생산은 농업에서 하는 것이고, 공업은 그것을 재생산하는 것이고, 유통은 그저 돌리기만 하는 것이라고 주장해요. 그렇게 농업을 굉장히 강조한 시각과 애덤 스미스의 고전학파가 등장하면서, 산업에서 부가 나온다는 주장이 한동안 공존하지요. 이렇게 이야기하면서 부가 만들어진 것은 공장에서 협업하면서, 공장이 생기면서 자본주의가 온 것이다, 이게 생각보다 오래된 논쟁이에요. 노무현 때 보니까 초기에는 고전학파적인 생각을 좀 했던 것 같더라고요. 1980년대, 90년대까지는 어쨌든 좋은 제품을 잘 만드는 것이 중요한 것이라고 했지요. 노무현 중기 때부터 사람들이 말은 그렇게 안 하는데 중상주의적 생각을 많이 하기 시작한 것 같더군요. 한국은 장사만 잘하면 된다, 그래서 한편으로는 금융 강국에 대한 이야기를 많이 했고, 또 한편에서는 한창 FTA 할 때 중상주의로 간다는 느낌을 받았어요. 그렇다면 전통적인 제조업에 대한 생각은 어디로 갔는가, 이것이 내려오는 질문의 한 가지이고요. 마르크스의 『자본론』에서 시작해서 로자 룩셈부르크까지 내려가는 논쟁이 또 하나 있어요. 로자는, 자본주의가 계속 가다가 생산에서 이윤을 얻기 어려운 때가 오면 유통이 중요해질 거라고 했거든요. 마지막에는 유통만이 유일하게 이윤이 생기는 부문이 되고, 그게 자본주의가 망하는 순간이라는 것이 로자의 이야기인 셈인데, 2010년 눈으로 보니까 결국 한국에서는 그 이야기가 맞는 거 아니에요? 농업이든 산업이든, 생산하는 사람들은 돈을 잘 못 벌고, 유통 쪽이 대부분 돈을 많이 벌어요. 자동차도 그렇지 않나요?

이 본질적으로 두 가지 큰 이야기를 해야 되겠죠. 예전에 『현대의 45년사』라는 것을 쓰면서 그런 생각을 했어요. 현대가 지금 하고 있는 산업이 우리나라에서 오랫동안 하던 사업을 이어서 하는 것이 아니라 외국에서 수입해다가 하는 불연속적인 것이잖아요. 이를테면 제가 조선업 부분을 썼는데, 우리나라 조선업 역사를 아무리 들여다봐도 울산에서 지금과 같은 조선업 한다고 말할 수는 없잖아요. 전부 다 하나씩 하나씩 토막으로 이어다 갖다 놓은 상태잖아요. 1961년 5·16 군사 정변 이후에 경제 계획 또는 경제 사회 계획 하는 과정에서 제조업으로 돈을 번 사람들의 생각이 무엇인가 하면, 전체적으로 세계 경제 질서가 우리나라가 제조업을 할 수 있는 틈이 생겼다는 것이에요. 일본과 미국의 관계에서 문제가 생겼어요. 일본의 일방적 수출 때문에 미국과 끊임없이 무역 마찰이 일어나잖아요. 일본과 미국 사이에 우리나라를 하나 집어넣어서, 우리나라가 일본에서 수입한 부품을 조립해서 미국으로 수출할 수 있게 되면서 우리나라에 기회가 온 거지요. 특히 자동차 산업과 조선업에서요. 자동차의 경우 그 시절 우리나라는 초창기라서 차도 엉성하게 만들었는데, 캐나다에 공장 차리고 미국 시장에 간단 말이죠. 그럴 수 있었던 이유가 일본의 자동차 수출이 '자율 규제'라는 이름으로 규제되었기 때문이에요. 자율 규제로 미국에 대한 일본의 자동차 수출 대수를 제한하게 되니까, 돈이 많이 벌리는 비싼 차, 부가 가치가 많은 쪽으로 가게 되어 소형차에서 공간이 생겼지요. 우리나라가 들어가기 전에는 소련제나 동구제가 들어갔는데 그 사람들이 워낙 죽을 쑤니까⋯. 일본도 철수하고 공산주의 국가에서 만든 제품도 잘 안 되니까 갑자기 공백이 생겨서 우리나라가 갈 수 있었단 말이죠. 조선업도 마찬가지예요. 조선업을 하려면 외업 즉 야외 작업 조건이 중요한데, 태양이 비치는 시간과 온도가 얼마나 온화하냐, 그리고 조선업은 용접이 기본적인 기술입니다. 우리는 그 기반이 있었지요. 전통적인 조선 국가인 영국은 날씨가 좋지 않아서 일할 수 있는 날과 시간 자체가 적어요. 그리고 영국의 조선업을 뒷받침하던 것이 해군력이었는데, 영국의 해군력이 기울잖아요. 영국과 견줄 만한 조선 국가가 일본이었어요. 일본도 일찍 해양 왕국이 되었잖아요. 이미 2차 대전 이전에 항공모함을 열두 척이나 가지고 있었어요.

우 히로시마가 주요 조선소였는데 핵폭탄 맞고 날아갔죠.

이 전후 일본은 굉장히 빠른 속도로 해운업을 바탕으로 한 조선업으로 갔어요. 그런 틈바구니에서 우리나라가 일본에 기술과 자본을 요청했는데 안 들어 줬고, 결국 유럽에서 주는 돈을 가지고 조선소를 차렸어요.

우 유럽 어디서 줬어요?

이 영국, 프랑스, 독일의 수출입 은행에서 줬어요. 그런데 1970년대 전 세계 해운업에 어떤 문제가 생겼는가 하면, 일본과 나머지 국가들 사이의 경쟁이 격화되어 있었죠. 일본이 해운업을 지배하면서 자기 나라 조선소에서 배를 다 만드니까, 다른 나라의 해운사는 배를 만들 곳이 없는 거예요. 그러다 보니까 우리나라가 배를 만들 수 있는 기회가 생긴 거죠. 특히 우리나라가 조선업을 할 수 있었던 또 한 가지 특징은 바로 용접공 문제예요. 당시 우리나라는 젊은 산업 일꾼들이 용접공으로 들어갔는데, 일본은 용접공이 노화되어 있었어요. 두 번째는 커다란 선박 회사들이 일본에 배를 발주하는데, 선박은 기본적으로 주문형 생산이에요. 거기에 대량 생산을 하게 됐어요. '시리즈' 개념이라고 부르는데, 일본은 설계도 하나로 여러 척의 배를 만들고 그 과정에서 원가를 절감했어요. 그런데 일본의 조선소들이 일본 해운사의 배를 우선적으로 만들어 주니까 다른 나라의 해운사들이 양질의 대체 조선소를 찾았고 우리나라가 그 사람들 욕구를 충족시켰다는 것이 첫째예요. 좋은 조선소와 좋은 해운사가 좋은 배들을 나눠 먹고 나면, 한두 척 필요한 배는 아무도 안 만들 거 아니에요? 그 시장에 한국이 들어간 거지요. 그러니까 우리는 매번 모든 배의 설계도를 새로 그려야 하는 거예요. 이런 구조에서는 도저히 일본과 경쟁할 수 없었는데, 초창기에는 인건비가 싼 것으로 버텼고, 나중에는 오히려 우리나라에서 다양한 설계를 할 수 있는 기술이 생긴 거예요. 우리나라 조선소는 전 세계에서 어떤 조건으로 발주해도 배를 만들 수 있는데, 일본은 시리즈로 배를 만드는 것만 해서 설계 기술이 다양하지 않았던 거죠.

우 어떻게 보면 탈포디즘은 우리나라 조선소에서 먼저 시작한 거네요. 도요티즘이라는 것도 말이 잘못된 것이네요. 우리가 몇십 년 먼저 시작했으니까요.

이 우리가 잘해서라기보다는 시장 여건이 그래서 된 거죠. 그러다 보니까 우리나라 조선소가 설계 능력도 뛰어나고 젊은 용접공도 많고….

우 새 기술을 받아들이는 데에도 여러 가지로 유리했겠네요. 요즘 용어로 하면, 그야말로 '유연성' 그 자체인 셈인데.

이 그렇죠. 그리고 철판이라는 아주 중요한 원료에 대해서 말하자면, 일본은 제철소, 조선소, 자동차 회사가 한데 앉아서 각 철강 회사에서 일 년 동안에 각 조선소와 자동차 회사에 철판을 몇 톤씩 줄 것인가를 미리 결정해요.

우 일괄 발주라고 하지요.

이 그게 바로 담합이에요. 그런데 우리나라는 포항제철도 그럴 만한 능력이 안 되었어요. 우리나라 조선소는 포철뿐만 아니라 전 세계, 일본에서도 사서 쓴단 말이죠. 그러다 보니까 처음에는 안정적 공급이라는 측면에서 일본을 당할 수 없었는데, 나중에 전 세계의 철강업이 공급 과잉 상태로 가다 보니, 거꾸로 담합하는 회사는 비싼 물건을 사야 하고 현물 시장에서 사는 사람들은 오히려 그때그때 시세에 맞춰서 경쟁력 있는 물건을 사는 일이 생겼어요. 우리나라 제조업들이 전 세계 무역의 흐름을 잘 탔던 거지요. 정치 지도자로는 박정희라는, 아주 드문 캐릭터를 만나게 되었지요. 어떤 수를 쓰더라도 굶주리는 것은 면하자는 생각을 했던 것 같아요. 물론 민주화니 평등이니 하는 문제들은 일단 유보하고, 당장 먹고사는 문제를 해결해야겠다는 강력한 지도자가 등장한 것이지요. 여기에 마치 대통령 말씀이 천명인 것처럼 "순천자順天者는 흥하고 역천자逆天者는 망한다"고 믿었던 정주영, 이병철 같은 기업가가 있었지요. 요즘에 와서 생기는 문제가 정주영, 이병철 같은 기업가들의 자식들이 미국에 가서 어설프게 MBA나 하니까 부모 세대와는 달리 제조업보다는 돈에 대한 관리만 생각하고, 물건을 잘 만드는 것보다는 물건을 어떻게 포장해서 어떻게 팔 것인가에만 더 신경을 쓰게 된 것 같아요. 수십 년 동안 제조업을 해서 모았던 것을 금융을 통해서 일시에 털어먹는 바보짓을 하고 있는 것이 아닌가 싶기도 하고.

우 제가 어떤 고민을 하는가 하면, 한 10년쯤 된 고민인데요, 미국 모델이 다른 나라에서도 재생산이 가능한가, 과연 미국 밖에서도 미국식 모델을 할 수 있는가?

이 저는 미국 모델은 재생산이 불가능하다고 보아요. 돈이 교환의 수단이라고 하잖아요. 그런데 미국 달러는 그 자체가 상품이거든요.

우 그냥 쌓아 두는 가치 보존을 위한 축장의 대상이기도 하고요.

이 그러니까 국방력을 기초로 한 세계 질서가 미국 돈을 교환의 수단뿐 아니라 그 자체를 상품으로 인정한 경제 체제거든요. 우리가 미국에 대해 쌍둥이 적자를 많이 거론하잖아요? 그런데 미국 사람들은 오만하게도 통계가 틀렸다는 거예요. 자기 나라는 채권을 수출하니까 그것을 포함하면 적자가 아니라는 거지요. 그런데 다른 나라에서는 그런 체제가 있을 수 없는 거죠. 요새 달러라는 기축 통화 사이에서 유로나 위안화, 엔화, 그리고 금값이 조금씩 오르니까 달러가 절대적 강자에서 상대적 강자로 가게 되고, 전 세계 경제 질서가 오히려 불안해지지요. 파생 상품이 얼마나 불안한 것입니까? 파생 상품은 몇십 배, 몇백 배 이익이 나기도 하고 엄청난 적자가 나기도 하잖아요.

우 몇 년 전에 LG에서 '트리거trigger' 조항 때문에 굉장히 손해 본 적이 있었어요. 그걸 담당한 사람이 제 친구였는데, 트리거 조항이 뭔지 잘 몰라서 대충 했다가 진짜 죽을 뻔했다고 하더군요. 문제가 생기면 전부 물어 줘야 한다는 건데, 금융 사고에는 그야말로 백 배, 천 배의 트리거 조항들이 숨어 있지요.

이 우리나라가 제조업으로 돈을 벌 수 있었던 것은 해방 직후예요. 수요와 공급이라는 측면에서 보면 국내 수요보다 국내 공급이 적었던 시절이지요. 무엇이든지 공장을 지으면 파는 것은 걱정할 필요가 없을 때였어요. 그런 시기에는 공장 짓는 사람들은 무조건 돈을 벌었기 때문에 제조업을 했어요. 그 다음 단계에서는 외국에 가서 우리나라보다 앞선 경제 모델, 공장, 공장 운영 방식을 베끼기만 하면 돈을 벌었어요. 벤치마킹만 잘해도 돈을 벌던 시기가 있었어요. 이것도 자동차 산업을 예로 들어서 말할 수 있는데, 초창기에는 현대, 기아에서 차를 만들기만 하면 국내 시장에서 파는 것은 걱정할 필요가 없었어요. 그런데 드디어 내수 시장이 포화 상태가 됐단 말이죠. 그런데 삼성자동차가 자동차를 만들고 나서 "삼성이 만들면 다릅니다" 이렇게 말했어요. 그래도 국내 시장이 좁으니까 다 팔 수 없었어요. 그러니까 수출해야 하잖아요. 내수 시장 가지고 안 되면 해외 시장을 개척해야지요. 해외 시장에 갈 때 처음에는 OEM을 만들어서 팔아요. 부품을 만들어서 팔 때는 그런 것이 없지만 정말 상품으로, 상표로 브랜드 힘을 만들면서 물건 팔려면, "나는 누구와 다릅니다" 가지고는 안 됩니다. 혼다가 광고에서 "It's honda"라고 했어요. 이것은 마치 하나님한테 "하나님은 누구십니까?"라고 묻는 것과 같은 것이지요. 현대자동차도 앞서가는 회사의 디자인 같은 것을 혼성 모방해서 베끼지만, 어떤 시점에 가면 어디에서 봐도 현대 차라는 것을 알 수 있어야 하거든요. BMW는 어떤 모델이든 앞에서 보면 BMW인 줄 알잖아요. 뒤따라오며 도전해야 하는 기아자동차가 현대보다 먼저 그렇게 하지 않을까 싶어요. 한국 자동차로서는 지금 중요한 분기점에 서 있다고 할 수 있죠.

우 제가 요즘 패션과 트렌드에 대해 몇 가지 분석을 하는데요, 거기에 트렌드 추종자trend follwer와 트렌드 설정자trend setter라는 용어가 나오더군요. 결국 보니까 트렌드 설정자들만 돈을 벌더라고요.

이 트렌드에 관한 것도 그렇지만, 한국에서 게임의 규칙 혹은 시장에 대한 지배 얘기를 하려면 가격 얘기를 하지 않을 수 없죠. 우리나라는 제조업 기반이 약해서 누구든 공장만 차리면 가격 지배자가 되었어요. 대한민국은 스스로 룰도 만들고 가격도 정하면서 제조업을 할 수 있는 나라였어요. 자기들에게 불리하면 룰을 고치는 거예요. 우리나라의 경제 질서는 자유 시장에서 수요 공급에 의해 이루어지는 것이 아니라 공급자가 스스로 룰을 정하면서 시장을 지배했다는 거죠. 그런 시기에는 제조업을 하는 사람들이 돈을 벌었어요. 앞으로는 그것이 어떻게 될지 진짜 걱정거리 중의 하나죠.

우 글로벌 스탠더드라는 말이 있잖아요. 꼭 한국적인 것은 아니더라도, 세계 표준이나 기본 정도는 지키는 분위기를 만들어야 하지 않을까요?

이 LG나 삼성전자가 때로는 합하고 때로는 경쟁하면서 신제품을 만들어 그들 스스로가 스탠더드를 만들잖아요. 그 스탠더드라는 것이, 제국주의 시대 때 총포와 함선을 앞세워 문을 연 것처럼 일종의 법적 제국주의legal imperialism 아니에요? 법으로, 제도로, 이른바 지적 소유권과 특허권을 가지고 자기가 어떤 룰을 만들어서 지키게 하지요. 삼성전자도 브로드밴드 같은 경우에는 삼성의 룰에 의해서 만든 기기를 쓰지 않으면 실행할 수 없게 했잖아요.

우 늘 되는 건 아니지요. 소니는 비디오에서 베타도 실패했고, 최근에 블루레이 포맷에서도 잘 안 되었지요.

이 결국 절대적 룰을 만들 수 있는 소수의 독점자가 있는 것은 자유 시장이 아니라고 생각하는데, 우리나라는 거의 모든 시장이 그런 형태가 되어 버렸어요.

우 그런데 어떻게 보면 세계화라는 것이 전 세계적으로 독점 혹은 과점화가 강화되는 것을 의미하는 것 같기도 해요. 영화 산업에서 보니까 할리우드 문법은 그냥 문법이에요. 그런 식으로 안 만들면 안 되고. 할리우드가 아닌데도 영화를 만들 수 있는 나라는 인도, 한국, 프랑스, 독일 정도만 남은 것 같던데요.

이 그 정도 남았지요. 한국도 위험한 것이, 이를테면 '천만 관객'이라는 것은 영화를 볼 수 있는 사람은 다 봤다는 것이잖아요. 그런데 그것도 걱정이, 영화를 보는 것은 좋은데 다른 면을 보아야 할 것이 무엇인가 하면, 제작한 사람들이 지금은 유통업도 같이 지배해요. 영화를 만드는 쪽에서 배급을 지배하면서 다른 영화는 하나도 안 보여 주는 거예요. 그렇게 해서 산업이 되는 거니까, 우리나라에서 제조업이 돈을 벌 수 있는 상품은 대개 유사한 구조가 생겨나요.

우 요즘 제가 영화감독들하고 이야기해 보니까, 영화를 만들어 봐야 극장만 돈을 번다는 거예요. 충분히 상영할 만한 상업적인 영화를 만든 감독들도 만나 봤는데, 극장들 손에만 돈이 남는 게 너무 속상해서 일부러 공동체 상영 같은 것을 하려고 한다더군요. 수백 개 상영관을 동시에 잡고 하는 게 아닌 공동체 상영으로는 절대로 천만 관객이 들 수 없잖아요. 그런데 실제로 자기 손에 들어오는 돈은 차라리 그게 더 많다는군요. 최근에 모토로라에서 류승완 감독에게 돈을 주면서 스타일 터치라는, 새로 출시되는 핸드폰에 대해 마음껏 영화를 만들어 보라고 했다는군요. 양쪽 다 만나 봤는데요, 모토로라 쪽에서도 류승완 감독 작품이 상당히 잘 만들어져서 자기들은 만족한다고 하고, 류승완 감독도 너무 편해서 이런 것만 했으면 좋겠다고 하더라고요.

이 그것은 전문 분야라 제가 말할 수 없지만, PPL 하는 것을 노골적으로 찍어야 PPL 되는 것이 아니라 영화가 1초에 16컷인데 15컷은 영화 장면이고 1컷에 넣는 거예요. 그러면 머리에 잔상이 남는다는 거예요.

우 코카콜라가 그렇게 했다면서요? 영화 끝나고 나면 관객들이 무의식적으로 목이 마르다는 생각이 들고, 코카콜라를 마시고 싶어졌다는…. 제조업에 대한 얘기 조금 더 해 보지요. IMF 위기 지나고 몇 년 뒤 제가 한국에서 비즈니스하는 사람들도 만나 보고 정치하는 사람들도 만나 봤는데, 진실로 제조업이 중요하다고 하는 사람을 거의 못 만났거든요. 그런데 비슷한 시기인 지난 5년 동안에 프랑스, 스위스, 독일, 일본, 미국 등 외국에서도 중요한 사람들을 꽤 만났어요. 그들과 이야기해 보니까, OECD 국가들의 지도자나 지식인들 중 제조업이 중요하지 않다고 생각하는 사람이 한 명도 없었어요. 국가별로 나름대로의 철학과 관점이 있는 것 같은데, 한국은 그런 사람들이 사라진 것 같아요.

이 저도 비슷한 얘기를 종종 합니다. 우리나라에서 제조업이 중요하다고 생각하던 시절에 정치 지도자나 경제인들은 기름땀을 부끄럽게 여기거나 손톱에 낀 기름때를 애써 지우려고 하지 않았어요. 그런데 MBA 하고 들어온 아들들은 뭔가 만드는 것은 천한 사람들이 하는 일이고, 그걸 움직이는 돈을 관리하는 것에 더 많은 관심을 갖지요. 유통업의 특징 중 지렛대 효과라는 것이 있어요. 이를테면 공장 하나 차려서 열심히 일하면 100억짜리 공장이 되는데, 그걸 상장해서 5,000원짜리 주식이 50만 원 되는 것을 보면서 도대체 왜 제조업을 하느냐고 생각하는 경우가 있어요. 제조업이 있어야 5,000원짜리 주식이 50만 원이 되는 것인데, 마치 이것은 자동적으로 되고 자기들은 50만 원짜리 시장에 주목해서 관리를 잘해서 부자가 된다고 생각했단 말이에요. 우리나라 많은 기업들이 그래서 망했어요. 항간에서는 삼보컴퓨터나 진로가 그런 것 때문에 망한 대표적인 경우라고들 하지요. 삼보컴퓨터의 이용태 회장이 수학 공부했던 사람이에요. 그래서 삼보컴퓨터를 만들었는데, 그 자식들은 만드는 것보다는 M&A 등 머니 게임money game에 더 열심이었다는 말이 있지요. 진로의 장진호도 자기 아버지가 만들던 진로 소주를 팔았으면 여전히 재벌이었을 텐데, 진로 소주가 아니라 전자 산업, 유통업, 건설업에 진출해서 다 들어먹었다고 하지 않습니까?

한국 제조업, 왜 고용에 실패하게 되었나

우 제가 지난주에 이사장님 말고도 사장님 세 명 만났거든요. 두 명은 60대인데, 지난주에 추웠잖아요, 작업용 잠바 입고 왔어요. 한 명은 40대인데, 아르마니 입고 왔더라고요. 뭐하는 사람인가 싶었어요.

이 그러니까 그런 것에 대해서 우스갯소리로 록펠러는 팁을 1달러 주는데 아들은 5달러 주었다는 것 아니에요. 그래서 누가 물었더니 록펠러가 나는 아버지가 록펠러가 아니라고 했다는 일화가 유명한데, 제조업 하는 사람들이 그런 거예요.

우 특히 일본은 한국보다 공업을 먼저 시작했잖아요. 그 사람들도 1990년대 중후반에 제조업의 위기를 겪었어요. 산업 공동화도 겪고 버블도 겪었는데, 제조업에 대해서는 각별한, 마치 이데올로기 같은 것을 가지고 있는 것 같아요. 일본에는 이것을 버리면 나라가 망한다고 생각해서 많은 사람들이 금융이나 서비스로 갔음에도 그것을 지키려는 사람들이 있거든요. 한국은 그런 분위기가 없어진 것 같아요.

이 우선 제조업에 사람이 안 모이는 것에 대해서 이야기해 보죠. 제가 제조업에서 오랫동안 근무했는데, 머리 좋은 사람을 잡아 놓을 수가 없어요. 사람을 너무나 많이 써야 하잖아요. 이를테면 현대 자동차 같은 경우는 5만 3,000명 정도인데 어린이날 종업원들한테 만 원짜리 과자 한 상자씩 돌리면 5억이 들어요. 숫자가 너무 많다 보니까 천문학적인 숫자를 벌어도 후하게 대우할 수가 없어요. 그런데 금융 회사 같은 경우는 많아 봐야 2,000명 정도니까 만 원짜리 줘 봐야 2,000만 원이잖아요.

우 제가 현대 있을 때 재미있게 들었던 이야기가 있어요. 정몽준 회장이 아침에 출근하다가 계란 프라이를 먹었다는 거예요. 그게 너무 맛있어서 출근하자마자 오늘 점심에는 직원들에게 계란 프라이를 2개씩 줘라. 9시 30분부터 계란을 구하러 울산에서 부산, 경주까지 싹 뒤졌다지요. 그래서 경남 지역에서 아침에 출시된 계란을 싹 끌어다가 11시에 굽기 시작했는데, 12시까지 제대로 못 구웠대요. 여름에 정몽준 회장이, 오늘은 삼계탕 한 그릇씩? "회장님, 안 됩니다." 했다더군요.

이 실제로 문제가 그런 것이에요. 지금 우리나라 제조업이 망하는 것은, 얼마 전부터인가 사람을 덜 쓰는 데 돈 쓰는 것을 투자라고 여기게 되었다는 점이에요. 투자하는 기간에는 성장이 나타나지만, 그게 1997년에 끝났어요. 사람 쓰는 숫자를 줄이는 것을 궁극의 목표로 하는 투자가 왕성하게 진행된 기간이 1987년부터 1997년까지라고 봐요. 1987년에 6·29선언이 이루어지고 나서 우후죽순처럼 노조가 만들어져요. 노조를 상대하기가 어려워졌지요. 노조 관리가 어려워지니까 한 공장에 사람을 너무 많이 모아 놓으면 통제 불능 상태가 된다고 두려워했어요. 그래서 공장을 여러 개로 쪼개기도 하고 궁극적으로 노동자 절대 숫자를 줄여야겠다는 생각들을 했던 것 같아요. 그래서 사람을 쓰지 않는 방식의 새로운 투자를 하기 시작했단 말이에요. 게다가 정부는 투자 세액 공제라고 해서 세금까지 깎아 줬어요.

우 제가 현대에서 울산 공장을 보고 전주 공장을 보니까 생산 물량은 비슷한데, 울산에서 2만 명이 하는 일을 전주에서는 만 명이 하더라고요. 결국 품질은 비슷한데, 그게 발전인가 싶더군요.

이 국내에 있는 현대자동차 공장 중 아산 공장이 가장 최근에 지은 곳인데, 아산 공장에 가면 생산 라인이 포항제철에서 강철을 사다가 내려놓으면, 차에서 의자를 달 때까지가 자동이에요. 옛날에는 이것에 다 사람이 붙어 있었는데 지금은 로봇이 해요. 무슨 말이냐면 1987년 노조가 생기면서 모든 기업인들이 생각한 것이 사람 안 쓰는 투자, 사람 안 쓰는 분야의 투자였지요. 1988년 현대석유화학을 만들 때 논거가, 우리가 그때 기업들을 공개해서 그룹 전체가 자본 보유액이 너무 많이 생겼는데, 이 돈을 어디에 투자할 것인가라는 문제에서 시작했어요. 은행에 넣어 둘 수는 없으니까, 결국 사람 덜 쓰고 돈 버는 분야를 찾은 것이 석유화학이었단 말이에요. 석유화학은 설비가 하는 것이지 사람이 하는 것이 아니거든요. 그것이 석유화학 만든 이유 중의 하나예요. 1987년부터 1999년까지 집중적으로 투자했던 분야가 사람을 덜 쓰거나 기존 공장에서도 사람을 줄이는 것이었어요. 투자하는 기간에는 투자 자체가 고용을 창출하니까 문제가 없는데, 그런 투자가 다 끝나고 나니까 기본적으로 생산 능력은 늘어났는데 사람 숫자는 덜 쓰고, 그러다 보니까 1997년 모든 산업 분야의 인력 부문에서 과잉 투자가 된 거예요. 그러니까 우리나라가 대책 없이 IMF 구제 금융을 받는 상태가 되었죠.

우 제가 경제학자가 아니라 사장 입장이라면 이렇게 해도 별문제가 없다고 생각할 텐데, 경제학은 경영학과는 목표가 조금 다르죠. 우리나라 국민은 무얼 먹고 살 것인가라는 질문을 하면, 지금의 패턴이 문제가 있는 거죠.

이 이런 식의 투자를 많이 했다는 것은, 경제에서 말하면 자본 장비율이 높아진 거잖아요. 그러고 나니까 문제가 생겼어요. 시장이 몹시 변덕스러운 거잖아요. 돈을 많이 투자해서 자동화, 로봇화하고 나면 그것이 다시 옛날 포디즘으로 돌아가서 대량 생산으로 단위당 원가 부담을 줄여야 경쟁력이 생기지요. 그런데 그 후에 시장이 어떻게 바뀌었는가 하면, 어제까지 이런 차를 많이 사다가 오늘은 다른 차를 많이 사는 변덕이 생긴 거예요. 그걸 다품종 소량 생산이라고 해요. 사람을 많이 썼으면 이쪽 라인에 있던 숙련

된 사람을 저쪽 라인으로 옮기면 고정 투자라는 것이 많지 않겠지요. 그러나 설비에 고정 투자를 너무 많이 했기 때문에 시장이 바뀌는 데 적응하기 위해서는 끊임없이 설비 투자를 해야 하는 상황이 된 거죠. 도저히 감당이 안 되고, 결국 기업도 수익률이 떨어지게 되지요.

우 그러니까 전환율과 혁신율에서 문제가 생기는 거겠지요. 사람은 혁신하는데 기계는 혁신하지 않잖아요.

이 결국 시장의 변동에 적응을 못하는 거예요. 그뿐만 아니라 자기 몸무게가 무거우니까 둔해지는 거예요. 그러니까 우리나라가 1997년에 외환 위기를 맞을 수밖에 없는 상황이 오는 거죠.

우 그 뒤에도 이 문제가 전혀 해소되지 않은 걸로 아는데요.

이 안 됐죠. 그리고 1997년 이후에 더 문제가 생긴 것이, 노동자와의 신뢰 관계가 깨졌어요. 종업원들이 회사에 대한 귀속감이라든지 상황이 어려워지면 우리가 참고 같이 위기를 극복해야지, 이런 생각보다는 눈에 보이는 이익이 있을 때 우선 나눠 먹자, 그래서 회사도 미래를 위해서 투자할 여력이 없고, 사람들도 새로운 상황에 적응하기 위해서 스스로에게 투자한다는 생각을 안 해요. 변화에 둔감해지고 변화가 오면 적응하지 못하고, 저는 이것이 우리나라 경제가 처한 가장 심각한 문제라고 생각해요.

우 제가 김영삼 때부터 각 정부 정책 같은 것을 분석해 봤는데요, 산업 정책이나 제조업 정책을 가지고 있었던 대통령이 없었던 것 같아요. 지금까지 마찬가지예요. 이명박 정부도 제조업 내에 어떤 일이 일어나는지를 잘 모르고, 이런 것을 너무 이데올로기로만 볼 뿐 실질적인 문제를 들여다보는 사람은 거의 없다는 느낌이 들거든요. 정치인을 봐도 마찬가지예요. 어떻게 생각하세요?

이 중요한 이야기라고 생각하는데요. 우리나라 산업 정책이 아주 제한된 자원을 선택과 집중을 통해서 선도 사업이 되는 곳에 집어넣잖아요. 그때 법질서는 바로 개별 업종에 대한 지원법이에요. 자동차산업발전법, 석유화학산업발전법, 전자산업진흥법, 제철, 이런 식으로…. 그러다가 우리나라 경제 규모가 커져서 개별법으로 개별 산업을 지원하는 것은 문제가 있다는 인식하에 1987년 공업발전법을 만들어요. 그래서 특정 산업 대신에 회사별로 설립, 운영, 기능적으로 어떤 요건을 갖추면 지원해 주기도 하고 억제하기도 하는 기능별 접근을 시작해요. 한국은 정부에 엘리트들이 있어서 정부가 산업 정책을 가지고 리드하면 기업가들이 따라갔어요. 당시에 정부는 천天이고 여기에 따라가는 사람을 순천자順天者라고 생각했어요. 그런데 가다 보니까 시장이 점점 커져서 엘리트들이 계획을 짜고 행정 지도가 하느님 명령인 줄 알고 따라가던 것으로는 세계 시장에 나가서 경쟁할 수 없게 된 거예요. 그러다 보니 시장이 나서기 시작했는데, 이 시장이 힘이 세져서 정부 정책은 없어졌지요. 정부의 산업 정책이 힘을 잃은데다가 시장이 제대로 작동하지 못하는 과도기적인 상태가 지금이라고 봐요. 사람도 마찬가지라고 생각해요. 우리나라가 1945년부터 1948년, 1950년, 1953년, 1961년, 1987년, 1992년, 1997년, 2002년, 저는 흐름을 이렇게 구분해서 보는데, 1945년 해방 공간에서 엘리트는 바로 일제 치하에서도 잘나갔던, 넓은 의미에서 친일파 아니에요? 1948년부터 1950년까지도 마찬가지예요. 이 사람들이 우리나라에서 반민특위 같은 것을 좌초시킨 것 아닌가요? 저는 반민특위가 이념 때문이기도 하지만 그걸 수행할 일꾼이 없어서 깨졌다고 봐요. 사람이라는 관점에서 이 사건을 볼 수 있지요. 1950년에 6·25가 나고 1953년에 휴전하는데, 전쟁을 통해서 일제 시대 때 군인 했던 사람들, 경찰 했던 사람들이 엘리트로 전면에 나오게 되지요. 1953년부터 1961년까지는 미국 등 외국에서 받은 원조 기금으로 국가 예산을 짰어요. 국가 예산의 대부분은 국방비로 갔는데, 일반 사병들만이 아니라 초급 장교를 길러야 하기 때문에 사관학교를 만들게 되지요. 그래서 1961년이 될 때까지 국가를 운영할 수 있는 인재들이 바로 군인밖에 없는 상황이 벌어져요. 그때부터 군인과 관료가 경쟁 관계에 놓이게 되지요. 그러다가 1987년이 되면서 드디어 군인과 관료 외에 국제 시장에서 돈을 번 장사꾼들이 말을 하기 시작해요.

우 누가 제일 처음 말하기 시작했어요?

이 정주영 회장님이죠. 정주영 회장님 같은 사람이 그때 정부에 가서 민영화에 대한 얘기를 했어요. 공기업 민영화 얘기를 꺼낸 거지요. 그런데 그때 공교롭게도 정치적인 격동기가 벌어지면서 6·29선언이 일어나고, 재계는 엄청난 고난의 길을 가죠. 1992년에 이른바 문민정부가 들어서면서 군인이 드디어 퇴조하고, 그 순간부터 관료 전성기가 온다고 할 수 있죠.

우 그때가 금융 관료들의 힘이 막강할 때고, 재경부 관료들에게 '모피아'라는 별명이 붙게 되지요.

이 금융 전성기가 왔죠. 그 사람들이 완전히 말아먹었다고 말하기도 해요. 군인들이 퇴조한 자리를 관료가 채웠는데, 이때 그들을 견제할 수 있는 누군가가 필요했습니다. 그런데 야당 출신으로 여당

돈을 만드는 법 | **181**

에 들어간 사람들이 권력의 중심이 되어서 오히려….

우 하하, 등산화 부대, 그 시절에 위세가 대단했지요.

이 1997년 IMF 경제 위기가 온 다음에 정치적인 마이너들이 권력을 잡았어요. 그런데 이 사람들이 견제 역할을 한 게 아니라 관료들에게 바로 먹혀 버린 셈이지요.

우 바로 먹혀 버렸다고 할 수 있죠. 제가 지켜봤더니 그렇게 들어간 청와대 수석들이 잘해야 일 년 정도 버티고, 일 년 뒤에는 생각이 바뀌더라고요. 관료들이 다 먹어 버리고 그것이 지금까지 이어진다고 봐요. 정부가 바뀌어서 김대중 정부, 노무현 정부가 들어설 때 통치 이념도 바꾸고, 그것을 구현할 수 있는 정책적 수단과 집행할 수 있는 새로운 인재들이 들어갔어야 했는데, 그런 인재가 우리나라에는 없었지요. 산업 정책도 마찬가지라고 생각해요. 시장에 권력을 넘겨줄 수밖에 없어서 넘겨주었으면, 시장이 최소한도의 공정 질서를 유지할 수 있는 정부의 기능이 남는데, 1997년에 대통령이 된 김대중 대통령은 시장 질서를 정비한 게 아니라 정치적으로 재계 길들이기만 한 것 같아요. 노무현 정부에서는 사실상 5년 내내 재계와 불화만 겪은 것 같고요. 이사장님은 노무현 정부가 재계와 진짜 대화한 게 기억나시는 거 있나요?

이 불화만 겪었지요.

우 지금도 기억에 남는 것은 일산에서 자동차 엑스포 했을 때예요. 그때 수소 자동차 만든다고 정몽구 회장이 노무현 대통령에게 승용차 문을 열어 주면서 대화하는 것 본 정도예요.

이 노무현 대통령이 재계 사람들 안 만난 것은 저와도 상관이 좀 있어요. 노무현 대통령이 당선자 시절 여러 사람한테 나라를 다스리는 데 참고가 될 만한 아이디어를 두루 구했지요. 저는 노무현 대통령을 직접 알지도 못하고 직접 말할 만한 채널도 없었는데, 직접 말할 수 있는 사람이 와서 "재계와 어떤 관계를 맺는 것이 좋겠는가?"라고 물었어요. 그때 제가 독대하지 말라고 했습니다. 재벌 총수와 대통령이 독대하면 결국 부패하게 되고, 오너가 전문 경영인을 무시하게 됩니다. 제가 알기로는 노무현 대통령이 기업 총수와 독대한 예가 없을 거예요. 이 말을 어떤 역사학자한테 했더니, 조선이 오래간 것은 독대가 없어서 그랬다는 거예요. 조선은 독대가 없었대요. 심지어 화장실 갈 때는 물론 잠자리까지 옆에서 지켰잖아요?

우 사관을 대동하지 않고는 아무 데도 못 가고, 아무 말도 못했죠.

이 어쨌든 그 얘기가 노무현 대통령에게 전달된 걸로 알고 있어요. 실제로 정주영 회장님이 정치를 하면서 한 이야기 중 하나가, 본인은 시류라고 표현했지만, 통치자들이 때만 되면 만나자고 해서 독대하고 그러면 통치 자금에 쓰라고 돈 줬다는 거 아니에요? 나중에는 이렇게 주느니 이 돈 가지고 내가 정치하는 것이 낫겠다는 생각이 들어서 정치했다는 것 아닙니까? 그리고 정주영 회장님 같은 분들이 독대하고 나서, 예전에는 무엇이든 공급이 부족했으니까, 특정 사업의 허가를 받으면 돈을 벌 수 있었지요. 법에 의해서 한다고 하지만 결국에는 다 대통령 맘에 달려 있는 셈이지요. 재벌 총수가 돈 가져다주며 대통령을 만나고 허가를 받아 오면 전문 경영인을 자기 하인처럼 생각하게 됩니다. 정태수 씨가 '머슴'이라고 말했지요. 이제는 기업도 전문 경영의 시대가 되었어요. 아무래도 기업의 시장에만 맡겨 놓으면 리스크가 너무 크니까, 정부가 일종의 안전장치로서 역할을 해 줄 필요가 있다고 할 수 있죠. 미국 같은 경우에는 신물질, 바이오테크, 프로세스 산업, 이런 것은 정부가 직접 연구 개발을 해서 산업 정책을 하고 있지요. 예를 들자면 우리나라에도 정부가 연구 기금을 통해서 대기업과 중소기업 사이를 상하 관계가 아니라 수평 관계로 만들 수 있는 산업 정책이 필요합니다.

우 그것이 사실, 미국 사람들이 멋지게 얘기한 것이지만, WTO 이후 기업에 수출 금융 같은 형태로 직접 돈을 못 주게 되었으니까 기업에 돈을 주기 위해서 생겨난 방법들이지요.

이 WTO 체제도 이렇게 가는 게 맞지요.

우 기업에 돈을 안 주는 나라는 없어요. 그런데 한국은 연구 개발 장치가 제대로 안 돌아가기 때문에 제조업 기반이 무너진다고 생각해요. 일종의 '배달delivery' 실패가 발생하는 셈이지요.

이 또 한 가지 역동성이 떨어지는 이유가, 1997년 IMF 경제 위기 이후 적극적이고 역동적인 사회로 바뀌었으면 좋았을 텐데, 그때 잘린 경험을 한 아버지와 그 자식들이 모험을 못해요. 할 수가 없지요.

우 마감하기 전에 한 가지만 더 물어볼게요. 그러면 지금은 엘리트가 어디라고 생각하세요?

이 저는 여전히 엘리트가 민간 부문에 있다고 생각하는데, 문제는 우리 사회가 역동성이 떨어지다 보니까, 민간 부문에 가야 할 사람들이 불확실성에 대한 두려움 때문에 안정성만을 추구하고 모두 공무원이 되는 거예요. 우리가 그 문제를 극복하지 못하면 다시 도약할 수 있는 힘이 사라질 것이라는 두려움이 있어요.

우 자, 대학생이나 20대에게 특별히 해 주고 싶으신 얘기가 있나요? 그 친구들, 요즘 돈 걱정 때문에 사는 게 진짜 힘들어 보이는데요.

이 최근에 대학생들 일곱 팀을 만났어요. 어제는 진보신당 쪽이라고 표현해야 하나, 칼라TV 사람들 모이는 데 가서 성공회대, 한신대 학생들과 한참 이야기를 나누었고, 전경련에서 후원하는 엘리트 클럽이라는 학생들을 봤고, 창업 동아리 연합회라는 곳을 갔고, 두 번은 서울대학교 경영대학인데 그중 하나는 윤계섭 교수가 지도하는 '한국의 기업사' 수강생들, 또 하나는 '한국의 문화경영'을 수강하는 팀이었고, 계명대학교 경영대에서 한 번인데, 공통적으로 느껴지는 게 있어요. 대학 다니던 시절, 1972년 크리스마스 때 청계천 판자촌에 가서 김진홍 목사와 크리스마스 예배를 같이 드렸어요, 판잣집으로 지은 교회에서요. 여러 가지 부족한 것이 많았지만, 그래도 내일은 오늘보다 나을 것이라는 희망이 있었지요. 그 시절 대학생들은 대부분 워커 끌고 다니고 군복 물들여 입었고, 누가 여유가 있고 없고의 구별이 없었어요. 그런데 요즘 대학생들한테 물어보면, 미래에 대한 두려움이 1972년에 우리가 겪은 것보다 훨씬 큰 것 같아요.

우 대학생과 미래에 대해서 얘기하다 보면, 저도 정말 가슴이 딱 막히는 것 같더라고요.

이 어떻게 보면 그래도 그 시절 대학생에게는 기백이 있었는데 요즘 대학생들한테는 그런 것이 부족한 것 같아요. 학생들하고 얘기할 기회가 있을 때마다 도전적인 것을 하라고 하면 대답은 하지만, 나중에 보면 공무원 쪽으로 가더라고요. 제가 아는 여학생 한 명은 삼성전자, 국민은행, KT에 합격했어요. 대단하죠? 삼성전자가면 좋겠지만 너무 경쟁이 심할 것 같으면 국민은행쯤 가 보면 어떻겠냐고 했는데, 나중에 인사 왔을 때 보니까 KT 갔더라고요. 요즘 대학생들 만나면 무슨 얘기를 해 줄까 궁리궁리하다가 기껏 재미없게 한 이야기가, "기본에 충실하세요".

우 | 하나 마나 한 이야기를 하셨네요.

이 | 정말 하나 마나 한 이야기죠. 오바마 대통령 취임식 때 릭 워렌Rick Warren이라는 보수주의 목사가 기도를 해요. 미국 언론에서 기도를 어떻게 할까, 아주 말이 많았어요. 그런데 이 양반이 했던 기도가 결국 주기도문이에요. 참 명불허전이지요. 주기도문이 기본의 기본 아니에요? 그래서 기본에 충실하라고 얘기를 하는데, 뭐, 감동적으로 듣지는 않는 것 같더군요.

우 | 자, 저도 많이 받는 질문 하나 하고 오늘은 정리하지요. 저는 1980년대에 대학생이 되는 것과 지금 대학생이 되는 것 중에서 어느 쪽을 선택하겠느냐는 질문을 종종 들어요. 곰곰이 생각해 봤는데, 저는 요즘 대학생 쪽을 선택할 것 같아요. 1980년대의 획일주의와 집단주의, 어떻게 참고 살았는지 지금도 아득하거든요. 자, 유사한 질문을 해 보겠습니다. 이사장님께서 만약 지금 대학 졸업반이라면, 제조업, 금융업, 유통업, 이 세 가지 중에서 어떤 것을 선택하시겠어요?

이 | 제가 고리타분해서 그런지 몰라도 다시 제조업을 선택하겠어요. 그중에서도 국가라면 기본으로 갖추어야 될 산업, 예를 들면 제철 같은 데로 가겠어요. 실제로 제조업을 바탕으로 해야 일종의 파생상품처럼 금융이라든지 다른 서비스업을 할 수 있는 거지, 제조업이 없이는 다른 산업이 움직이지 못할 거라고 생각해요. 그래서

제조업에 가서 열심히 일해야 한다는 생각을 지금도 하거든요.

우 다른 나라의 인텔리들을 만나 본 얘기를 조금 할게요. 일본에서는 장인 정신을 되게 강조하더라고요. 독일에서는 특별히 엔지니어가 아니어도 독일을 만든 것은 '엔게니어 정신'이라며 '엔게니어 사회'를 강조하는 사람이 많아요. 프랑스 사람들은 '예술'을 강조하지요. 이것도 제조업의 연장선이라고 할 수 있어요. 한국이 지금 전체적으로 경제적 위기에 맞닥뜨린 것은, 우리도 제조업에서 출발한 나라인데 제조업이 왜 필요한지 이유를 만들어 내는 데 실패한 것 같아요. 저는 지금도 제가 제조업에 속한 사람이라고 생각하면서 살거든요. 제가 이 질문을 드린 이유가 무엇인가 하면, 한국이 공업 입국이라는 구호를 걸고 제조업을 하면서 살아온 나라인데, 지난 10년 동안 한국의 CEO나 국회의원을 보면 제조업을 대변하는 사람이 거의 없어요. 기업가라고들 하지만 실제로는 대부분 유통 아니면 금융에 대해서만 얘기하지, 진지하게 공업을 대변하는 사람이 없어요.

이 그런 생각 들어요. 이를테면 제조업은 스스로 홀로 설 수 있는 단계에 섰다고 생각하고, 제조업 하나만 가지고 가는 것에는 한계가 있으니까, 금산 분리를 완화하자는 사람들이 그런 생각을 가지고 있지요. 금융 산업은 또 다른 부분에서 제조업을 한 단계 발전시킬 수 있는 보완재라는 생각을 하는 거죠. 그런데 우 박사가 걱정하는 것은 제조업과 금융 산업이 보완적 성격이 아니라 대체적 성격을 가지고 있다는 거 아니겠어요? 금융 산업은 제조업처럼 일단 돈을 빌려서 땅을 사고 인플레이션으로 돈을 버는 것처럼 시작할 수가 없거든요. 금융업은 처음부터 막대한 자금이 필요하지요.

그런데 지금 한국 제조업에 잉여 자본 같은 것이 넘쳐나는데, 이걸 한계 생산력이 플러스인 금융 산업에 집어넣자, 그렇게 길을 터 줘야 한다고 생각하는 사람들이 끊임없이 주장하는 것이 그것 아닙니까?

우 역사학자인 브로델F. Braudel의 글을 보면 자본주의 역사에 대한 재미있는 얘기가 있어요. 제조업에서 도시의 역사가 시작되었다가 어느 시기가 지나면 금융 도시로 변하게 되지요. 그러면 땅값이 오르고, 결국 제조업이 사라지고 금융만 남는데, 금융만 남은 도시는 붕괴하게 된다는 거예요. 밀라노부터 런던까지, 그게 자본주의의 역사이고요. 그렇지 않은 유일한 곳이 뉴욕인데, 뉴욕은 미국의 영광이 끝나는 날 같이 끝날 것이라고 얘기할 수 있지요. 한국에서 하고자 하는 금융 허브가 딱 이 얘기거든요.

이 금융 허브는 제조업이 기본을 해 줄 때 좀 더 생산성이 높아지고 고도화할 수 있어요. 보완재로서의 금융 산업이 되어야 하는 것이겠지요. 그런데 제조업에서 일하던 인적 엘리트 혹은 그곳에 투하되어 있던 자본을 빼서 금융 자본으로 가면 살 수 있다고 생각하는 사람들의 논리를 잘 모르겠어요.

우 한국이 공업 국가였는데, 지금 그 2세대라고 할 수 있는 20대가 공업으로 들어가지 않지요. 어떻게 보면 공업 2세대를 만들어 내는 데 우리가 실패한 것이고, 그것이 지금 20대의 위기와도 관련되어 있지 않겠어요?

이 대구가 몰락하는 것도 그런 연장에서 생각해 볼 수 있겠지요. 대구가 섬유업을 해서 부자가 많았잖아요. 그런데 자식들이 밀라노나 파리처럼 섬유 산업을 고도화하고, 그것을 기반으로 연관 산업으로 가야 하는데 그러지 않았지요. 그 2세들이 토지 부호로 남거나 건설업으로 가거나 해서 실패한 경우가 많아요. 대구에서 밀라노 프로젝트를 했지만, 대구가 쉽게 부흥할 것 같지도 않고, 부흥은 고사하고 현상 유지도 어려워 보이거든요.

우 저는 요즘 왜 대기업들이 노동자를 파트너로 안 보는지 계속 궁금했어요. 제가 찾아낸 답이, 제조업에서 빠져나와 금융 쪽으로 갈 거니까, 지금의 노동자들을 언젠가 자를 사람들이라고 보니까 노동자와의 협력 관계 자체가 안 생기는 것 아닐까요?

이 그렇죠. 제가 앞에서도 이야기했지만, 1987년의 6·29선언을 거치면서 우리나라의 노동조합이 가지는 권리라는 것이 서구에서 피와 땀으로 반 발자국씩 쟁취했던 노동자의 권리를, 단체 행동을 하지 않는다는 조건하에 우리나라 헌법에서 거저 준 셈이지요. 독재 시대 때는 단체 행동만 하지 않는다는 것을 전제로 해서 서구의 노동조합들이 쟁취하지 못한 권리까지 줬어요.

우 뭐였죠?

이 가장 대표적인 것이 여성들의 생리 휴가예요. 서구에서 생리 휴가 주는 나라가 어디 있어요? 그걸 독재 정권 때 줬는데, 6·29선언으로 둑이 무너지니까, 노동조합은 가지고 있던 권력은 그대로 유지하면서 파업에 관한 권리도 한꺼번에 뚜껑이 열리듯이 가지게 되었지요. 갑자기 노동자와 사용자 간에 인적 균형이 깨졌어요. 그런데 그것을 서로 설득해서 진화한 것이 아니라, 자본가들이 노동 전체의 양을 줄이는 방향으로 갔고, 결국 사람을 덜 쓰는 산업으로 간 거예요. 또 하나는 노동자들의 임금 자체는 많이 올라갔지만, 그 과정에서 복지 따위의 노동자를 위한 사회적 장치를 만드는 데에는 실패한 것 같아요. 대표적인 것인 주택 문제지요. 노동자가 10년 정도 돈을 모으면 최소한 집을 살 수 있게 해 주어야 하는데, 땅값이 너무 많이 뛰어서 이제는 그럴 수 없지요. 노동자들은 자기들이 굉장히 노력해서 많이 쟁취한 것처럼 보이지만, 실제로는 그렇지도 못해요. 사람보다 자본이 유동성이 높은데, 우리는 오히려 사람이 유동성이 높다고 보지요. 사람은 늘 손쉽게 구할 수 있다고 보는 거지요. 경기 변동이 있으면 가장 손쉽게 늘리고 줄일 수 있는 것이 자본이 아니라 오히려 사람이라고 보는 거예요. 그래서 기업이 경영이 어려워져서 구조 조정 하자고 하면 가장 먼저 사람부터 줄이잖아요. 그러나 우리가 잊고 있는 것은, 노동자는 노동을 제공하는 상품이 아니라, 바로 인격을 지닌 인간이란 점이에요.

돈과 관련해서 일반인이 생각하는 얘기보다는 제조업과 금융의 관계에 대해서 좀 더 시간을 할애했고, 금산 분리, 노동 정책과 관련해서 일반적인 경제인과는 약간 궤를 달리하는 얘기를 들을 수 있었다. 노동자가 인격을 가진 존재라는 얘기는 놀라웠다. 자본가에 대해서 '육화된 자본'이라고 한 것은 〈자본론〉의 표현이지만, 노동자에 관해서 '인격을 가진 존재'라고 한 것은 나도 생각해 보지 못한 표현이었다. 우리는 지금 고용이라는 심각한 문제를 안고 있고, 이 문제를 풀기가 당분간은 쉽지 않을 것이다. 나는 제조업과 문화라는 영역에서 이 문제를 풀려고 하는 중이고, 한국의 대기업들은 금융화를 통해서 이 문제를 풀 수 있다고 주장하는 중이다.

여섯 번째
질 문

사람의 마음을 사기

....

"노무현 대통령의 특이한 점이, 주류 사회에 들어갈 수도 있는데, 끊임없이 내려와서 놀았다는 거지요. … 지금 노무현을 계승하자, 노무현 학교를 만들자, 이런 얘기를 하는 사람들이 많지만, 이걸로 노무현을 다시 만들기는 어려울 거예요."

"생각해 보면 지금 우 박사가 이야기하는 것처럼 우파의 힘이라는 것이 오고 가는 현금 속에서 싹트는 정이라는 게, 진짜 현실이지요." _ 이계안

"골프도 마찬가지로 생각해 볼 수 있겠지요. 한국의 우파들은 진짜로 거래가 아니라 증여를 중심으로 움직이는 것 같더라고요." _ 우석훈

처음으로 중국을 통일한 진시황의 아버지는 여불위로 알려져 있다. 장사꾼이었던 여불위는 장사 중에서 가장 이문이 많이 남는 것은 바로 사람 장사인 정치라고 말한 적이 있다. 이계안을 장사꾼이라는 눈으로 본다면, 아마 가장 합리적으로 자본가와 노동자 사이에서 누구도 손해 보지 않는 장사를 했던 사람이라고 할 수 있을 것 같다. 사장들이나 오 너들도 이계안을 합리적인 사람으로 기억하지만, 그가 CEO로 있던 현 대자동차 노조도 그를 대화가 되었던 사람으로 기억하고 있는 것 같다. 그러던 그가 어느 날 갑자기 국회의원이, 그것도 한나라당이 아닌 열린 우리당 국회의원이 되었을 때, 그에 정치가 어떠한 의미로 다가왔는 지 궁금했다. 한국의 정치인들은 한나라당은 물론이고 민주당, 심지어 는 민주노동당이나 진보신당마저도 이른바 정치공학이라는 눈으로, 지 긋지긋한 계산을 하는 경우가 종종 있다. 나는 그래도 정치의 영역에서 는 길게 보면 대의가 중요하고, 명분이 작동한다는 생각을 가지고 있다. 진짜로 정치인이 된 이계안이 '사람의 마음을 사기'라는 질문에 대해서 어떤 생각을 가지고 있는지 궁금했다.

국민을 정말로 믿을 수 있는가

이 사람의 마음을 사는 것은, "이 사람이 나를 믿는구나"라고 느끼게 해 주는 것이 유일한 방법이라고 생각해요. 그런데 저는 그것을 잘 못하는 것 같아요. 히브리서 11장 29절 30절에 보면 "믿음으로 저희가 홍해를 육지같이 건넜으나 애굽 사람들은 이것을 시험하다가 빠져 죽었으며 믿음으로 칠 일 동안 여리고를 두루 다니매 성이 무너졌다"라는 구절이 나와요. 제가 이 말을 하면서 스스로 대중을 믿느냐고 자문해요, 정치를 하면서. 제가 기업에 있을 때는, 소수에게 그렇게 했다고 생각해요. 소수에게는 아주 혹독하게 욕도 많이 하고 포악스럽게 보일 정도로 심하게 굴었지만, 일정 수준에 도달하면 얼굴 딱 보고 사인해 주고, 그 결과에 대해서는 제가 전적으로 책임을 지었어요. 그런데 정치를 하면서 보니까 몇몇 사람하고 일하는 것이 아니라 불특정 다수하고 일해야 하는데 불특정 다수인, 더 크게 말하면 국민을 전적으로 믿지 못하고, 뭔가 상징 조작이라도 해야 한다고 생각했기 때문에 계속 피곤하고 일이 잘 안 된다고 여기는 것 같아요. 말로는 국민을 물이라고 믿고 그 위에 배를 띄워야 한다고 하는데, 지금까지 곰곰이 생각해 보면 저는 대중을 탓하는 사람이지, 대중을 믿는 것은 아니었던 것 같아요. 그게 솔직한 심정이에요.

우 제가 예전에 회계학 배우면서 깜짝 놀란 게 부채도 자산으로 분류된다는 거예요. 대학교 1학년 때, 참 그게 이해가 안 되었지요. 나중에 보니까 정치가 회계랑 똑같은 것 같아요. 부채라도 있어야 하는 것처럼, 정치인은 욕이라도 먹어야 하는 것 같더군요. 국민들에게 존경을 받으면 좋겠지만, 그게 안 되면 욕이라도 먹어야 정치할 수 있는 기회가 생기는 것 같더라고요. 하하, 욕 많이 먹는 순으로 대통령이 되고 국회의원이 되더라니까요.

이 정치까지 가기 전에 기업 할 때 제가 하는 일 중에서 기자들을 만나는 업무가 있었어요. 기자들을 만나면서 "나쁜 뉴스라도 있는 게 아무 뉴스도 없는 것보다 낫다bad news is better than no news"는 말을 배웠어요. 지금 우 박사 말이 이것일 거예요. 설령 진짜 저 친구 내쫓아 버려야 한다는 반응이 나오는 뉴스라도 있어야 뉴스가 아예 없는 사람은 정치에서는 아무것도 아니지요. 기업에 있을 때에는 기자들한테 뭔가 자꾸 감추려고 하는 대신 정기적으로 만나고, 또 이것저것 물어보게도 되어요. 그러다 보면 기자들과 공감대도 생겨나게 되는데, 그런 경우에는 욕만 하는 것이 아니라 욕을 하면서도 말 속에 애정이 담겨 있는 글을 쓰는 경우가 있지요. 기업 할 때에는 그런 것을 잘했던 것 같은데, 정치하면서 보니까 정치부 기자들과는 그게 잘 안 되더군요. 정치부 기자들에게 말 안 해요. 주위 사람들은 이걸 극복하지 않으면 안 된다고 하지만 잘 안 돼요.

우 저는 현대 시절, 공직 시절, 심지어는 총리실 시절까지 기자들하고 잘 지냈던 편이에요. 요즘도 기자들을 자주 만나는 편이기는 한데, 제가 일부러 기자들을 살짝 피해요. '불가근불가원'이라는 생각을 얼마 전부터 했는데, 학자와 언론의 관계도 그래야 할 것 같다는 생각이 들었어요. 너무 자주 만나니까 저도 자꾸 언론사 기획 기사 같은 데 관여하고 그러는데, 그게 오히려 생각을 방해하더라고요. 기자들을 못 믿는 게 아니라, 오히려 저는 너무 믿어서 문제지요.

이   우 박사가 그 얘기 하니까 믿는다는 것에 관한 이야기가 하나 생각나네요. 이용우 박사를 잘 알죠? 현대자동차 사장이 되었을 때 이용우 박사하고 몇몇 박사를 불러서 부탁했었죠. "너는 오늘부터 타이틀이 이코노미스트다. 다른 보직은 없다. 네 임무는 사장인 이계안이 해야 할 일을 안 하거나 하지 않아야 할 일을 하면 때와 장소를 가리지 말고 주제와 관계없이 와서 말하는 것이다." 제가 정치하는 지금도 이용우 박사는 아무 때나 전화해서 일을 그렇게 하냐고 마구 혼냅니다. 이용우 박사도 아마 제가 정주영 회장님한테 느끼는 감정을 일부나마 느낄 거예요. 전 매사를 이용우 박사에게 가서 신세타령을 하기도 하고, 실패한 이야기도 하고 그러는데, 그렇게 하는 것이 마음을 사는 방법 중의 하나가 아닐까 해요. 그런데 대중 정치라는 것을 저는 잘 못하는데, 요즘 생각해 보면 대중의 마음을 사는 것이, 그 사람과 같아지려고 하는 것이 아닌가 싶어요. 같아지면 마음을 사는 것이 아닌가요. 저 사람하고 나는 같다, 지금까지 항상 우러러보는 위치에 있던 사람들이 갑자기 스스로 높은 척하던 몸을 낮추어 내려가서, 너와 나는 같다, 너와 나는 동류다, 너와 나는 같은 편에 서 있다, 이렇게 해야 할 것 같아요. 그게 대중을 움직이는 힘이 아닐까 생각하는데 쉬운 일이 아니지요.

우   요즘 들어 하는 생각이 하나 있어요. 몇 년 전부터 한국 사회도 수직적 리더십에서 수평적 리더십으로 갈 것이라는 얘기를 종종 했어요. 그런데 저도 말은 그렇게 했지만 진짜로 그렇게 갈 것이라고는 믿지 않았는데, 요즘 보면 실제로 그렇게 가는 것 같다는 생각이 들어요.

이 수직적, 수평적, 이렇게 이분법적으로 생각하면 그렇게 가는 것이 확실할 것 같네요. 그리고 그 전 단계로 지도자가 피라미드형에서 허브형으로 바뀌는 것, 이건 정말 확실한 것 같아요. 이제는 자기가 맨 위의 정점에 섰다고 해서 자기는 멀리 보고 있으니까 아랫사람들이야 떠들거나 말거나 알 바 없다는 조직은 요즘 잘 안 되는 것 같더군요. 흐름이 이렇다는 것은 분명한데, 지금 정치 현상에서 일어나는 것을 보면, 다시 복고로 되돌아가서 허브나 수평적인 구조가 다시 피라미드 혹은 수직적 구조로 가려고 하니까 계속해서 파열음이 크게 나는 거예요.

우 정치가 중요하다는 것을 어떻게 사람들 특히 대학생들에게 논리적으로 설명할까 고민해 봤어요. 흔히 군부라고 부르는 군대 사회에서 장성들은 군인을 대상으로 힘을 사용하지요. 군부는 철저히 위계 사회고 계급 사회지요. 군인은 일반 국민이 아니잖아요. 군대의 위계는 앞으로도 안 바뀔 거예요. 재계를 한번 보지요. 재계도 직원들을 대상으로 힘을 쓰지요. 여기도 위계가 강한 곳이니까 잘 안 바뀔 것 같고요. 학자들의 세계인 학계를 볼까요? 학자들은 대학을 중심으로 움직이잖아요. 대학에서 교수와 학생의 관계, 엄청나게 권위적이고, 평가하는 사람과 평가받는 사람의 관계지요. 권위주의 대학에서 요즘 대학생들은 진짜 힘이 없어요. 아마 바뀌지 않을 거예요. 이렇게 따져 보면 유통업과 정치, 딱 두 가지만 정말로 국민을 대상으로 하는 곳이잖아요. 그러니까 우리는 정치가 엄청 후진적이라고 하지만, 한국에서 진짜로 권위주의를 벗어나서 새로운 길을 찾을 수 있는 가능성이 남은 곳이 바로 정치 아닐까요?

이 우리가 법적으로 권력을 권력 관계와 고용 관계로 나누기도 하고, 정치적인 리더십은 독재적인 리더십, 민주적인 리더십, 방임하는 리더십으로 정형화해서 배웠잖아요. 우리는 늘 민주적인 리더십이 좋다고 배웠지만 실험에 따르면 독재적인 리더십이 단기적으로 더 성과를 내는 경우가 있지요. 또 반대로 교수같이 정년을 보장해 주는 사회는 총장이 권위주의적으로 한다고 해서 리더십이 발휘될 리 만무하니까 그곳은 자유방임 형태로 할 수밖에 없는 리더십 아닙니까? 그런데 에이브러햄 링컨이 정치를 정말 기가 막히게 표현했다고 생각해요. for the people이라는 얘기는, 권위주의적이거나 상하 관계로 할 수 없다는 것을 의미하지요. 그다음에 by the people의 의미를 생각해 볼까요? 누군가를 뽑을 때 바로 민중이 뽑는다는 것이고, 이때 누구는 한 표고 누구는 두 표가 아니라 모두가 한 표잖아요. 회사를 경영할 때 중요한 딜레마가 있어요. 주주 총회에서 의사를 결정하는 게 사람이 아니라 돈이라는 점이지요. 주주 총회는 철저하게 위계가 지켜지는 곳이고, 이게 늘 고민이에요.

우 일원일표주의라고 하지요.

이 그렇죠. 일인일표가 아니라 일원일표거든요. 고객은 누구든지 간에 사람으로 대해야 하는데, 사실 그것도 뒤에 들어가 보면 일원일표주의예요. 돈 많이 벌어 주는 사람한테 가는 거예요. 제가 현대카드 현대캐피탈 회장 할 때 공무원 대하는 게 제일 어려웠어요. 자동차 사장 할 때만 해도 어느 정도는 법을 알아서 정부 공무원들 만나면 갑론을박도 하고 대안도 제시했어요. 현대카드에 가니까 금융 산업이 규제 산업이기는 한데, 도대체 법체계를 잘 모르겠더라고요. 캐피탈 담당하는 사람이 초임 사무관이었어요. 그전에는 주사가 했지요. 주사가 아침에 와서 오늘 출근하면서 보니까 거리에서 카드 회원 모집하는데 이건 금지해야겠습니다라고 말하면, 그게 금지입니다. 혹은 친척 만나러 갔더니 카드 회사의 현금 서비스 이자가 너무 비싸다고 들었다고 말하면, 바로 그다음 날부터 카드 이자 상한율 금지가 이루어졌지요. 실제로 이런 식으로 진행되었어요. 주먹구구식이기도 했지만, 규제가 너무 많은 산업이라서 그런 일이 벌어진 거예요.

우 일종의 과점 상태니까 정부가 많은 규제 권한을 가질 수 있지요. 허가권이 중요한 산업 특히 초기 정착기에 대부분 그런 구조를 갖게 되지요.

이 카드 회사에서 일할 때에는 규제에 대해서 일대일로 대응하기가 참 어려웠어요. 그리고 불특정 다수인을 상대로 장사한다는 것도 마찬가지였고요. 현대카드와 현대캐피탈이 계속해서 말썽을 일으키니까 많이 불려 다녔는데, 그중 하나가 신용 등급 문제였어요. 신용 등급을 매겨서 등급에 따라 이자율과 신용 한도, 현금 서비스 한도 등을 정하는데, 이를 스코어링 시스템scoring system이라고 해요. 하루는 금융감독원에 불려갔어요. 금융감독원 간부 한 분 왈, 현대카드를 신청했더니 직위도 높고 월급도 상당히 많이 받고 연체도 하지 않았는데 자기 신용 등급이 낮다는 거예요. 그래서 제가 물어봤어요. "가끔 연체를 하셨습니까?" "안 했죠." "그럼 가끔 현금 서비스를 쓰셨습니까?" "안 썼죠." "그럼 신용 카드 자주 쓰십니까?" "안 쓰죠." "아니, 그럼 카드 발급해 준 것 자체가 잘못이네. 내가 가서 카드 꺾어 버려야겠네." 그랬더니 놀라서 무슨 소리냐는 거예요. 카드 회사가 돈 벌려고 카드 발급하니까, 카드 많이 쓰고, 연체 종종 하면서도 원금 안 떼먹고, 연체 이자 물어 주는 사람이 가장 고맙죠. 그 사람한테 카드 한도 높여 주고, 연체했으니까 페널티로 이자율 적당히 높여 받고 그러겠지요. 이때 카드 회사가 믿는 것은 담보 따위가 아니에요. 그렇게는 장사 못하지요. 내 카드 빚을 다른 카드에서 빚을 내어 갚겠지, 바로 그걸 믿고 돌아가는 거예요. 카드 돌려막기지요. 요즘은 카드 회사끼리 고객 정보를 공유해서 그럴 수 없지만 제가 회장 할 때는 정보를 공유하지 않았어요. 고객이 다 소중하다고요? 돈 벌어 주는 고객이 더 소중하지요. 사실 한국의 현실 정치가 이와 다르지 않아요. 평소에 불특정 다수인 즉 국민을 위해서 열심히 한다는 생각보다는, 제한된 자기의 시간과 자원을 표를 긁어모을 수 있는 사람에게 할애하게 되지요. 효과를 더 높이기 위해서 지연이니 학연이니 특정 종교니, 이런 패를 짓는단 말이에요. 국민이 한 표인 게 아니라, 정치에도 득표력이 있는 거래처가 생겨나는 셈이지요. 그런 것을 깰 수 있는 정치가가 나왔으면 좋겠어요. 저도 그랬으면 좋겠는데, 여전히 믿음이 약해서 잘 못해요.

우 제가 한 달 전부터 궁금해서 찾아봤던 게 하나 있어요. 한나라당이 '명품 정당'이라고 스스로 얘기하잖아요. 국민의 30~40퍼센트는 고정적으로 한나라당을 지지하지요. 그런데 실제 한나라당 당원이 얼마나 되는지 갑자기 궁금해졌어요.

이 몇 안 될걸요.

우 지난번 대선 치를 때 대선 후보 경선 끝나고 나서 8월에 한나라당 사무국장이 이명박 후보에게 당원 현황을 보고한 것이 있더군요. 공식 당원은 110만 명 정도고, 이 중 정기적으로 당비를 내는 당원은 11만 명이더군요. 그해 여름에 이명박 후보와 박근혜 후보 사이에서 피 말리는 경선이 있었잖아요. 그때 돈을 낸 당원이 20만 명이더군요. 정기적으로 당비를 내는 당원이 11만 명, 선거 있을 때 특별당비 내는 숫자가 20만 명 정도 되는 셈이에요. 사실상 11만 명의 당원을 가지고 한나라당이 우리나라를 먹은 셈이지요. 민주노동당이 당원이 많을 때 7만 명 정도까지 갔었고, 진보신당 지지율이 겨우 1퍼센트 나오는데 거기도 당원이 한 2만 명 되거든요. 이래저래 진보 정당 당원이 10만 명 정도는 되는데, 사실 한나라당 당원과 큰 차이도 안 나는데, 현실 정치에서는 도저히 상대가 안 되지요. 한나라당 지지자들에게 궁금한 것이, 평생 한나라당을 지지한다고 말하면서 왜 정작 당원으로 가입해서 당비는 내지 않느냐는 거예요.

이 이런 것이 있다고 봅니다. 저는 한나라당 고정 지지율을 35% ± 5%로 보거든요. 그런데 학자들이 이것을 구분해서 지역, 학력, 소득 수준, 재산, 성별, 나이 따위를 대입해서 분석하잖아요. 어떤 지도가 나올까? 일관적인 해석이 불가능할 것이라고 생각해요. 종부세를 도입한다고 할 때 격렬하게 항의한 사람들이 어떤 사람들인지 생각해 볼까요? 최상위층은 종부세에 대해서 거의 아무 말도 안 해요. 두 번째 계층 사람들, 어쩌다가 집 한 채 장만해서 가지고 있다 보니까 값이 오른 사람들이 있어요. 이를테면 압구정동 현대 사원아파트를 1970년대 말에 4,600만 원에 분양받았는데 인플레이션이 급속도로 진행되다 보니까 이것이 13억, 14억이 되었어요. 그런 사람들은 국민주택 규모인데, 집도 작고 불편하다고 생각하는데 종부세를 내야 한단 말이에요. 그리고 또 격렬하게 반대하는 계층이, 뜻밖에도 소득 계층상 아주 아래쪽에 있는 사람들이에요. 이 사람들이 왜 반대하는지 알 수 있나요? 이건 분석이 불가능해요.

우 영원한 미스터리죠. 저도 몇 번 물어본 적이 있어요. 아저씨 집 있으세요? 나는 집 없는데…. 그래서 제가 물었죠. "집이 없으면 종부세 낼 일이 없는데, 왜 반대하세요?" 그냥 사회 정의 문제라고 말하는 것을 들은 적이 가끔 있는데, 정말 미스터리죠.

이 해답을 아직도 구하지 못했는데….

우 정답인지는 모르겠는데, 보통은 레드 콤플렉스로 설명하죠.

이 레드 콤플렉스일 가능성이 있죠.

우 설명은 되는데, 종부세에 반대했던 모든 저소득층을 레드 콤플렉스라고 하는 건 아주 미안한 일이지요. 똑같다고 하기는 어렵지만 유사한 현상이 벌어진 것을 본 적이 있어요. 예전에 민노당 분당하기 전에 당원들 소득 조사를 하는 것을 봤는데요, 서울이나 수도권에서 아파트 전세나 집 딱 한 채 정도 있는 사람들이 주로 당원이에요. 아주 가난한 사람은 아니고 그렇다고 부자는 아닌 사람들이 주로 민주노동당을 지지하는 거죠.

이 그게 그런 것 아닌가 싶어요. 강남 좌파라는 것이, 어쩌면 이유가 있는 이유일 수도 있지요. 어제 조선일보 차장 기자와 밥을 먹는데, 그 사람도 압구정동에 살아요, 지금 압구정동에 가면, "주민 98%가 반대하는 식의 재개발을 규탄한다"와 "기부 체납 25% 절대 반대"라는 플래카드들이 붙어 있답니다. 이 내용이 뭐냐면, 압구정동 아파트가 지은 지 꽤 되어서 재개발을 하는데, 재개발하는 조건으로 용적률을 높여 주면서 상당 부분을 임대 아파트로 짓는 것을 정부가 자기 재산을 빼앗아 간다고 반대하는 거예요. 그런데 제가 만난 조선일보 기자는 찬성한다는 거예요. 용적률을 조정한다는 것은, 인허가권을 통해서 인위적으로 자산을 키워 주는 거 아니에요? 하늘을 향해 치솟게 해서 준 것이니까, 그것을 일정 부분 정부가 공공의 이익을 위해 쓰는 것에 대해서 자기는 이의가 없다는 거예요. 여기에 결사반대하는 사람들은 옛날부터 그곳에 살던 은퇴한 할아버지, 할머니들이에요. 두 가지로 생각해 볼 수 있지요. "꿈도 꾸지 마라" 하는 사람들은, 정말 절치부심해서 자산을 만든 것이기 때문에, 그 자산이 자기 분신이에요. 그러니까 이것을 절대 떼어 주지도 못하고 이것에 대해서 세금을 내라고 하면 다 죽일 놈인 거예요. 반대로 일정 부분은 공공을 위해서 쓸 수 있다고 하는 사람들은 양심적인 사람들이에요. 사회적으로 이만큼 살았으면 책임져야 한다고 생각하는 사람들은 진보 정당에 가거나 지지할 수 있을 거예요. 그 사람들에게 물어보면, 오히려 민주당은 싫다고 해요. 이유가, 한나라당이나 민주당이나 내세우는 것은 똑같으면서, 왜 자기들이 진보 정당이라고 하느냐 이거예요. 저 앞에 놓고 강남 사는 사람들이 그런 이야기를 해요. 민주당과 한나라당이 다른 것이 무엇이냐? 그리고 민주당의 다수를 차지하는, 전라도가 지역구인 국회의원들이 모두 진보적이었는가? (저는 아니라고 믿지만) 썩어도 그렇게 썩은 사람들이 없다고 말해 오히려 민주당원인 제가 된통 당하는 경우가 심심찮게 있어요. 한국 현대사에서 이른바 메인 스트림이 누구였고, 그러한 주류에 끊임없이 편입되는 사람들의 주된 경로가 무엇이었을까요? 하나는 해방 공간에서 적산 가옥을 받은 사람들 아니에요? 그 다음에는 일제 때 좌우간 먹물로 공부를 해서 하급 관리서부터 고급 관리까지 관리 하던 사람들 아니에요?

우 관리 하던 사람들 중에서는 의외로 몰락한 사람들이 굉장히 많더라고요.

이 몰락한 사람들도 있지만 살아남은 사람들의 부를 보면, 옛날부터 지주이거나 적산 가옥 등 자산을 받은 사람들 혹은 지식인 또는 일제 때 관료 중에서 살아남은 자, 대충 이런 것 같더라고요. 어쨌든 우리는 친일을 제대로 청산하지 못했으니까요. 그리고 그 다음의 유입 경로가 고시 아닌가요?

우 최근에는 고시 붙은 사람들도 재산이 없으면 결혼하기가 쉽지 않다고 하더군요.

이 제가 고시 이야기 꺼낸 이유가 노무현 대통령 이야기하려고 한 것인데, 노무현 대통령이 한국일보를 창간한 장기영 씨처럼 상고를 나오고 우여곡절 끝에 고시를 패스했잖아요. 그러면 이 고시로 의식주가 해결된 것이거든요. 의복은 아시다시피 계급 아니에요? 의복은 관청에서 국법으로 몇 등급까지는 자주색을 입고 임금은 붉은 옷을 입고 황제는 노란 옷을 입으라고 했잖아요. 저는 의복이 단순히 의복이 아니라 계급이라고 생각해요.

우 그것을 대원군이 폐지했더라고요. 그래서 대원군 때는 사람들이 총천연색 옷을 입고 다녔어요.

이 생각해 보면 대원군 시절에 좋은 것 많았어요. 좌우간 노무현 대통령은 고시를 패스해서 계급이라는 문제를 넘어간 셈이고, 고시를 치른 공무원도 고급 공무원이니 경제 문제가 해결되었지요. 그럼 이 사람이 메인 스트림에 갔어야 하는데, 엉뚱하게 학생들, 노동자들하고 놀았단 말이에요. 아주 다른 인간이에요. 제 삶을 돌아보면서 노무현 대통령 생각을 많이 하는데, 이 사람은 요트도 타긴 했지만, 정작 진짜로 노는 것은 자기와 다른 사람들, 약자하고 놀았어요. 약자라고 표현하는 것이 너무 작위적이긴 하지만 젊은 사람들, 노동자들하고 놀았어요. 저는 회사를 다니면서 메인 스트림에 갈 수 있는 최소한의 조건을 갖춘 셈인데, 그렇게 돈 많은 사람들하고 안 놀고 한나라당 반대편 쪽에 서 있지요. 한나라당이나 재계 쪽 사람들은 "저 인간 웃기는 인간이네" 하면서 따뜻한 눈길을 보내지 않아요. 그럼 반대로 제가 놀러 온 동네는 저를 받아 주고 같이 놀아 주는가? 그렇지도 않아요. 참 구박 많이 받으면서 서자처럼 정치하는 셈이지요. 일부는 분명히 제 책임인데, 이 동네 와서 논다고 하면서도 이 동네를 잘 믿지 못하는 것, 이게 바로 제 딜레마인 것 같아요. 아프지만 이 분석이 맞는 것 같아요.

우 너무 복잡하게 생각하는 것 아니에요? 말하는 것, 연설하는 것, 그런 스타일에 좀 변화가 필요할 것 같은데요. 정치인들은 원래 고상한 게 아니라 저잣거리에 있는 사람이거든요. 요즘은 더욱 그럴 것 같고요. 저도 책을 쓸 때, 익숙했던 논문체와 보고서체를 털어내느라 상당히 애먹었어요. 시간이 없거나 급히 서둘러 쓰다 보면, 어김없이 논문체로 돌아가요. 결국 그런 원고는 다 버리지요. 어떻게 보면 저도 대중에게 얘기를 직접 하려다 보니, 논문체 같은 것은 다 버리고 저잣거리로 들어와 있는 셈이지요. 나이 어린 독자들에게 책으로 말을 걸려다 보니까, 정말로 저잣거리로 내려가야 한다고 마음먹었지요. 가끔 속상하기는 한데, 어쨌든 사회과학 서적을 출간한다는 것은 학회에 논문을 발표하는 것과는 사뭇 다르거든요. 한나라당의 정치도 완전 저잣거리 정치인데, 어떻게 보면 민주당 혹은 진보 정당들도 저잣거리에 있는 것은 마찬가지예요. 어떻게 표현하면, 이계안 의원님은 저잣거리에 나와 있는 사람치고는 옷이 너무 깨끗해요. 국민들이 '우리 편'이라고 선뜻 느끼지 못하는 거겠지요.

이 같은 내용을 저잣거리라고 표현하고 저는 복잡한 말로 설명한 것인데, 저도 느껴요. 제가 저잣거리에 가서 저도 이 동네 사람이에요, 이렇게 말하면 안 믿는 것 같은 두려움이 좀 있어요.

우 옛날 말로 하면, "손이 선비처럼 참 곱구려."

이 그래요. 제일 많이 듣는 소리 중의 하나가 손에 굳은살이 없다는 거예요. 심한 사람은 이렇게도 얘기해요. 우선 재산을 다 정리해라. 제가 처음 정치를 하면 재산을 정리하겠는데, 4년 정치하는 동안에 전부 공개해서 이미 알려져 있고, 새삼스럽게 제가 동작구 떠나서 노원구 간다고 해서 저 사람은 우리 동네 사람이라고 받아줄까요? 차라리 솔직하게 알리고, 제가 할 수 있는 의미 있는 일들을 찾아보는 게 나을 거라고 생각해요.

노무현, 끊임없이 아래로 내려와 놀았던 정치인

우 김성순 의원이 서울 시장으로 출마한다고 했잖아요. 아내가 민노당 당원 하다가 요즘은 탈당했거든요. 그런데 경선 열리면 자기는 민주당 당원이라도 가입해서 김성순 의원에게 표를 보태 주고 싶다는 거예요. 만약 다른 사람 얘기라면 제가 뭐라고 했을지도 모르지만, 김성순 의원이라면 그럴 만도 하다는 생각이 들어요. 다른 정치인들에게 미안한 얘기지만, 저한테도 한국 정치인 중에서 믿을 만한 사람 하나 꼽아 보라고 하면 김성순 의원을 꼽겠어요. 김성순 의원은 구청장을 오래 하면서 송파구를 아주 살기 좋게 만들었거든요. 구청장 시절, 용적률 마구 못 올리게 하고, 롯데월드 하는 것도 막고, 공원 늘리고, 도서관 짓고, 초등학교 안에도 수영장 지었거든요. 그게 십몇 년 동안 김성순 의원이 송파구에서 보여 준 거예요. 송파구와 강남이 비슷했는데, 강남은 완전히 난개발로 갔고, 최소한 김성순 의원이 구청장 하는 동안에 송파구는 사뭇 다른 길로 걸어갔죠. 제가 아는 한국의 국회의원이나 단체장 중에서 '토건 경제' 하지 않은 사람은 김성순 의원 한 명이에요. 그런 힘으로 지난 총선 때, 한나라당이 강남, 송파, 싹 쓸어갈 때 김성순 의원 혼자서 의원이 된 거지요. 송파구 사람들 중에서도 개발파 아닌 사람들 많고, 그 사람들이 김성순 의원을 지지했죠. 실제 행정 능력으로 증명한 사람은, 이명박 대통령이 아니라 바로 김성순 의원이에요. 물론 모든 단체장이 다 자기가 잘했다고 하지만, 제가 볼 때 진짜 잘한 것처럼 보이는 사람은 김성순 의원 한 사람이에요. 이런 눈으로 보면, 이계안 의원의 경우는 정치가나 행정가로서는 김성순 의원이 가지고 있는 자산이 없는 셈이지요.

이 지금 굉장히 중요한 이야기를 하셨는데요, 사람이 시간이 가면 흔적이 남아요. 이 흔적이 쌓이면 역사도 되고 문화도 되는 것 아니겠어요. 이것은 절대 시간이 필요한 것이거든요. 김성순 의원이 구청장으로서 한 구의 살림을 하면서 내세웠던 가치, 또 가치를 반영한 돈 쓰는 순서, 이런 것을 보고서 거기 살던 구민들은 구청장을 뽑았어요. 김성순은 김성순대로, 이계안은 이계안대로 고민해야 할 것이 있어요. 그게 뭐냐면, 구청장, 시장, 이런 일들에 집중할 수 있는 기회를 한국 정치가 주지 않아요. 이렇게 볼 때 서울 시민이 생각하는 시장은 뭘까요? 김성순과 이계안이 똑같이 가지고 있는 고민이, 대통령을 한다고 해야 시장을 할 수 있는 기회가 온다는 거예요.

우 특히 서울 시장이라는 자리가 그렇게 이해되지요.

이 지난번 시장 선거 때, "나는 시장만 할 거야"라고 했더니, 선거를 치르고 기획하는 사람들이 그런 얘기 하면 절대로 안 된다는 거예요. 시장을 한 세 번쯤 할 장기 계획을 세워서 공개하면 어떻겠느냐고 물어봤더니, 그러면 한 표도 안 나온다는 거예요.

우 한국 정치는 국회의원 중에서도 리더로서 단 1퍼센트의 지분이라도 가지려면 대통령이 된다고 해야지요. 안 그러면 절대로 리더가 되기 어려워요.

이 그런 문제가 있지요.

우 진보신당은 지지율이 1퍼센트도 안 돼요. 그럼에도 이런 데서 리더가 되려면 대통령에 출마할 거라고 사람들이 알고 있어야 하거든요. 가능성과는 상관없이, 대선 후보가 정치 리더의 조건인 셈이지요.

이 이것도 어떻게 보면 믿음에 관한 질문일 수 있지요. 보이지 않는 것도 믿을 수 있는가? 정치는 사실 보이지 않는 것을 믿고 하는 것이거든요. 그런데 많은 사람들이 보이는 것에 대해서만 얘기하지요. 저는 역사는 절대로 선線형이 아니라고 생각해요.

우 독특한 것이 아니라 요새는 다 그렇게 생각해요.

이 다른 사람들은 선형으로 생각해서 어제와 오늘 이야기를 하는데, 저는 선형이 아니라 이것은 공간 도약이 존재하는 것 같아요.

우 성경이나 불경이나 같은 얘기를 하지요. 어느 날 아침에 일어나서 생각해 보니, 깨달았다!

이 각성. 맞아, 그거예요! 제가 노무현 대통령을 설명하는 것도 그거예요. 노무현 대통령의 특이한 점이, 주류 사회에 들어갈 수도 있는데, 끊임없이 내려와서 놀았다는 거지요. 노무현 같은 정치인이 되는 걸 지향하는 사람은 많겠지만, 앞으로 노무현이 또 나오기는 어려울 것 같아요. 지금 노무현을 계승하자, 노무현 학교를 만들자, 이런 얘기를 하는 사람들이 많지만, 이걸로 노무현을 다시 만들기는 어려울 거예요.

우 제가 현대 과장 2년차부터 별명이 '온갖 문제 상담소 소장'이었어요. 사람들이 경제 얘기부터 하여간 별의별 문제를 다 들고 왔어요. 저는 보통 세 가지로 답을 줘요. 이를테면, 제가 사례 같은 것을 굉장히 많이 아는 편이잖아요. 이런 것들을 기계적으로 조합해서 기술적 해법을 주고, 누군가는 이렇게 풀었다는 사례를 알려주고, 마지막으로 저라면 이렇게 하겠다고 얘기해요. 이렇게 세 가지 답변을 주고 나서 알아서들 하라고 그러지요. 이상하게 저한테는 옛날부터 상담하러 오는 사람들이 많았어요. 누군가 저한테 부탁하면 제 일처럼 생각하는 게 습관이 되었어요. 그게 제 원칙 중 첫 번째이고, 두 번째는 가장 힘들 때만 사람을 만나요. 예를 들면, 차관 하다 잘려서 쉴 때, 국회의원 떨어져서 쉴 때, 이럴 때

위로하는 일을 하고, 잘될 때는 안 봐요. 어려움은 나누어지는데, 즐거움은 사실 나누어지지 않는 것 같더라고요.

이 우 박사 이야기를 들으니까 제가 머리는 우 박사만큼 안 좋은데 하는 짓은 비슷한 것 같아요. 저는 스스로 한약방의 약재 넣어 두는 상자 같은 머리를 가지고 싶었어요. 저는 타고난 천재는 아니니까 스스로 훈련하는 거예요. 저도 상담 비슷한 걸 참 많이 했어요. 저는 기술적으로 가능한가, 그리고 경제적으로 가능한가, 두 가지로 나누어서 답변을 주려고 해요. 또 도와 달라는 사람들이 오면 항상 네가 51퍼센트를 하고 나는 49퍼센트를 할 거라고 얘기해요. 저도 잘나가는 사람들에게는 안 가요. 개인적으로 안 갈 뿐만 아니라 그런 사람들이 모이는 모임에도 안 가요. 그런데 제가 불러서 밥 사 주는 것은 하거든요. 한 가지 원칙이 더 있다면, 저는 돈 안 드는 것은 다 잘해요. 가서 시간 때워서 뭘 하는 것은 잘해요. 그런데 이게 실제로는 믿음에 관계되는 이야기인 것 같아요.

우 이런 것 어때요, 일주일에 세 시간 정도 시간을 비워서 정말로 일반인들의 고민을 들어 보는 일을 해 보시면?

이 그것을 세 시간 정도가 아니라 더 하라는 분들도 있어요. 제가 정치를 한다고 했더니, 실명을 거론해도 되겠지요, 오랜 기간 저를 잘 아는 선배인 KT의 이석채 회장이 밥 먹자고 해서 만났어요. 정치를 왜 하냐, 네가 잘하는 것을 해야지? 제가 잘하는 것이 뭐예요? 사업에는 정말 뛰어나지 않으냐? 돈 버는 것은 더 할 뜻이 없습니다. 그랬더니 직업적으로 남의 이야기를 들어주는 컨설팅 회사를 차리라는 거예요. 그것이 돈벌이가 되겠어요? 너는 돈벌이 안 해도 되잖아. 사무실만 유지하면 되잖아. 그러면서 세상에 그런 사람이 너무나 많다는 거예요. 사회에서 남 보기에는 부러울 것 없는 사람들이 말할 수 없는 외로움이 있다는 거예요. 아내에게도 털어놓을 수 없는 고독함이 있고 자식들에게도 털어놓을 수 없는 안타까움이 있고 직장 사람들, 부하 직원들하고도 같이할 수 없는 어려움이 있다는 거예요. 그래서 그것을 종교적으로 신부들한테 고해하는 것처럼 말하고 싶은데 그럴 사람이 없다는 거죠.

우 제가 이 이야기를 왜 꺼냈는가 하면, 제가 직접 아는 사람들도 있고 아닌 사람들도 있는데, 자살하기로 마음먹은 사람들을 최근에 주변에서 좀 봤어요. 우울증이 심해진 거죠. 그런데 이 사람들 보면 잘살아요. 삼성 출신도 있고 그래요. 그런데도 마음이 아주 아프지요. 아마 특별한 계기가 없으면 결국 자살할 거예요. 그런 사람들 공통점이 집안이 평온하지 않아요. 너는 지금 정신병원에 가서 약도 먹고 도움을 받아야 한다는 이야기를 식구 아니면 친구도 해 주기 어렵지요. 결국 식구가 데리고 가야 하는데, 식구는 그런데 관심이 없어요. 이계안 의원 같으면, 말문을 열고 얘기를 좀 하지 않을까요?

이 학교를 같이 다녔던 친구들과 이야기를 많이 합니다. 어렸을 때 이후로 한참 만에 만나도 어제 만난 사람처럼 이야기하죠. 그리고 해라, 하지 마라 하는 이야기를 할 뿐만 아니라 무던히 들어주면서 위로해 주는 거죠. 그런 사람들이 친구인데, 전혀 모르는 사람에게 그렇게 할 수 있는 사람으로 받아들여지면, 우리가 말하는 마음을 산 것이 아닐까 싶어요. 정치하는 것과 관련해서 참 허망한 것이 한 가지 있어요. 국회의원을 아홉 번 하고 나라를 훔치려고 쿠데타를 했던 김종필 씨가 언젠가 "정치가 다 허업이오"라고 말했어요. 참 허무한 거지요. 어쨌든 기회가 되면, 사람들하고 얘기를 더 많이 해 보고 싶기는 하네요.

우 제가 예전에 경제 인류학 공부할 때 보았던, 마르셀 모스Marcel Mauss라는 사람이 쓴 『증여의 경제』라는 것이 생각나네요. 선물에 관한 얘기인데, 이게 윗사람이 먼저 주는 거예요. 받으면 반드시 돌려줘야 하고, 윗사람은 자기가 받은 것보다 더 많이 돌려주고. 그렇게 하면 꼭 시장에 의한 상품 경제가 아니더라도 경제가 돌아가기는 하지요. 그런데 사람이라는 게 변덕스러운 데가 있어서 어떤 사람은 받기만 하고 안 줄 것 아니에요? 그런데 받기만 하고 안 주면 저주를 받게 되지요. 선물에는 영혼이 따라다닌다고 믿은 거예요. 자본주의 이전의 원시 경제는 대개 그런 증여에 의해서 움직인다고 분석해요. 그런데 한국을 가만히 보니까, 부자들과 지배층 사이에서는 아주 끈끈하게 그런 증오가 움직이는 것 같아요.

이 갤브레이스가 쓴 것을 읽었는데, 그 사람도 경제를 움직이는 힘 중의 하나가 선물이라고 한 적이 있지요. 마음을 사는 것은 무엇일까, 마음을 움직이는 것은 무엇일까, 이게 사실 선물이 아닐까 싶네요. 좋은 의미도 있고 나쁜 의미도 있지요. 윗사람이 아랫사람 주는 것이, 그게 우리나라 현대 정치에서 바로 통치 자금이라는 것 아닙니까? 통치 자금이 권력을 유지하기 위해서 윗사람이 아랫사람에게 선물이라는 형식으로 주는 것인데, 이게 결국 꼭 자판기처럼 돈 넣은 만큼만 아랫사람이 움직이게 되거든요. 그게 바로 금일봉이지요. 전두환 대통령이 사람의 마음을 사는 방법으로 그렇게 했다는 것 아닙니까? 부하 직원들이 수고했을 때 봉투를 줘요. 예를 들면, 한 10만 원쯤 들어 있을 거라고 생각했는데, 열어 보면 100만 원쯤 들어 있다는 거예요. 그래서 그 다음부터는 완전히 충성했다는 거 아니에요. 뇌물을 많이 줘서 우리를 놀랜 사람 중 한 명이 정태수 씨예요.

우 박연차 이야기도 좀 들었는데, 끝내 주더라고요.

이 박연차는 아마 배워서 했겠지만, 정태수는 뇌물에 관해서는 그야말로 '뇌물 경제학'이라고 불러야 할 정도로 차원을 달리했다지요. 요즘은 5만 원짜리 고액권이 나와서 상황이 사뭇 바뀌었지만, 점잖은 신사가 양복 입고 흉하지 않게 들고 갈 수 있는 게 007 가방 두 개 양손에 드는 정도거든요. 신사가 라면 박스를 들고 갈 수는 없잖아요. 가방 하나에 1억 원씩, 2억 원을 줄 수 있지요. 5만 원짜리면, 이제 10억 원을 한 번에 줄 수 있는 거예요. 그런데 정태수는 거기에 100달러짜리를 넣었다는 거예요. 가끔 엔화도 사용하고. 진짜 돈 단위가 달랐다고 하더라고요.

우 제가 요새 가진 딜레마가요, 작년부터 '우정과 환대'라는 개념을 강조했거든요. 그런데 가만히 보니까 돈 있는 소수의 사람들은 정말로 우정이 넘쳐나고, 온갖 환대와 선물 속에서 살아가지요. 그 야말로 오고 가는 현금 속에 싹트는 정에 의해서 증여의 경제 그 대로 움직여요. 그런데 요즘 가난한 사람들의 삶을 보니까, 정말로 빡빡하고 오고 가는 게 없어요. 그 속에서 우정이나 환대를 기대하기가 쉽지 않지요. 이 문제를 어떻게 풀어야 할지 잘 모르겠더라고요.

이 친구도 마찬가지예요. 지금 우리 나이의 친구 중에 직업이 있는 사람들은 딱 두 부류예요. 교수가 아니면 정년이 없는 자격증을 가진 사람들, 변호사, 회계사, 의사, 이런 사람만 있어요. 나머지 사람들은 이미 은퇴했거나 그만뒀거나. 친구들 모임을 보면, 결국에는 돈을 낼 수 있는 친구들만 나와요. 우 박사 이야기가 일리가 있는 것 같기도 하네요. 생각해 보면 지금 우 박사가 이야기하는 것처럼 우파의 힘이라는 것이 오고 가는 현금 속에서 싹트는 정이라는 게, 진짜 현실이지요.

우 골프도 마찬가지로 생각해 볼 수 있겠지요. 한국의 우파들은 진짜로 거래가 아니라 증여를 중심으로 움직이는 것 같더라고요. 자, 오늘 얘기는 이 정도로 정리할게요. 고생하셨습니다.

사람의 마음을 사거나 얻는 일은 힘든 일이다. 정치를 하든 하지 않든, 사업을 하든 하지 않든, 미움을 받으면서 살고 싶은 사람은 없다. 때때로 대중 정치인들은 너무 쉽게 사람들의 마음을 사는 것처럼 보이지만, 그 안에도 나름대로의 어려움이 있는 것 같다. 정치인으로서 이계안은 허풍을 치거나 과장하는 일을 잘 못한다. 게다가 그는 많은 사람들이 생각했던 것처럼 한나라당의 보수 정치인의 길을 걷지 않고, 민주당 그리고 그 내에서도 훨씬 좌파의 입장에 그 자신을 세우려고 한다. 그런 그에게서 고독이 느껴졌다. 한국 정치의 특징 중 하나가, 정치를 통해서 유명해지고 정치 영웅이 되는 것이 아니라, 이미 유명해진 사람만이 정치를 할 수 있다는 점이다. 기자나 방송인이 쉽게 정치에 입문하는 것이 그런 이유일 것이다. 이 문제를 어떻게 풀면 좋을까?

일곱 번째
질 문

한국은행 총재가 된다면?

"우리 집 이사할 땐데, 라면 박스에 책이 들어 있었어요. 그런데 이사하는 사람이 그것을 들어 보더니 왜 이렇게 무겁냐는 거예요. … 다른 집에 가면 라면 박스에 돈이 들어 있대요. 돈은 질은 더 좋은 종이인데 무게는 덜 나가요. 자기가 평창동에서 이름만 대면 알 만한 사람의 개인 주택에 가서 이사를 하다가, 실수로 수도꼭지를 틀어서 창고 바닥에 물이 찼대요. 바닥에 놓였던 짐을 들고 일어났는데 퍼런 돈이 우수수 쏟아지더라는 거예요. 현찰로 집에 보관되어 있는 돈이 꽤 될 거예요. 화폐 개혁을 해서 잘하면 그런 돈을 햇볕 쪼이게 할 수 있겠죠." _ 이계안

일반인에게는 잘 알려져 있지 않지만, 이계안은 의원 시절 국회 재경위에서 상당히 우수하게 의정 활동을 했다는 평을 받고 있다. 그 시절의 얘기 중에서 가장 알려지지 않은 것이 화폐 개혁 혹은 '리디노미네이션'이라고 불리는, 한국은행에서 열심히 추진하던 방안이었다. 그런 얘기들과 함께 일반인들에게는 좀 멀게 느껴지는 한국은행에 관한 얘기들을 나누어 보고 싶었다.

한국은행이 바쁘면 나라가 병든 것

우 요즘 경제학 책 중에서 잘 팔리는 책이 두 종류가 있어요. 하나는 행동경제학과 관련된 책이고, 하나는 화폐에 관한 책이에요. 행동경제학에는 심리학적 요소가 많이 들어가 있고, 옛날에 수요 공급으로 설명하던 것 말고 좀 더 실질적인 얘기들이 많아서 사람들이 재밌어하는 것 같더라고요. 화폐는 최근 세계적 금융 위기 때문인지, 달러에 관한 책들이 잘 팔려요. 엄청나게 두껍고 전문적인 내용도 많은데 잘 팔리더라고요.

이 그게 왜 그럴까요?

우 많은 사람들이 미국 연방준비위원회가 정부 기관인 줄 알았는데, 그게 아니라는 걸 보면서 충격을 좀 받은 것 같아요. 그런 것에 대해서 자세하게 쓴 책들이 인기지요. 미국이 자기네 적자를 달러로 메우는 바람에 이렇게 된 것이 아니냐는 질문들이 생겨난 거죠. 달러 본위가 계속해서 갈 것인가라는 고민들도 하는 것 같고요. 그 연장선상에서 사람들이 한국은행에 대해서도 조금씩 관심을 가지기 시작하는 것 같네요. 박승 총재 취임일이 2002년 4월이었죠? 강의나 강연회에서 그 시절 얘기를 몇 번 해 봤는데, 사람들이 굉장히 재밌게 듣는 것 같더라고요.

이 오, 그래요? 뜻밖이네요!

우 지난주 금요일에 〈오마이뉴스〉에서 유료 강연을 했어요. 섹스와 생태학 얘기를 했고, 한국은행에 대한 얘기를 했는데, 사람들이 한국은행에 대한 이야기는 처음 들었다고 하더라고요. 사람들이 돈에 대해서만 관심을 갖지, 실제로 발권 체계나 이자율 체계 따위는 잘 모르잖아요.

이 그 이야기들을 교과서적으로 빡빡하게 하지 않고 재미나게 했겠죠.

우 한국은행 이야기를 특히 재미있게 생각하는 것 같았어요. 보통 경제학 얘기 하면 사람들이 그냥 자는데, 한국은행에 관한 얘기는 간만에 안 재우고 끝까지 했지요. 저는 정치나 권력에 대한 욕심은 전혀 없는데, 기회가 올 리는 없겠지만, 어쨌든 한국은행 총재는 한번 해 보고 싶다는 생각이 들기는 해요.

이 한국은행 총재가 되고 싶은 이유가 무엇입니까?

우 저는 토건으로부터 빠져나오는 경제를 만들어 보고 싶어요. 그걸 탈토건이라고 부르거든요. 그렇다고 국토해양부 장관이 된다고 해 봐야 별로 할 수 있는 게 없을 것 같아요. 장관 혼자 하는 게 아니거든요. 딱 하나의 길목을 지킨다면, 한국은행 총재가 그래도 생각보다 토건을 막는 데에 할 수 있는 일이 좀 있을 것 같다는 생각이 들었지요.

이 그러니까 한국은행 설립 목적이 오로지 물가 안정인데, 엉뚱하게 다른 짓 해서 한국은행이 저렇게 멍드는 것 아닙니까?

우 경제를 활성화한다는 명목으로, 한국은행도 '토건질' 단단히 했다고 보아야지요. 죽어라고 금리를 낮추고, 절대로 시중 금리대로 움직이지 않잖아요?

이 한국은행의 목적이라는 것이 결국은 물가 안정 하나잖아요.

우 그러니까 지금 법을 바꾸어서 한국은행 목적도 바꾸겠다는 거 아니에요?

이 물가 안정을 하라고 했는데 딴 짓 하는 것은, 한국은행의 독립성에 관한 문제와 독립성을 유지하기 위해서 한국은행 총재를 어떻게 뽑고 금융통화위원회를 어떻게 구성할 것인가 하는 문제가 한 가지 있고요. 한국은행이 물가 안정과 거꾸로 경기를 부양하는 데 수단으로 쓰이는 문제 특히 우리나라가 환율에 개입하는 것이 굉장히 심하잖아요. 그 문제 때문에 통화 안정 기금이니 외평채를 발행해서 지금 우리나라가 이자가 이자를 낳아서 한국은행 재정 자체가 적자가 나고 이것이 문제의 본질 아닙니까? 한국은행의 독립성에 관한 얘기가 늘 문제가 되지요.

우 　제가 보기에는 독립성까지는 아니더라도 한국은행은 가만히만 있
　　 어도 될 것 같아요.

이 　한국은행이 바쁘면 나라가 병이 난 거죠.

우 　제 생각에는 중앙은행의 예측이 틀려도 괜찮거든요. 단, 일관성을
　　 가지고 틀리면 나머지 경제 주체들이 거기에 맞춰서 움직일 수 있
　　 는데, 요즘은 보면 거의 관치 금융에 가깝도록 대통령, 청와대, 여
　　 기에 각종 재경부 관료들까지 다 한국은행을 자기 맘대로 움직여
　　 려고 들더군요.

이 　한국은행과 관련해서 제일 골치 아픈 것이 결국 독립성에 관한 이
　　 야기일 것 같아요. 정권은 유한하고 한번 생긴 돈의 역사는 무한
　　 한데, 지금처럼 하면 유한한 존재가 무한한 존재에게 덤비는 것이
　　 라는 거죠.

우 　하여간 크게 보면 미국 모델이 독립성을 가지고 있는 모델이고요,
　　 독일은행은 정책적으로 움직이는 경향이 있어요. 모든 중앙은행
　　 이 독립되어서 다 잘되는 것은 아닌데 한국은행은 조금 이상한 모
　　 델이죠.

이 　한국은행 총재를 임명하는 과정에 문제가 있어요. 한국은행 총재
　　 는 중앙은행의 수장이기도 하지만 금융통화위원회의 위원장이기
　　 도 하잖아요. 그런데 금융통화위원회를 어떻게 구성하는가? 금융
　　 통화위원회가 7명으로 구성되는데, 그중 2명이 한국은행의 내부
　　 인사로 총재와 부총재, 그리고 5명은 각각 추천 기관이 다른 구성
　　 원들로 구성되잖아요. 기획재정부, 상공회의소, 은행연합회, 금융
　　 감독위원회, 한국은행 총재가 각각 추천하지요. 형식은 그렇게 되
　　 어 있는데, 실제로는 사람을 정해 놓고 이 사람은 상공회의소에서

추천한 것으로 하고 이 사람은 은행연합회에서 추천한 것으로 해서, 사실은 행정부 특히 청와대가 개입하는 게 가장 큰 문제라고 생각해요. 그렇게 인사를 장악하다 보니, 정부가 한국은행의 고유 업무와 배치되는 방향으로도 움직일 수 있게 되지요. 이를테면 금리 같은 것도 선제적으로 올리거나 내리거나 해야 하는데, 금리를 결정하는 금융통화위원회가 있기 전이면 왕왕 기획재정부 장관이 기자 회견을 자청해서 아직은 출구 작전을 쓸 때가 아니라는 둥 선수를 치잖아요. 그래서 행동의 범위를 정해 버리는 일들을 하잖아요.

우 지난 10년 동안 보니까 하여간 우리나라 금리는 내려갈 때는 용감하고 올라갈 때는 찔끔거리더군요. 이자율을 경기 부양과 집값 올리기 장치로 사용하는 것 같아요.

이 금융통화위원회 위원들을 이미 다 정해 놓은 상태에서 추천 기관 몫으로 추천하니까, 독립성이라는 것이 구성 자체부터 문제가 있지요. 그러다 보니까 정부가 물가 안정이라는 미션을 줬음에도 물가 안정과 모순되는 정책들도 우선순위로 정하게 되고, 환율 문제에도 개입하게 되는 거지요. 거의 환율 조작에 가까울 정도로 원화 환율을 인위적으로 낮춰 수출 경쟁력을 인위적으로 높이려는 노력도 하지요. 그러면 당장은 수출 경쟁력을 확보할 수 있을지 모르지만, 수입 자재나 수입 소비재를 쓰는 입장에서 보면 물가 안정과는 배치되는 거잖아요? 모순되는 것을 하는 것이 가장 큰 문제 아닌가? 그 다음 문제가, 금융 정책과 집행 기관이 다르잖아요. 개별 은행에 대해서는 한국은행에 감독권이 없는 것은 아닌데, 금융감독위원회가 미시적으로 감독하는 것이 대세고, 한국은행이 하는 것은 서로 권한 쟁의를 할 만큼 복잡하게 되어 있는 것 아닙니까?

우 제가 살펴보니까 사실상 한국은행 총재가 되어도 할 수 있는 것이 거의 없더라고요. 물가를 안정시키는 중앙은행이라기보다는 토건 기관이면서 경기 부양 기관으로 보는 게 더 맞을 것 같더라고요.

이 정책 목표를 달성하기 위해서 정부가 마땅히 내야 할 돈을 한국은행에서 내는 경우가 많아요.

우 4대강 사업도 한국은행에서 돈이 나올 가능성이 있나요?

이 저는 충분히 그럴 가능성이 있다고 보죠. 4대강 사업까지는 아직 모르지만 경기 부양에서 주택금융공사가 일정한 역할을 하는데, 주택금융공사의 출자 기관 중의 하나가 한국은행이에요.

우 박승 총재 얘기 좀 해 볼까요? 일반인들이 아주 재밌어하더라고요, 그의 취임부터 퇴임까지 4년 동안의 얘기….

이 박승 총재가 말하기를 즐기시는 편이지요. 총재는 말을 안 하는 것이 보통인데, 말을 즐기시는 편이어서, 이를테면 기자를 만나 한국은행이 가지고 있는 외환 보유고의 구성비에 관해서 언급하신 후에 외환 시장에서 난리가 난 적이 있어요. 그래서 국회 재정경제위원회가 긴급 소집된 적이 있지요. 상임위가 열렸을 때 한국은행 총재가 먼저 업무 보고 형식으로 기자와의 만남에 대해 해명했어요. 상임위에서 저는 예고했던 질문은 서면 질의로 하고 대신 시편에 나오는 글을 하나 읽었어요. "나의 입술에 파수꾼을 세워 달라." 제가 예고한 질문을 하지 않겠다고 하자 총재 얼굴이 밝아졌었는데 막상 시편을 읽자 표정이 아주 어두워지셨지요. 제가 자못 심한 말을 한 거잖아요? 한국은행 총재는 금융 정책을, 기획재

정부 장관은 재정 정책을, 이렇게 두 기관이 때로 경쟁하고 때로 보완하면 좋겠어요. 그러려면 서로 관계가 대등해야겠지요. 그러나 우리나라는 관료 위주니까….

우 결국에는 기획재정부에서 다 하는 것 아니에요?

이 그러니까 한국은행 총재가 자기 역할을 다할 수 없다는 생각이 많이 들죠.

우 그래도 박승 총재가 유일하게 무엇인가 해 보려고 했던 것 같아요.

이 박승 총재가 그렇게 할 수 있었던 것이 자신이 원로였던 것도 있고, 그때 박승 총재를 보좌했던 당시 한국은행 이성태 부총재가 부산상고 나온 사람인데, 정권의 실세로부터 전폭적인 지지를 받은 것도 한몫했다고 봅니다.

우 김대중 대통령 때 임명됐는데 노무현 대통령 때는 이성태 부총재랑 연결되어 있었다는 거죠?

이 이성태 부총재가 부산상고 나온 사람일 거예요. '부副' 자 붙은 실세들은 대개 기관장들을 무시하는데, 이 사람은 그러지 않고 굉장히 보좌를 잘했어요. 그러니까 박승 총재하고 일정한 역할을 나눠서 대외적인 업무나 발언 같은 것은 총재가 하고, 부총재는 안살림과 정치권에서 일정한 역할을 하는 식으로 했어요. 또 박승 총재가 한때 경제수석이기도 했고요.

우 청와대 경제수석도 하고 건설부 장관도 하고 대한주택공사 이사장도 했지요.

이 상아탑에만 머물지 않고 정부 일을 해 본 학자여서 정책의 메커니즘 자체를 잘 알고 있는 분이었지요. 한국은행 총재가 전통적으로 경제학을 공부해서 관료가 되는 사람이 좋은 것인지, 아니면 이를테면 문사철을 공부하는 것이 나을지는 좀 고민이에요. 통화 관리가 생각보다 창의적이어야 할 부분이 많거든요. 그래서 저는 한국은행 총재는 문사철에 대한 소양이 많은 사람이 해야 하는 대표적인 자리라고 생각하는데요. 앨런 그린스펀의 자서전을 보니까 경제학 전공자가 아니라 줄리아드 음대를 나온 사람이었더군요.

우 아, 그랬어요?

이 경제학 같은 것은 독학으로 공부한 사람이지요. 솔직하게 말하면 저는 문사철 공부하는 사람들을 굉장히 높게 평가하는 경향이 있어요. 그래서 한국은행 총재는 잘 훈련된 은행가나 경제학자보다는 인문학적 소양이 있고 새롭게 전개되는 도전에 창의적인 답을 낼 수 있는 사람이 되었으면 좋겠어요.

우 제가 한국은행의 화폐 개혁에 관해서 조사를 해 보려고 하거든요. 박승 총재가 한국은행 조사부 차장 출신이더라고요.

이 전통적인 한국은행 사람이지요.

우 2002년에 박승 총재가 임명되고 나서 세 달 동안인가, 한국은행 내에서 토론했더라고요. 우리가 이제 무엇을 할 것이냐? 세 달쯤 있다가 발표한 것이, 첫 번째는 매번 나왔던 한국은행 독립, 그런데 이것은 한국은행 총재가 하는 것이 아니니까 젖혀 놓고, 두 번째가 화폐 개혁을 내걸었어요. 세 번째가 남북한 화폐 통합인데. 이것도 사실은 한국은행 총재가 할 수 있는 것이 아니잖아요? 그러니까 결국 나중에 리디노미네이션redenomination이라고 부르게 될 화폐 개혁 하나를 내건 셈이지요. 물론 실패했지만.

이 화폐 개혁에 대해서는 저도 10만 원짜리까지 발행하거나 동전 부분을 떼어 내어 1,000원을 1원으로 하자고 주장했어요. 그런데 둘 다 우리나라가 신뢰가 없는 사회고 투명하지 않은 사회라는 것이 극명하게 드러났어요. 이렇게 하면 화폐 발행 비용도 낮추고, 화폐 개혁 과정에서 지하 경제도 드러나게 할 수 있어 어느 정도는 통제할 수 있는데, 뇌물을 주는 데 너무나 좋은 수단이기 때문에 못한다는 거예요. 이런 우려가 너무 강해서 그렇게 못했어요.

우 제가 지하 경제라는 것에 대해서 처음 고민한 것이 바로 그때였어요. 그전에는 지하 경제에 대해서 생각도 못했는데 과연 우리나라에서 화폐 개혁을 하면 어떤 일이 벌어질까, 생각해 보니까 지하 경제에 대해 한 번쯤은 견제가 될 것이고, 토건의 투기 자본에 대해서도 어느 정도는 제어할 수 있을 것 같아서 화폐 개혁을 지지했지요.

이 화폐를 개혁하면 사람들이 장롱 속에 약간씩 가지고 있는 돈뿐만 아니라 아직도 많은 사람들이 가지고 있는 출처를 밝히기 곤란한 현찰들이 밖으로 나와서 금융실명제 틀 속으로 들어오면 뭔가 좀 나아질 거라고 생각했죠. 우리나라 사회가 생각보다 굉장히 부패했다고 여겨지기 때문에….

우 제가 현대에서 나와 에너지관리공단에서 팀장 하던 시절인데, 그때가 IMF 직후였거든요. 그때 사장 하라고 연락 온 데가 엄청 많았는데, 그 사람들이 열이면 열 다 박정희 때 통치 자금을 가지고 투자하려고 한다는 거예요. 저는 모조리 사기꾼이라고 생각했는데, 어쩌면 진짜 박정희 돈이 그 안에 숨어 있었을 수도 있겠지요.

이 우리 집 이사할 땐데, 라면 박스에 책이 들어 있었어요. 그런데 이사하는 사람이 그것을 들어 보더니 왜 이렇게 무겁냐는 거예요.

제가 무슨 말인지 못 알아들었어요. 다른 집에 가면 라면 박스에 돈이 들어 있대요. 돈은 책보다 가볍죠. 돈은 질은 더 좋은 종이인데 무게는 덜 나가요. 또 그 사람이 이야기해 주는 것이, 자기가 평창동에서 이름만 대면 알 만한 사람의 개인 주택에 가서 이사를 하다가, 창고에 있는 짐만 남았는데, 실수로 수도꼭지를 틀어서 창고 바닥에 물이 찼대요. 바닥에 놓였던 짐을 들고 일어났는데 퍼런 돈이 우수수 쏟아지더라는 거예요. 금융실명제 전에는 물론이고 금융실명제 이후에도 현찰로 집에 보관되어 있는 돈이 꽤 될 거예요. 화폐 개혁을 해서 잘하면 그런 돈을 햇볕 쪼이게 할 수 있겠죠.

우 대체적으로 우리나라 지하 경제를 GDP의 10퍼센트 정도로 추정하는 것 같더군요.

이 그것보다 훨씬 많아요.

우 바다이야기 할 때, 제가 그때 관련된 기고를 몇 번 했어요. 상품권이 유사 화폐처럼 쓰였는데, 심지어 어떤 지역에서는 상품권이 아예 화폐를 대신하는 일도 벌어지더라고요. 그때 한국은행이 뭔가 잘못하고 있는 거 아닌가 생각했어요.

이 법 자체가 옛날에는 상품권을 발행하면 그만큼 보증금을 맡기거나 보증을 서라고 했는데 지금은 소비자 보호책이 거의 없을걸요? 그러니까 지금 유사 화폐가 많이 생기기도 하고. 통화 정책과 관련해서 2003년에 카드 대란이 있었잖아요. 거기에 대해서도 한국은행이 책임져야 할 부분이 분명하게 있다고 생각해요. 외국에 비해서는 은행의 수신과 여신 감독을 굉장히 열심히 하는데, 신용카드에 대해서는 별로 안 했잖아요. 신용 카드에 대한 통상 업무라는 것이 판매 대금에 대한 신용만 제공하는 것이라고 생각했는데 아주 예외적으로 여행 갔다가 갑자기 돈이 떨어졌다든지 돈을 분실한 사람들을 위해서 다이너스 카드, 아메리칸 익스프레스 카드 따위가 약간의 현금 서비스를 한 것이 현금 서비스의 시작이란 말이죠. 그런데 이것이 우리나라에서는 본말이 전도되어서, 현금 서비스가 본 서비스가 되어 버리고 신용 판매가 부수적인 업무가 됐어요. 그러면 은행에서 돈을 빌려 주는 것이나 카드 회사에서 현금 서비스로 돈을 빌려 주는 것이나 마찬가지니까, 거기에 대해서는 충분한 준비금을 쌓게 하거나 여신 관리를 해야 했을 텐데, 그걸 안 했지요.

우 저는 아내한테 용돈 타서 쓰고 신용 카드를 안 쓰니까 신용도가 낮을 거예요. 그 대신 아내는 우수 고객이지요.

이 한국은행이 교과서에 있는 것만 가지고 자기들이 잘한다고 하는데 세상은 변하는 것이어서 자기가 보지 못하는 곳에서 생기는 것들, 액자 밖에서 생기는 일들에 대해서 애써 외면하다 보니까, 진짜 한국은행이 적극적인 역할을 해야 할 때 안 하는 것이 많단 말이죠. 대표적인 것이 IMF 구제 금융 받은 다음에, 이를테면 금융 감독위원회 위원장 하던 이헌재 씨 같은 경우가 적극적으로 기업 구조 조정 같은 것을 끌고 다니고, 은행의 창구 지도제를 통해서 누구 돈을 주네 안 주네 이런 걸 하려고 주거래 은행 제도를 적극적으로 활용했지요. 정부는 이 주거래 은행 제도를 가지고 기업들의 부채 비율을 조정하고 그랬잖아요. 그것은 굉장히 적극적인 역할을 한 것인데 한국은행 같은 경우에는 신용 카드의 현금 서비스 따위에 대해서 마치 금융감독원의 미세한 금융 정책의 수단으로

만 생각했는데 실제로는 카드 회사의 현금 서비스를 통해서 통화 증발이 일어났어요. 반면에 2008년 이른바 세계 경제 위기 때에는 한국은행이 선제적으로 잘하고 있다고 정부에서는 주장하죠? 은행에다 유동성을 굉장히 많이 줬는데, 문제는 출구 전략을 어떻게 할 것인가 하는 것이죠. 이건 한국은행 총재가 말할 틈도 없이 대통령과 기획재정부 장관이 공조가 중요하고 뭐가 중요하고 망을 쳐 놓으니까 금리 조정도 못하고 있잖아요. 한국은행이 그러니까 제 기능을 못하고 있는 것인데 이것을 어떻게 할 것인가, 이런 숙제들이 있어요.

자본주의와 민주주의는 다른 제도

우 제가 보니까, 이제부터는 한국은행에서 원화를 어떻게 지킬 것인가도 중요한 기능으로 생각해야 할 것 같습니다. 지금까지는 원화 절하에만 너무 신경을 쓴 것 같기도 하고요. 어쨌든 경제 전체에 돈을 돌리는 총괄 기능인데, 이상하게 한국은행이 제조업이나 산업에는 별로 신경을 쓰지 않는 것 같아요. 그런 점에서 단순히 금융 경제의 총괄 기관이 아니라 한국 경제 전체에 대한 컨트롤 타워 같은 곳이라고 생각할 필요가 있을 것 같아요.

이 그런 이야기를 우리도 이따금 하지만, 한국은행에서 오래 근무한 사람들 이야기를 들으면 한국은행은 존재함으로써 의미가 있는 것이지 열심히 일하면 안 된다는 거죠. 한국은행이 바쁘다는 이야기는 한국 경제 어딘가가 문제가 있다는 말이에요. 이렇게 답하는 사람들도 있어서 우리가 그것에 대해서는 귀담아들을 필요가 있 겠죠.

우 하여간 요즘 제가 찾아보니까, 민주당에도 한국은행에 대한 공약은 중립성 빼고는 별 얘기가 없는 것 같았어요.

이 중립성 얘기 외에는 없지요.

우 민주노동당이나 진보신당에서 한국은행에 대해서는 거의 고민하지 않는 것 같아요.

이 고민이 그것 아닐까요? 이를테면 통화 문제에 대해서 민주주의와 자본주의가 실은 같이 가는 제도가 아니잖아요. 민주주의는 일인일표 아닙니까? 그런데 자본주의는 일인일표와는 관계없는 거잖아요. 그러니까 한국은행 총재를 민주주의 방식으로 해서 일인일표라고 생각하는 평등주의에 입각한 사람이 가서 할 것인지, 진짜 자본주의 제도에 충실해서 화폐 가치를 지키기 위해서 뭐든지 할 수 있는 특별히 훈련된 사람이 가서 할 것인지, 근본적인 견해 차이가 있는 것 같아요.

우 이거야말로 흑묘백묘 아니에요? 물가만 잘 잡고 원화만 잘 지키면 되지, 어떤 사람이면 어떻겠어요?

이 한국은행뿐만 아니라 사실은 경제 정책의 성장에 관한 이야기, 분배에 관한 이야기를 할 때도, 두 개가 서로 대체재라고 하니까 문제가 있는 것인데, 일정한 부분이 넘어가면 그것이 보완재라고 생각하거든요. 분명히 어느 순간까지는 대체재의 성격을 갖지만, 계속 그런 것은 아닌 것 같아요. 그 임계점이 어딘가를 해석하는 것은 직관력과 실력이 있어야 되는 것이겠지만, 항상 지금 이야기하는 것처럼 분배를 이야기하면 공산주의자 빨갱이, 분배를 이야기하지 않으면 보수주의자, 이런 것은 아닐 것 같아요.

우 어쩌면 우리는 한국은행이라는 기관의 위상에 대해서 너무 고민을 안 했던 것 같아요.

이 한국은행을 고유한 기능이 있다고 본 것이 아니라, 정책을 달성하기 위한 수단, 즉 수단으로서만 존재한다고 너무 기능주의적으로 본 것 아닐까요? 저의 제일 고민이 그것이에요. 환율 조작 국가 혐의를 받아 가면서 원화를 평가 절하해서 경기를 끌고 갔던 사람들, 그래서 이를테면 외국의 투자가들과 우리나라의 수출 기업들만 돈을 많이 벌었는데, 실제로 우리나라에 기름값 등 수입 물품에 의존하는 사람들은 피해를 너무 많이 봤잖아요. 그런 문제에 관한 고민 같은 것을 보면서 한국은행이 저렇게 해도 되나 싶었어요. 가끔 물어보면, 한국은행에서는 기획재정부 뒤치다꺼리하다가 이렇게 되었다는 핑계만 대는데, 사실 좀 문제가 있지요. 어떤 경우든지 우 박사가 이야기한 것처럼 원화 가치에 대한 분명한 입장이 정해져야 하고, 그것을 제1원칙으로 해서 다른 것을 따져야지 다른 것의 수단으로서 한국은행이 장신구처럼 있는 것은 우리나라의 지속 가능한 경제 체제를 유지하기 위해서도 좋지 않은 것 같습니다.

우 처음에 제 눈으로 본 것이 1992년도였나요, 파운드화 몰락…. 그때 제가 파리에 있었거든요. 그때 기억으로 바로 그 전주에 프랑스의 외환 보유고가 사상 최대라고 했거든요. 우리가 이렇게 돈이 많아요, 달러가 많아요, 그렇게 뉴스에 나왔지요. 바로 그다음 주에 파운드화 몰락이 터졌거든요. 그랬더니 재정부 장관인가 나와서 한번 막아 보겠다고 한 지 딱 일주일 만에 프랑스 전체의 외환 보유고가 이틀 치 남았다고 그러더군요. 프랑스가 최고로 외화가 많았을 때에도 파운드화 떨어지는 걸 같이 막아 주는데 일주일을 못 버티더라고요. 외환 시장에 직접 개입해서 뭘 한다는 것 자체가 황당한 게 지금 세계 금융의 현실이지요.

이 그것을 수사로 말하면 시장을 이기는 정부는 없다는 것 아닌가요. 시장을 이기는 정부는 없고 정부가 시장의 흐름을 잘 타면 미세조정을 할 수 있는 것이지만, 그것을 거슬러 간다고 하면 그냥 휩쓸려 나가는 것이죠. 그때 기록을 저도 한번 봤는데, 독일 사람들은 하나도 안 도와주잖아요. 독일이 안 도와주면 유럽은 아무것도 안 돼요.

우 유로 화폐 통합을 하려고 할 때니까 어느 정도 파운드화를 끌고 가야 된다고 주장하는 사람들이 있었는데, 독일 중앙은행인 분데스방크는 꿈쩍도 안 하더라고요.

이 독일이 이렇게 세니까 영국과 프랑스가 절절매는구나 생각했어요.

우 분데스방크가 사실 미국과 거꾸로 된 것이, 거기는 이제 중앙 정부에서 결정하잖아요. 분데스방크와 정부가 밀접하게 협력하지요. 그런 점에서, 독일처럼 중앙은행이 정부와 아예 같이 가거나 아니면 아예 독립적이거나 그러면 하나의 시스템이 생겨나는데, 한국은 같이도 갔다가 독립도 했다가 그러니까 도무지 어떻게 할지를 모르는 거예요.

내가 아는 어떤 친구는 늘 가난했는데, 농담처럼 자신이 죽으면 한국은행에 묻어 달라고 했다. 죽어서라도 돈 냄새를 실컷 맡아 보려고 말이

다. 경제학을 공부한 사람 중에서 중앙은행의 기본적인 작동 방식이나 원리에 대해서 모르는 사람은 없지만, 실제로 구체적인 작동 방식이나 미세한 측면에 대해서는 거의 모른다. 그러나 중요한 기관이라는 것만큼은 사실이다. 지나치게 성역화되어 있는 한국은행의 일들을 어떻게 공개하고, 국민들이 같이 논의할 수 있고, 그런 과정을 통해서 새로운 시대에 적합한 한국은행의 위상을 어떻게 찾느냐가 우리가 풀어야 할 과제 중의 하나일지도 모른다. 만약 이계안이 한국은행 총재가 된다면 어떨까? 최소한 그는 평소의 소신대로 인플레이션은 막아 줄 것 같고, 최소한 금융 위기 국면에서 그랬던 것처럼 원화의 급격한 절하가 생겨나지 않도록 노력은 할 것 같다. 박승 총재처럼 뚜렷한 족적을 남기는 총재가 될지는 모르겠지만, 아주 독특한 스타일의 한국은행이 되기는 할 것 같다.

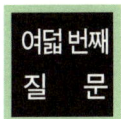

지식경제부 장관이 된다면?

"하여간 장관들을 보면 처음 6개월은 무언가 하고 싶다고 의욕을 보이다가 딱 6개월 지나면 할 수 있는 것이 별로 없군, 하고는 마냥 놀더라니까요. 재미가 없어진 것도 있지만, 그 안의 복잡한 파벌과 구조 같은 것에 질려 버렸을지도 모르지요." _ 우석훈

"정주영 회장님 계실 때는 … '서울대 나온 사람들을 영업자로 앉혀 놓으면 뺀질거리고 안 하잖아' 대놓고 그렇게 말씀하셨어요. 연세대 나온 사람들도 마찬가지라고 지방대 출신들을 현장에 많이 투입하셨죠." _ 이계안

이명박 정부가 들어서면서 원래도 컸던 지식경제부는 과기부와 정통부의 업무 일부를 넘겨받으면서 정말 큰 부처가 되었다. 물론 정부 부처 중에서 더 중요하고 덜 중요한 곳이 있을 수 없다. 큰 일이든 작은 일이든 국가를 운영하기 위해서는 다 중요한 일이다. 한국의 지식경제부는 산업 특히 제조업에 관한 사항을 총괄하면서 동시에 한국전력과 같은 에너지 부문을 총괄하고 있다. 기업체에서 잔뼈가 굵은 이계안의 지식을 가장 잘 활용한다면 어쩌면 지식경제부 장관 같은 것이 아닐까 하는 생각에 이 질문을 준비했다.

지금처럼 어정쩡할 거라면 차라리 폐지가 나아

우 지식경제부 이야기를 할까요? 제가 이 이야기를 넣은 배경 설명을 하면, 일단은 제가 제일 잘 아는 곳이에요. 그런데 지식경제부가 갈수록 덩치는 커지는데, 살짝 이상해진다는 생각을 했어요. 어쨌든 미우나 고우나 한국의 실물 경제를 지휘하든지 조율하든지 하는 곳인데 예전에는 석유화학과, 철강과, 그렇게 한 과가 산업 하나를 담당했는데, 요즘은 그냥 담당관 한 명으로 가지요. 담당 숫자가 준 것이야 정부 규모를 줄이고, 산업 정책을 직접적인 방식에서 간접적인 방식으로 전환하는 것이라서 그런대로 이해해 줄 수는 있는데, 담당관이 계속 바뀌다 보니 실제로 내용을 제대로 아는 사람이 별로 없어요. 자기 산업에 대해서 잘 모르는 사람들이 모여서 감 놔라 배 놔라 하는 꼴이 된 셈이거든요. 만약 이런 부처의 장관이 되신다면 어떻게 하시겠어요?

이 지식경제부가 예전에는 산자부, 그 전에는 상공부였잖아요? 상공부를 출입하기 시작한 때가 제가 직장 생활을 시작한 1976년부터예요. 우리나라 산업사를 보면 1979년 5월 25일에 5·25조치를 하고, 1980년 8월에 8·20조치를 해요. 이런 식으로 계속해서 우리나라의 경제 발전이 관 주도로 가다 보니, 어느 시점에 가면 구조적인 모순이 드러나고, 그 모순을 해결하기 위해 관이 직접 개입해서 돈도 주고 구조 조정도 하게 되지요. 그 첫 번째가 1979년 5월 25일 제2차 석유 파동 때의 일이에요. 중화학 투자를 지원하기 위해 국민투자기금 같은 것을 통해서 강제 저축을 시키고 내자를 만들어 공장들을 지었는데 오일쇼크 여파로 공장이 돌아가지 않게 된 겁니다. 대표적으로 발전 설비 공장에 문제가 생겼어요. 처음에 발전 설비는 현대양행 하나였는데 나중에 여러 사람이 손질해서 발전 설비를 만들 수 있는 회사가 현대양행, 현대중공업, 대우, 삼성 등이 생겨났지요.

우 한중은 그때 없었나요?

이 한중이 바로 현대양행이 바뀐 것이죠. 대우와 삼성이 합하고, 현대와 현대양행이 합하는 과정이 1979년 5·25조치예요. 그 다음에 10·26사태가 나서 다시 경제가 회복되기보다는 정치적인 불안까지 겹치니 더 어려워져서 8·20조치를 취해요. 그때는 자동차 일원화, 발전 설비 일원화 같은 것을 하죠. 5·25조치는 박정희 대통령 때고, 8·20조치는 전두환이 국보위 상임위원회 위원장 때 한 거예요. 그때 대리로 거기에 참여하기 시작해서 이후 각종 구조 조정을 단행할 때, 이를테면 가장 최근에 1997년 IMF 구제 금융을 받을 때까지 저는 한쪽에서는 정부 정책에 대응해서 현대라는 민간 기업이 살아남을 수 있는 전략을 짜기도 하고, 1997년에는 정부 측 사람들에게 우리나라 구조 조정을 이렇게 하자는 아이디어를 내기도 했지요. 한때는 우리나라 산업 정책의 대상자로, 또 1997년에는 민간인이지만 산업 정책에 아이디어를 내는 사람으로서 국가 정책에 관여하기도 했지요. 2004년부터는 국회의원으로서 우리나라의 산업 정책을 지켜보게 되었죠. 상공부 시절에는 상공부가 우리나라 전체적인 개발 계획을 보며 이끌어 갔지요. 대체적으로 우리나라는 자원이 제한되어 있으니까 선택과 집중을 통해서 불균형 성장을 추구했지요. 기간산업 또는 이미 수입을 많이 하기 때문에 국내 공장을 지으면 수입을 대체하는 산업, 나아가 해외 수출 산업을 집중적으로 양성해요. 그래서 우 박사가 이야기한 것처럼 1987년 7월 1일 공업발전법이 제정 발효되기 전까지는 개별법 지원 체제로 자동차공업발전법, 석유화학발전법, 철강산업발전법, 이런 식으로 산업별로 조직되어 지원 정책을 수립, 집행했지요. 중앙 정부의 조직 원리가 행안부 같은 경우는 지역으로 나누고, 보훈처 같은 경우는 제대 군인 따위를 분류해서 사람 기준으로 나누는데, 그때 당시 상공부는 산업 기준으로 했어요. 1987년 7월 1일 공업발전법이 발효되면서, 회사 주주에 외국인이 몇 퍼센트 이상 들어오면 감면해 준다든지 하는 식으로 기능별로 바뀌어요. 그러다가 1987년 6·29선언 때 점점 민간 부문이 활성화되고 시장 경제론자들이 강해지니까 산업 정책 자체를 포기해 버려요. 그래서 지금 지경부가 기본적으로는 정부의 의지를 가지고 적극적으로 무엇을 한다기보다는 민간 부문이 어떻게 돌아가는지 모니터링하는 정도예요. 그러다 보니까 산업 구조적으로 문제가 생겼을 때, 이른바 총대를 메고 산업 정책을 입안하고 집행하는 사람이 없어요. 또 우리나라가 적극적으로 어디에 선투자를 해서 새로운 일자리를 만들거나 차세대 밥벌이에 관한 일도 제한되어 있어요. 물론 정부가 5대 핵심 산업이니 10대 핵심 산업이니 하며 여러 가지 산업 정책을 내기는 하지만, 실효성이 많이 떨어져 형식만 있는 경우가 많지요.

우 모양새는 외국 따라가면서 갖췄는데 제대로 안 하죠.

이 이유는 두 가지예요. 하나는 시장 부분이 커지다 보니 시장을 이기는 정부는 없다는 것을 현실적으로 받아들인 것이지요. 또 세계 무역 질서가 WTO 체제로 재편되면서 정부가 개입할 수 있는 방법과 수단이 제한되어 있어요. 그렇기 때문에 한계가 있죠. 그런 상황에서 지식경제부 사람들이 무엇을 할 것인가? 어떻게 보면 민간 부문이 맡아야 마땅한 것인데, 또는 민간 부문과 협력하는 부분이 있는데, 민간이 더 잘할 것 같으면 손 놓는 것이 맞다고 생각해요. 또 반대로 지금처럼 각종 산업에 모니터링하는 정도라면 그렇게 할 필요 없이 적극적으로 국가의 산업 정책에 대한 철학을 세워야지요, 그런 걸 안 하고 어정쩡하게 있을 거면 차라리 폐지해야죠.

우 지금 지식경제부 장관이 움직일 수 있는 대학이 두 개 있어요. 산업기술대학과 서울산업대. 산하 기관인 한전, 석유공사, 가스공사, 에너지관리공단이나 무역 관련 기관도 전부 지식경제부 장관이 움직이는 것이에요. 상공회의소도 사실상 지식경제부가 움직이는 거지요. 그러니까 장치는 굉장히 많이 가지고 있거든요. 누가 그 장치를 잘 조율하면 직접적인 규제나 조치가 아니더라도 상당히 많이 움직일 수 있는 거죠.

이 우 박사가 말한 대로 자기의 손때가 묻은 사람들을 통해서, 이를테면 서울산업대 총장, 무역협회 부회장을 통해서 하는데, 그 사람들도 어떻게 보면 공무원 신분을 벗어나 민간 부문으로 가는 동안에 인턴 코스처럼 거쳐서 가는 거예요. 그 사람들 연임되는 것 봤어요? 적극적으로 산업 정책을 실현해 봤자 어차피 연임이 안 될 테니까 그저 공무원 시절보다는 월급을 더 받으면서 민간 부문으로 넘어가기 위한 인턴 과정으로만 활용되는 거지요.

우 제가 공직에 있을 때 모신 장관이 다섯 명쯤 되거든요. 다섯 명 모두 산자부 내에서 승진한 경우가 없고, 내부의 갈등을 조정하지 못한 채 손님처럼 있다가 떠나더라고요. 그 안에 파벌이 꽤 많거든요. 그러니까 한 2년쯤 있어도 누가 누군지 모르고 있다가 가요. 장모 사랑 없는 사위랑 똑같은 꼴이에요. 허울만 좋은 셈이지요.

이 게다가 공무원들을 이른바 제너럴리스트로 키울 것인지 하는 문제가 있어요. 공무원들을 계속해서 뱅글뱅글 돌리는데, 이 정도로는 돈벌이로 생각하는 기업인들과 소통할 수 있는 수준이 안 되는 경우가 많아요. 옛날에는 관이 주도해서 신규 사업을 하고 정부의 인허가를 받아야 했기 때문에 인허가권을 통해서 재계를 통제하거나 유착하기도 하고, 때로는 재계의 도움을 받기도 하고 그랬어요. 담당 공무원을 볼 때, 그 사람이 승진에 한계가 있는 경우에는 그 사람과 할 수 있는 일이라는 게 매일 술 먹고 놀아 주거나 해서 타락시키는 일밖에 없어요. 일종의 뇌물인 셈이지요. 또 담당 공무원이 젊은 나이에 왔는데, 저 사람의 꿈은 장관 하는 것이다, 그러면 그 사람에게는 아이디어를 줘야 해요. 그것이 대중의 마음을 사는 방법은 아니지만 적어도 공무원의 마음을 사는 방법에 대해서는 제가 웬만큼 안다고 생각해요. 아이디어가 필요한 사람에게는 아이디어를 주고, 돈이 필요한 사람에게는 돈을 주는 식이지요. 지금까지 친해진 공무원을 보면 저하고 싸운 사람들이 많아요. 아이디어 가지고 대판 싸우고 나면 완전 달라지죠. 공무원에게 달려들었다는 것은 밉지만, 장기적인 안목으로 볼 때 저 사람하고 사귀면 내가 이 조직에서 새로운 아이디어가 있는 공무원으로 살아갈 수 있겠구나 생각하면 저하고 계속 만나더군요.

우 공무원 사회에서 그런 말이 있어요. 업무로는 싸워도 진짜로 원수를 만들면 바보라고. 그런데 싸우다 보면 진짜 원수가 되는 경우도 종종 있더라고요.

이 공무원들과 관련해서 기억나는 일 중의 하나가 민간 발전소에서 천연가스로 발전을 하게 하는 것이었어요. 공무원과 이야기하다가 아이디어를 얻은 것이지요. 당시에 전력과 과장을 만나러 갔는데, 여름인데 그 사람이 큰일 났다 이거예요. 예비전력률이 위험 수위 이하로 떨어졌다는 거예요. 그러면 전기 적게 쓰는 공장을 세우거나 전기의 질을 낮추어야 해요. 헤르츠를 낮추면 전기의 질은 떨어지지만 전기의 양은 커져요. 하지만 잠깐 쓰자고 대규모 발전소를 지을 수도 없고 말이에요. 평상시에 남으면 그것도 자원 낭비잖아요. 그러니까 예비전력률이 떨어질 때만 쓴다는 거예요. 그래서 민간 발전소로 천연가스 발전소를 만들어 예비전력률이 위험할 때만 쓰자 이거예요.

우 지금도 민간이 천연가스 발전을 하나요? 제가 아는 것들은 대개 한전 설비들이던데.

이 현대건설이 설비를 가지고 있다가 IMF 때 민간에 매각한 것들이 좀 있어요.

우 대부분의 L&G는 한전 자회사들이 가지고 있거든요.

이 서울 같은 도시 근처에서는 좀 비싸더라도 공해를 덜 발생시키는 천연가스로 발전을 하지요.

우 서울 근처는 다 천연가스로 발전해요. 분당에도 하나 있고….

이 공무원들은 저에게 고민거리를 이야기하고 저는 아이디어를 내고 하니까 그 공무원은 우리나라 발전 설비의 구조적인 문제를 민간을 통해서 해결할 수 있는 아이디어를 냈잖아요. 그 사람은 국장 하고서 옷 벗고 지금은 사기업체로 갔는데, 공무원 하면서 새로운 문제에 부딪힐 때마다 저한테 전화했거든요. 제가 지식경제부 장관이 된다면 지금처럼 공무원들의 일자리를 보장해서 산하 기관 같은 곳에 보내어 자리 보전이나 시키는 방식으로는 하지 않을 것 같아요. 하려면 제대로 정책을 만들어 내거나 해야죠.

우 그렇게 말씀하시면 공무원들이 절대 못 오게 할 텐데요.

이 그다음에 할 수 있는 건 민간 부문과 협력할 만한 일을 만드는 거지요. 천연가스 발전소 예를 들었지만, 제가 하고 싶은 것은 중소기업과 대기업이 서로 공급 관계로 묶여 있는 산업들의 틀을 바꾸는 거예요. 이를테면 자동차 산업 같은 경우 현대자동차가 수많은 부품 회사에서 만든 부품을 가져다가 조립하는 거잖아요. 그런데 우리나라 산업 구조는 공급도 독점이지만 수요도 독점이에요. 현대자동차가 완성체도 독점 업체이지만 부품을 사 주는 유일한 업체이기 때문에 부품업체와 자동차 완성 업체가 지나칠 정도로 상하 관계거든요. 그 관계를 넘어서야 중소기업이 혼자 힘으로 살 수 있고 기술 개발도 할 수 있어요. 제가 지식경제부 장관이 된다면 재벌과 중소기업이 정부의 펀드를 이용해서 함께 일할 수 있는 틀을 만들어서 우리나라 산업 구조를 고쳐 보고 싶어요. 지금처럼 독과점적인 산업 구조를 고치고 싶은 게 평생의 제 꿈이에요.

우 일본 정부의 에너지 관련 기관 네도NEDO 사무실에 가 보니까 네도 직원, 파견 나온 일본 공무원, 파견 나온 대학교수, 여기에 민간 기업 파견자까지 모여서 3~4년짜리 프로젝트를 같이 하더라고요. 깜짝 놀랐어요.

이 그렇게 협력 작업을 해야 해요. 우리나라의 대기업과 중소기업의 관계에서도 정부, 대기업, 중소기업이 서로 매칭 펀드를 내고 지적 소유권을 공유하면 대기업과 중소기업이 지금 같은 일방적인 상하 관계가 아니라 수평적인 관계로 갈 수 있는 여지가 있을 거예요.

우 제가 이계안 의원님이 지식경제부 장관을 하면 좋겠다고 생각한 이유 중의 하나가 자동차는 확실히 살리실 것 아니에요? 뭐라도 하나 제대로 정리하는 게 낫지 않겠나 싶어요. 예전에 산자부 장관들 보니까 하나같이 "뭐 좀 쌈빡한 것 없나?" 하면서 아랫사람들 엄청 들볶아요. 그래서 6개월 동안 밤새우게 만들고, 어느 정도 익숙해질 만하면 그 다음부터는 정치하러 다녀요.

이 그런 게 문제지요. 우선 있는 조직을 원활하게 움직이는 것만으로도 복잡한 것이 행정 메커니즘이라고 생각하지만, 기본적으로 어떤 경우에라도 의사 결정에서 효율성을 살리려고 노력하는 것이 필요해요. 장관도 마찬가지라고 생각해요. 시장과 행정에서 중요한 우선 원칙 몇 가지를 정하고서 장관을 하면 지식경제부 장관이 해 볼 만한 자리일 거예요. 그렇지 않고 지금처럼 산하 기관들에 자기 사람을 부회장으로 보내 놓고 순회 다니면서 밥 얻어먹고 같이 놀고 그러려면 차라리 권력자를 상대로 정치해야죠. 이 자리를 하루라도 더 지키는 것이 좋으니까.

우 하여간 지나간 장관들을 보면 처음 6개월 동안 무언가 하고 싶다고 의욕을 보이다가 딱 6개월 지나면 할 수 있는 것이 별로 없군, 하고는 마냥 놀더라니까요. 재미가 없어진 것도 있지만, 실제로는 그 안의 복잡한 파벌과 구조 같은 것에 질려 버렸을지도 모르지요. 현대와 지식경제부를 비교해 보면 현대가 생각보다 파벌이 없었던 거예요.

이 지금은 모르겠지만 적어도 정주영 회장님 계실 때는 회장님이 인사권을 확실하게 행사했으니까 그런 것도 있고, 그분 생각 중에는 기능주의적인 요소도 좀 있어서 그랬을 거예요. 기획하는 사람들은 머리 좋은 사람들을 쓰고 나머지는 돌쇠 같은 사람들을 쓰자는 생각이 있었을 거예요. 서울대 나온 사람들을 영업자로 앉혀 놓으면 빼질거리고 안 하잖아, 대놓고 그렇게 말씀하셨어요. 연세대

나온 사람들도 마찬가지라고 지방대 출신들을 현장에 많이 투입하셨죠.

돈 벌어 본 사람이 볼 때 불가능한 일

우 꼭 해 보고 싶은 정부 부처가 있나요?

이 정부 부처는 어떤 곳에 가도 좋은데 임명직은 가능하면 안 하려고 해요. 솔직하게 말하면, 임명한 사람이 저보다 큰사람이면 괜찮은데, 그렇지 않은 경우에는 괜히 질투하는 것 같아서 말이에요. 제가 월급쟁이 더 안 하겠다는 것과 같은 얘기예요.

우 선출직 공무원 얘기 하시니까 생각나는 게 있네요. 최근에 제가 일본에 갔다가 일본 시민 단체 사람들에게 이야기를 들었는데요, 일본 NHK 사장이 한국 KBS 사장과 유사한 문제점이 있다는 거예요. 일본 NHK는 전 세계 NHK 아니에요? 예산과 권한은 엄청나게 큰데 자기들끼리 시켜 놓고서 이상한 짓을 하는 거예요. 그래서 이런 걸 선출직으로 뽑으면 좋겠다고 법률 청원을 준비하는 시민 단체가 있더라고요. 생각해 보니까 우리나라도 예를 들면 KBS, MBC, 한전 사장 따위를 대선 때 같이 뽑으면 안 되나 싶더라고요. 지금은 대선 한 번으로 이런 모든 자리에 대한 임명권을 대통령한테 주는 거잖아요.

이 저는 그게 민주주의와 자본주의의 모순이라고 생각해요. 민주주의와 자본주의는 마치 같은 말처럼 보이지만 기본적으로 전제가 다른 거잖아요. 자본주의 메커니즘이 작동해야 할 부분에 민주적인 원리를 동원한다는 것이 과연 가능할 것인가라는 의심이 들기는 해요. NHK는 조금 다를지 모르겠어요. 그런데 한전에 기본적으로 요구되는 것은 원가와 가격만으로 말하는 일반적인 상품과는 개념이 조금 다른 상품인데, 투표로 다 한다고 하면 가장 값싼 전기를 생산하기는 하겠지만, 전기가 들어가지 않는 지역이 늘어나는 부작용이 생길 수도 있겠지요.

우 투표로 한다고 하면, 그런 부작용까지 포함해서 사람들이 선택하겠지요. 정치인에게 요구하는 것들이 공기업이나 공공 기관에도 유사하게 요구되지 않을까요?

이 사람들은 타고난 집단 지성 같은 것을 가지고 있어요. 그런 면에서 저는 대중을 여전히 믿는데 대개의 경우 대중이라는 것이 현명할 때도 있지만 때로는 새로운 학습이 생겨날 때까지 좌충우돌하고 정체되어 버리기도 하지요. 민주주의와 자본주의에서 자본주의는 돈을 가장 많이 벌 수 있는 사람, 잘 벌어 주는 사람을 택해서 뽑잖아요. 그런데 민주주의 원리대로 뽑으면 돈 잘 버는 기준뿐만 아니라 다른 이유로도 지지를 가장 많이 받는 사람이 뽑히겠지요. 몇 사람은 돈을 벌지만 많은 사람이 자살하는 살벌한(?) 사회를 만들지 말고, 처음부터 경쟁 없는 사회를 만드는 사람을 뽑자 하면 그 사람이 뽑힐 수도 있어요. 그런 문제가 있어서 효율을 제1덕목으로 해야 하는 곳을 선출직으로 뽑는 것이 맞는가에 대해서는 회의적이에요.

우 제가 한전 자회사의 사외 이사를 맡고 있거든요. 한전 사장만 해도 제가 보기에는 선출직으로 뽑는 게 나을 거예요. 임명을 받아서 내려오면 지식경제부 장관 눈치 보지요, 청와대 눈치 보지요,

자기 권한이 없으니 결국 아무것도 안 하고 견제도 못해요. 한전에도 감사가 있지만 감사가 견제할 수 있는 것도 아니고요. 한전 사장, 한전 감사, 다 비슷한 청와대 빽으로 들어온 친구 사이인데, 누가 누구를 견제하겠어요. 그렇다고 한전 자회사 사장이 견제할 수 있는 것도 아니고요.

이 거버넌스에 문제가 있는 거죠. 미국의 대다수 기업들의 CEO가 천문학적인 보수를 받고 있지만, 그런 사람의 선출 과정에서 여전히 문제가 있다는 것 아닙니까. 사장 추천위원회가 결국 그런 CEO가 구성한 사람들이면, 견제에 문제가 생기게 되겠지요.

우 제가 본 지식경제부 내의 다른 정부 기관도 마찬가지예요. 조직 내에서도 서로 견제가 있어야 하고, 조직 외부에서도 있어야 하는데, 학벌에 따른 알력, 총무과 출신이니 총괄과 출신이니 하는 알력은 있지만 조정coordination과 견제 메커니즘은 없지요.

이 그런 면이 있을 수 있겠네요. 우리가 능률이니 효율이니 하는 이야기도 모두 효과를 달성하는 사람을 대상으로 효율성을 따지는 것이지, 일을 하지 못한 사람들에 대한 얘기는 아니지요. IBM 같은 경우 목표를 달성한 사람들에게 상여금을 주어요. 목표를 달성하지 못한 사람은 상여금 대상에 끼지도 못하는 거예요. 야구에서도 타율 같은 것을 따질 때 규정 타석을 갖춘 사람들에 한에서 하는 거잖아요. 열 번 나가서 일곱 번을 쳤어도 최소한도 규정 타석은 넘겨야 타율을 결정하는 상황에서는 7할이라는 것이 의미가 없다는 거죠. 그런 것처럼 개인별 유효성을 전제로 한다면 지금 우 박사가 말하는 것이 필요하다는 것에 저도 동의해요.

우 제가 여러 장관, 여러 공기업 사장과 일을 해 봤어요. 짧지 않은 시간을 정부 내에서 일했으니까요. 그동안 정말로 괜찮다 할 만한 인사는 열 손가락 안에 꼽아요.

이 의사 결정 방법에 대한 고민이 여전히 있는데, 요즘은 사회 통합을 어떻게 할 것인가가 더 고민스러워요. 능률을 주장하려면 경쟁해야 하고, 경쟁하면 낙오자가 나오는데, 이 낙오자에 대한 문제까지 포함해서 사회 통합을 어떻게 이루고 낙오자를 어떻게 배려할 것인가, 이게 바로 지금 한국 정치의 과제인 것 같아요. 지금까지 능률에 치우쳐서 살았던 제가 얼마나 통합과 배려로 갈 수 있을까, 또 이 말을 전문적인 훈련을 받은 사람이 아니라 보통 사람하고 이야기할 수 있을까, 이런 고민이 있어요.

우 일반인들에게 경제를 이야기할 때 제 입장이 있고, 정책 전문가로서도 제 입장이 있잖아요. 하여간 일반인들에게 제가 만들고 싶은 정책에 대해서 이야기할 때, 일단 이 땅에 태어났으면 누구 눈에서도 눈물나지 않게 하고 싶다, 이런 경제를 만들고 싶다, 이렇게 얘기하지요.

이 사실 돈을 벌어 본 사람 입장에서 생각해 보면 불가능에 가까운 이야기거든요.

우 유토피아 같은 것인데요. 『이상한 나라의 앨리스』를 보면 아주 심술 사나운 여왕이 한 명 나오지요. 크리켓 게임 중에 열심히 뛰는데 앞으로 나가지지 않는 거예요. 그래서 앨리스가 열심히 뛰는데 왜 앞으로 안 나가느냐고 물으니까 여왕이 대답하죠. "이 나라에서는 가만히 있으려면 앞으로 열심히 뛰어야 한다." 19세기 영국이나 지금의 한국이나 열심히 뛰어야 제자리인 한심한 상황인 거지요.

이 (웃음) 그러니까 계속 이야기했지만, 요즘 제가 걷잖아요. 그런데 다른 사람들이 뛰면, 제가 뒤처지는 거예요.

우 제가 유토피아 얘기를 하면 사람들이 뜬구름 잡는 얘기라고 질색하지만, 그래도 오늘을 조금이라도 낫게 만들기 위해서는 우리가 만들 수 있는 유토피아에 대해서 누군가 계속 얘기를 해야 할 것 같아요.

한국은행에서 금융에 관한 얘기를 했다면, 지식경제부에서는 실물경제에 대한 얘기를 조금 더 해 볼 기회가 되었다. 우리는 시장이라고 쉽게 표현하지만, 이것도 사람들이 하는 일이라서 '거버넌스'라는 이름으로 표현하는 지배 구조와 의사 결정 체계가 문제가 된다. 이계안이 지식경제부 장관이 되는 날이 있을까? 그것은 알 수 없지만, 그 전에 이 자리를 채웠던 많은 장관들처럼 허망하게 관료계의 일부에 쉽게 편입되거나 아예 들어가지 못하고 떠돌게 되는 일은 없을 것 같다. 2010년, 한국에서 산업 정책은 여전히 매력 있는 주제이다. 한국의 진보는, 산업계의 이런 디테일에 아주 약한 것 같다. 그렇다고 보수주의자들이 산업의 디테일에 강한 것 같지도 않다. 이런 일들이 반복되다 보니, 결국 그게 지금의 고용 문제로 터져나오는 것 아닌가? '일자리'라는 질문을 아무리 붙잡고 있어 봐야 문제가 풀리지 않을 것이라고 생각한다. 실제로 그런 일자리를 만들어 내는 정책 당국이 부패했거나 무능하다면, 답이 풀릴 리 없지 않은가?

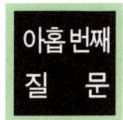

한겨레신문사 사장이
된다면?

"제가 한겨레에 가서 간부들에게 말한 게 있어요. 남의 집에서 아이를 낳았다고 하면 구경하러 가잖아요. 아이가 잘생겼으면 잘생겼다, 예쁘면 예쁘다고 하는데, 하다 하다 안 되면 아 그놈 귀 잘생겼네, 코가 잘생겼네, 이런다고요. 궁해서 하는 이야기지요. 한겨레에 대해서 사람들이 칭찬하는 얘기도 대개의 경우 이와 좀 비슷한 것 같아요." _ 이계안

"지금 MBC에 있는 사람들이 이것을 중앙일보 같은 곳에 팔아 버릴까 봐 제일 두려워하죠." _ 우석훈

"하하, 절대 못 팔걸요, 걱정할 것 없어요. 이명박 정부도 못하고 다른 정부도 못해요. 진짜로 그렇게 매각하면 정수장학회가 갑자기 재벌이 되는 거예요." _ 이계안

생긴 대로 논다는 말이 있다. 문자 그대로 해석한다면, 우파는 우파 동네에서, 좌파는 좌파 동네에서 노는 것이 맞기는 하다. 내가 오랫동안 지켜본 이계안은 대체적으로 사안에 대해서 합리적 해법을 찾는 것을 즐기는 전문 해결사이기는 하지만, 좌파나 우파 혹은 진보와 보수라는 잣대로 살피기에는 좀 고독한 스타일의 사색가에 가깝다. 진보 특히 좌파 계열의 단체는 대체적으로 가난하고, 너무 돈이 없어 지지리 궁상을 떠는 일도 많다. 지켜보는 내가 안타까울 정도지만, 그렇다고 딱히 해법이 보이지도 않는다. 이명박 정부 출범 이후로 〈한겨레〉와 〈경향신문〉과 같은 진보 계열 언론사도 아주 힘들다. 이런 곳에도 이계안이 뭔가 기여할 바가 있을까? 그래서 이 질문을 던져 봤다.

이판사판, 신문판?

이 한겨레는 개인적으로 제가 한겨레 주주이기도 해서 최학래 사장 때 한겨레 간부들하고 만난 적이 있어요. 한겨레 간부들에게 자동차 경영 이야기를 했어요. 불교에서 이판승과 사판승이 있다고 하잖아요. 이판사판 얘기…. 이판승은 공부를 열심히 해서 이른바 학승이죠. 사판승은 불사를 일으키고 대중을 동원하는 거잖아요. 그런 관점에서 이야기한 거예요. 신문사가 신문을 잘 만들기만 해도 지속적인 확대 재생산이 가능하다면, 신문을 만들던 사람들 이를테면 편집국장 하던 사람이 사장을 하면 잘할 수 있을 것이다. 그런데 신문도 경영이기 때문에 신문을 잘 만드는 것과 경영하는 것은 반드시 일치하는 것이 아니어서, 불교에서 말하는 이판승과 사판승처럼 이판으로 가는 것은 편집국에서 기자 출신으로 글 쓰던 사람들이 가고 사판은 사업하는 사람이 하는 것이 옳을 것 같다는 취지로 이야기했어요. 그러면서 인사 제도에 관한 이야기를 했지요. 편집국장 갈 사람은 광고국장을 거쳐서 시키면 좋겠다. 현대자동차가 한국경제신문에 지분이 있던 시절, 실제로 그렇게 한 적이 있어요. 현대자동차 사장일 때 주주 대표로서 제가 편집국장 갈 사람에게 광고국장을 거쳐 시키자는 의견을 냈어요. 자기는 다음에 편집국장 될 것이라고 기대한 사람이 느닷없이 광고국장을 하게 된 셈이죠. 그러면 사람들이 사표 내거나 이래요. 광고국장은 아무리 자기 소속이 신문사여도 광고주에게 가서 부탁해야 하잖아요. 글 쓰는 사람에게는 쉽지 않은 일이지요. 그때 제가 광고국장 된 사람에게 이랬어요. 우리가 소문을 하나 내겠다, 이 사람 명함은 광고국장이지만 괄호 속에 어떤 말이 있는가 하면 차기 편집국장이다, 그러면 자기가 광고주라고 해서 광고국장에게 마구잡이로 대하지는 못할 것이다, 그러니까 걱정하지 말고 해 봐라. 신문만 잘 만들면 되는 것이 아니라, 어떻게 하면 살림살이가 되는지 잘 알고 그걸 이해해야 결국 신문을 잘 만드는 사장이 될 수 있을 것이라고 말했어요. 그래서 한국경제신문에서 광고국장을 한 사람이 김기웅 씨인데, 이분이 지금 와우TV 사장이에요. 와우TV가 경영이 잘되어서 돈을 많이 벌고 있거든요. 한겨레는 만들어진 태생 자체가 아주 특별한 신문이잖아요. 어떠한 사람이 돈을 많이 내서 만든 것이 아니라, 국민들이 각별한 마음으로 주식을 사 주고, 그런 돈을 가지고 기상이 높은 사람들이 신문사를 만들어서 아주 날카롭게 사회를 비평하는 글도 쓰고 그랬지요. 실제로는 그렇게 해서 지속 가능하게 되려면, 영업이 돼서 신문에 새로운 독자 특히 젊은 독자들이 늘어나서 신문이 확대 재생산되어야 하는데, 현실적으로 오늘날 신문 시장이 그렇지는 않지요. 한겨레도 부수가 늘어나는 것도 아니고 그렇다고 독자층이 두꺼운 것도 아니어서 끊임없이 경쟁하는 신문사 중의 하나인 것이지요.

우 한국 신문들은 값을 올리기가 어렵잖아요. 독자가 늘면 늘수록 손실액이 커지는 구조더군요.

이 우 박사가 지금 이야기했는데, 우리나라 신문의 수익 구조를 보면 신문 구독료 받는 것이 국민일보 정도를 제외하면 10~20퍼센트에 지나지 않고 나머지는 다 광고 수입에 의존해요. 발행 부수와 광고비 단가가 비례적으로 늘어나지 않는 현실에서 신문을 발행하면 오히려 적자가 발생하게 되는데, 신문은 원가가 가격보다 비싼 특수 상품이라고 할 수 있지요. 그렇기 때문에 신문 발행 부수를 늘린다고 되는 건 아닙니다. 한때 유가 신문 발행 부수에 비례해서 광고비를 준다는 것 때문에 상당히 논란이 많았는데, 이 사람들이 술수를 써서 발간된 신문을 어디에 가서 유료로 파는 것이 아니라 바로 쓰레기 매립장에 가서 버릴 때가 있었어요, 10년 전쯤에. 그럴 때 제가 한겨레에 가서 이런 강연을 한 적이 있어요. 자동차 사장 자격으로 가서 도요타와 닛산 이야기를 비유로 들었어요. 도요타는 '마케팅의 도요타'라고 하고, 닛산은 '기술의 닛산'이라고 한다고요. 닛산은 동경대학을 나온 사람들을 비롯해서 엘리트들이 기술 개발에 충실하고, R&D에 투자를 많이 하는 것을 자부심으로 느끼는 자동차 회사예요. 그래서 새로운 첨단 장비, 첨단 기능 따위를 자동차에다 계속 적용하고 좋은 차를 만들어서 팔았는데, 결국 닛산은 망했어요. 도요타는 일본에서 명문 대학교 나온 사람들보다는 시장에서 강한 사람들, 즉 악바리들이 모여서 하는 회사예요. 요즘 경영학에서는 당연한 얘기지만, 이들이 자동차를 만들 때 먼저 시장에서 사람들에게 "무슨 차를 만들면 사겠는가?"라는 질문을 처음 한 사람들이에요. 시장 조사부터 하고 필요에 따라서 제품을 만들어라, 이런 걸 요즘은 도요타의 '저스트 인 타임', 도요타주의 등 다양하게 부르지만, 하여간 그렇게 마케팅을 생산에 적극적으로 결합한 회사이지요. 2010년 들어서 대대적인 리콜로 앞날을 예측하기 어렵다는 말도 있기는 하지만…. 반면 기술의 닛산은 자동차 기술의 첨단화 또는 자동차 기술의 경계선을 넓히는 노력을 하고 일정 부분 성과를 이뤘지만 회사로서는 경영에 성공하지 못해서 결국 르노한테 넘어갔지요. 신문을 잘 만들면 글을 쓰는 사람들이나 신문을 만드는 사람들이 만족감을 느낄지 모르지만, 그것이 광고 혹은 다른 수입 사업과 연결되면서 확대 재생산되지 못하면 글 잘 썼다는 것, 정론이라는 것이 의미가 없다는 얘기를 했어요. 나중에 최학래 사장 후임을 정하는데,

이계안을 사장으로 하자는 말이 나왔다고 해요. 물론 제가 한겨레 사장 역량이 있어서 그랬던 것은 아니고, 새로운 변화를 이야기해서 그랬던 거라고 봐요.

우 사실은 문화일보 때 신문 경영에 대한 것을 간접적이나마 해 보신 적이 있지 않나요?

이 현대에 있을 때 문화일보와 관련된 일을 직접 해 본 적은 있어요. 지금은 현대가 완전히 철수해서 독립된 신문사지요. 창간할 때는 구경만 했고, 경영 철수할 때는 종합기획실의 실무 책임자로서, 철수해야 한다고 주장해서 관철시킨 거지요. 당시에 문화일보 사장들이 동아일보 출신으로 아주 글을 잘 쓴다고 정평이 나신 분들이었지요. 신문은 신문다워야 한다고 주장하고, 품질 좋은 기사를 써야 한다고 주장했는데, 제가 신문사도 일종의 기업이니까 지속 가능한 경영 모델이 필요하다고 했지요. 문화일보 경영진이, 좋은 예는 아니겠지만, 중앙일보가 삼성의 방패막을 하듯이, 문화일보도 중앙일보 같은 역할을 하려면 상당 기간 적자를 감수하고 계속해서 신문을 만들고 발행 부수를 확장해야 한다고 주장했어요. 저는 생각이 달랐습니다. 문화일보를 키우기 위해서 우리가 한정된 현대그룹의 돈, 현대그룹 대주주의 돈을 자본 형식으로 투입하는 노력 대신에 그 돈으로 다른 신문에다 광고를 하면 그 효과가 더 클 것이라고 생각했어요. 왜냐하면 우리가 문화일보를 가지고 있는 한, 문화일보를 제외한 모든 신문은 현대에 대해서 적개심을 가지고 바라보지만, 거꾸로 우리가 스스로 죽고 그 돈으로 광고를 하면 모든 신문은 우리에게 우호적일 것이라고 했어요. 지금 생각해 보면 정말 장사치 같은 사판승 입장이었던 거지요.

우 　문화일보 있을 때 저도 현대에 있었잖아요. 아, 그때 매달 신문에서 환경 관련 사고 나올 때마다 '현대중공업 등' 하면서 맨 앞에 현대 계열사가 한 달도 빠지지 않고 나와서 아주 애먹었지요. 별 사고도 아닌데, 회사 규모가 크기도 하고, 말씀하신 것처럼 다른 신문사에 밉보인 것도 있어서 그런지…. 하여간 저도 그때는 진짜 애먹었어요.

이 　과거에는 권력으로부터 자유로워야 한다고 했지만 지금은 자본으로부터 자유로워야 한다고 생각해요. 한겨레 사장이 되면 구체적으로 어떻게 하겠다는 것까지 이야기할 수는 없겠지만, 한겨레가 자본으로부터 자유롭고, 한겨레가 정론으로 지켜지게 하고 싶고, 거기에 있는 기자들에게 지금처럼 사명감 하나로 다른 유수한 신문사들에 비해서 열악한 근무 조건에서 글을 쓰라고 강요하고 싶지는 않아요. 그러니까 사판승 노릇을 해서 신문사 자체를 경영적으로 지원하고, 그렇게 함으로써 여러 가지 물적 토대를 확충해서 글 쓰는 사람들, 좀 더 많은 사람들이 좀 더 좋은 여건에서 훈련도 받고 기회도 많은 그런 신문으로 만들고 싶어요. 저의 그러한 얘기를 막연하게 기대하는 사람이 있는지, 지금도 한겨레에서 사장 뽑을 때만 되면 와서 물어보는 사람들이 있어요. "아직도 관심 있으세요?"

우 　시민 단체에서는 한겨레 수준 월급, 참여연대 수준 월급, 이런 얘기를 합니다. 조금 준다는 말이지요. 올해 새로 생긴 말이 경향신문 수준이라는 말도 써요. 그 생각 할 때마다 마음이 아프기는 한데…. 제가 초록정치연대 정책실장 할 때 100만 원으로 제 월급을 책정했는데, 지금 생각해 보면 아예 확 높이고, 거기에 맞춰서 돈을 좀 끌어와서 다른 활동가들 월급을 한나라당 상근자 수준에 맞출 걸 잘못했다는 생각을 해요. 자, 질문합니다. 한겨레 사장이 되신다면, 한겨레의 기자 연봉을 어느 정도 수준에서 주고 싶으세요?

이 한겨레 기자가 대체적으로 대기업에 근무하는 자기 연배랑 비교해서 절반도 안 된다는 것 아닙니까? 조선일보는 거의 같은 수준으로 알고 있거든요. 우리나라의 돈만 많이 버는 기업만큼은 못 주지만 어느 정도는 거기에 상응하는 처우를 해 주어야 한다고 생각해요.

우 제가 1990년에 대학 졸업할 때, 언론사 준비하는 제 친구들의 희망 일순위가 한겨레였거든요. 그때 월급이 30만 원이었던 것으로 아는데, 그래도 희망 신문사 부동의 일순위가 한겨레였어요. 그 다음이 한국일보였어요. 한국일보는 노조가 있어서, 아는 사람이 없어도 승진할 수 있다고 많이들 지원했어요. 한겨레, 한국일보 안 되면, 돈이라도 많이 받자고 조선일보 간다고 하더군요. 한겨레는 많이 뽑지 않아서 별로 못 갔고, 중앙일보에 많이들 갔어요.

이 많이 주면 좋지만 안 줘도 사명감으로 일하다는 사람들이 지금 한겨레나 경향에서 버티는 것 같고, 또 그러다 보니까 견디는 사람들은 견디지만 많은 사람들이 기회만 되면 다른 온라인 매체 같은 곳으로 계속해서 빠져나가잖아요. 한겨레나 경향신문이 다른 신문으로 가는 징검다리 역할이나 트레이닝 센터를 자청하면 모르지만 진정한 의미에서 언론인이 되려고 하면 경륜도 있어야 하고 그 회사의 기풍, 사풍이라는 것이 있어야 하는데, 그런 점에서는 아주 불리하겠지요. 제일 극단적인 것이 사회복지사들이 절대 시간을 거기에 많이 바치기 때문에 밖에 나가서 다른 사람들을 만나거나 사귈 시간이 없으니까, 사회복지사들끼리 결혼을 많이 해요. 사회복지사 둘이 결혼하면 그 순간 자신들이 기초 생활 수급자가 된다는 말이 있을 정도로 월급이 낮잖아요. 신문사 같은 경우도 부부 기자들이 꽤 많은 것으로 알고 있어요. 한겨레 기자들끼리 결혼하면, 2명분을 모아야 겨우 보수 신문 기자 한 사람 몫일 텐데, 이래서는 안 되는 것이잖아요?

우 일본 신문 사례를 찾아보니까, 일본 신문 중에서 최근에 급격히 유명해진 신문이 동경신문이에요. 예전에는 아사히신문과 비교가 안 됐는데, 신뢰도 같은 것 조사하면 동경신문이 요새 되게 높게 나오더군요. 동경신문은 원 자본이 선동렬 있던 주니치 드래건즈의 바로 그 주니치인데, 정작 신문사는 자기네 근거지가 아니라 동경에 있지요. 사주도 먼 곳에 있고, 출자한 사람들도 그 신문을 별로 보지 않으니까, 동경신문 편집국이 소신껏 일할 조건이 생겼지요. 정부 눈치, 자본 눈치 안 보고 할 말 하는 신문, 그게 일본 기자들이 저한테 설명해 준 동경신문의 최근 이미지예요. 월급은 대기업 수준으로 준다고 알고 있어요. 논조만 비교해 보면, 한겨레보다 더 좌파 쪽에 있어요.

이 언론뿐만이 아니라 지사적인 역할을 하는 사람에 대해서 금전적 보상이 중요하지 않다고 말하는 것은 잘못됐다고 봐요. 정당하게 처우해 줘서 그 사람이 훨씬 생산적으로, 훨씬 적극적으로 일할 수 있게 해 줘야 옳지, 사장이 경제적인 처우는 나쁘지만 우리 회사에서 일하면 긍지는 있잖아, 이런 얘기 하는 것은 곤란하다고 생각해요. 제가 한겨레에 가서 간부들에게 말한 것 중 하나가 이

거예요. 남의 집에서 아이를 낳았다고 하면 구경하러 가잖아요. 아이가 잘생겼으면 잘생겼다, 예쁘면 예쁘다고 하는데, 하다 하다 안 되면 아 그놈 귀 잘생겼네, 코가 잘생겼네, 이런다고요. 궁해서 하는 이야기지요. 한겨레에 대해서 사람들이 칭찬하는 얘기도 대개의 경우 이와 좀 비슷한 것 같아요. 한겨레의 처우 문제에 관해서 자문위원장 자격으로 주주 총회에 간 적이 있어요. 거기는 주주가 수도 없이 많으니까 대강당 빌려서 하루 종일 하잖아요. 그날 가장 큰 이슈 중의 하나가 대표 이사의 월급이 너무 많다는 거예요. 그래 봐야 재벌 회사의 부장 월급도 안 되는데, 그럼에도 너무 많다고 그러더군요. 그래서 제가 발언했어요. 많이 주고 일을 많이 시키는 방법을 찾읍시다. 그래서 회사가 잘되어야지요. 내가 사는 것도 중요하지만, 기본적으로 경비라든지 비용 지출이 적극적으로 일을 해서 많으면 그것을 충당하려고 노력해야지, 기본 경비나 인건비부터 줄이는 것은 아닌 것 같다고 얘기했는데, 덕분(?)에 그 건은 그냥 넘어갔어요. 저는 좋은 일을 하는 사람도 사회생활을 하는 데 남에게 뒤처지지 않고, 자기 일하는 것 외에 남에게 손 벌려서 살게 해서는 안 된다는 것이 기본적인 생각이에요.

우 제 주변 사람의 절반 가량이 시민 단체나 민중 단체에서 일하는 사람들이거든요. 제가 보통 사람들은 잘 모르고, 절반은 상당히 부자들이고, 절반은 도시 빈민들이에요. 이런 말 하기는 미안한데, 결국 한국 사회라는 게 도시 빈민 수준 활동가들의 상상력과 부자들의 상상력이 싸우는 것 아니에요? 너무 배고프면 절대 못 이겨요.

이 우 박사가 싸운다고 하니까 제가 할 말이 없는데, 세상은 경쟁하는 곳이에요. 그리고 마음의 여유가 있는 사람이 이기게 되지요. 2002년 월드컵 때, 프랑스가 16강에 못 갔어요. 그런데 우리나라가 4강에 가니까 엄청 씩씩거렸지요. 2002년 6월 30일, 제가 파리에 있었어요. 6월 29일에 준결승까지 보고 6월 30일에 파리에 갔는데, 제가 타고 가던 차가 우연히 교통사고를 내서 경찰한테 잡혔어요. 한국에서 왔다고 하니까 보내 주면서 그 사람들이, 독일에서 할 때도 너희들이 16강 가고 4강 가는지 두고 볼 일이라고 하더군요. 그래서 제가 그 사람들한테 그랬어요. 너희들은 할 말이 없다. 한 골도 못 넣었는데 어떻게 16강에 가나? 그러니까 세상을 사는 방법은 한 골도 안 먹는 방법도 있지만, 다섯 골을 먹고 여섯 골을 넣어서 이기는 방법이 더 낫다는 거죠. 내가 이런 이야기를 하면 지사적인 일을 하는 사람들이 섭섭해할지 모르지만, 지사적인 일을 하는 것이 자기 혼자 정신적인 만족만으로는 시장적 메커니즘에서 작동할 수 없기 때문에 한계가 있다고 봐요.

우 생협 운동을 하다 보면 본래의 정신을 잘 지켜서 비상품적 관계인 대면 관계를 강조하는 입장과 마케팅 기법을 적극 도입하여 대량으로 물류 센터를 만들어서 키우자는 입장이 부딪쳐요. 우리는 이걸 '마트파'라고 불렀지요. 아직도 저는 마트파의 길이 옳은지 비마트파의 길이 옳은지, 판단이 잘 안 서요.

이 생협이 되었든 뭐가 되었든 간에 "우리 뜻 맞는 사람들끼리 6·25 때도 살아남았는데"라고 하는 집단에서는 토론을 할 수가 없더라고요. 선거를 치러 본 경험에 비추어서 말하면, 시장에 가면 그런 사람들이 있어요. 어려우시죠? 그렇게 물으면, "6·25 때도 살았어요"라고 답해요. 아주 좋은 정신이고 뛰어난 정신력이며 인내력이지만, 사람에게 앞을 보고 걸어가게 하는 힘이 어디서 나오는가? 누구든지 희망이라고 말하면 어제하고 다른 오늘이지, "오늘은 어제보다 못하지만 그래도 희망이야"라고 말하는 것은 아니라고 생각해요. 기본적으로 지금처럼 광고가 80~90퍼센트, 구독료가 10~20퍼센트인 수익 구조를 바꿔야 한다고 생각해요. 한겨레나 경향신문은 기자들의 도덕적 기준이 높아서 기삿거리 가지고 뒷거래한다는 소리도 없잖아요. 지방에 가면 지방 신문의 많은 사주들이 건설업자들이에요, 그것도 토목업자들. 신문사를 통해서 유사 권력을 만들고, 도지사를 비롯한 공권력에게 대접받기도 하고, 그 유사권력을 영업하는 데 쓰기도 한다는 것 아닙니까. 유사 권력을 이용해서 다른 권력으로부터 자기를 보호하기도 하고, 또 그것이 작은 단위로 가면 기자가 뒷거래해서 광고를 받아 오기도 한다는 것이지요. 그러나 경향신문이나 한겨레가 그런 걸 할 수 있는 것도 아니고, 그런 기자도 없단 말이죠. 그러면 그 사람들이 어떻게 계속적으로 기자로서의 전문성을 살리기 위해서 훈련을 받고, 가계를 유지하고, 확대 재생산할 것인가, 이 문제는 전적으로 경영자의 책임이에요. 반복해서 말하지만 필요하다면 이판승과 사판승을 가를 필요가 있다는 거지요.

우 제가 신문 관련 경영 기획서를 써 본 적이 있거든요. 방법은 딱 한 가지밖에 없더라고요. 누구한테든 가서 돈을 뜯어오는 거예요.

이 예전에 한겨레 최학래 사장이, 사대부고를 나왔는데, 개인적으로 이건희 회장한테 가서 삼성의 지원을 받은 적이 있다고 알려져 있지요. 그래서 한동안 덕이 되기도 했지만, 또한 오래된 상처로 남아 있기도 하다더군요.

우 현실적으로 생각해 보지요. 프랑스나 독일의 활동가들이, 컨설팅 회사나 로펌처럼 많이 받지는 못하지만, 초급 공무원 수준은 받아요. 일본의 활동가들도 어렵기는 하지만, 아예 돈을 못 받는 건 아니거든요. 그러니까 경영 혹은 지원을 맡은 사람들이 활동가나 기자들에게 최소한 초급 공무원 수준의 월급은 주어야 한다고 생각하고, 또 그런 게 사회적 기준이 될 필요가 있겠지요.

이 한국의 NGO를 보면서 그런 생각 많이 해요. 미국의 NGO 활동가들이 우리나라처럼 형편없이 받고 일하는 상황은 아니거든요. 그리고 그렇게 펀딩할 NGO도 안 만드는 것이죠. 그런데 우리는 어떻게 보면 지나치게 물적 토대나 지속 가능한 활동 기반 없이 이름을 거는 NGO가 많다는 것도 문제가 있어요. 한국의 NGO가 사회적 정당성에 대해서 지난 10년 동안 고민했다면, 이제는 경제적 정당성에 대해서도 고민해야 할 것 같아요.

누가 지사적인 활동에 돈을 낼 것인가

우 한국의 시민 단체들 월급이 이 모양인 건 설명이 간단하지요. 한국의 부자들이 사회적 활동에 워낙 돈을 안 내니까요. 독지가가 씨가 말랐다고나 할까요?

이 안 내죠. 그럼에도 자기 정당성이 있다면 정당성을 입증하는 방법 중 하나가 바로 그것을 지지하는 사람들이 만 원을 내든 천 원을 내든 지속 가능한 활동을 할 수 있도록 물적 토대를 만들어야 한다는 거지요.

우 시에라 클럽이라고, 환경 단체의 원조격에 해당하는 곳이 있어요. 아마 거기 활동가들은 공무원보다 많이 받을 거예요.

이 원래 시에라 클럽과 같은 미국 NGO의 프로젝트가 엄청 규모가 크잖아요. 그리고 미국은 NGO를 위한 NGO가 있어요. 'NGO for NGO'가 있는데, 사실은 빌 게이츠 같은 경우가 그런 것 아니에요? 기발한 아이디어가 있는 사람들과 협력해서 일을 하지 빌 게이츠가 모든 사업을 직접 하는 것은 아니거든요. 그리고 우리나라 NGO의 문제점 중 하나가 처음에는 아주 이상적인 목표를 향해서 출발하는데, 그런 지사적인 사람들 사이에서 일종의 권력의 개인화가 일어나는 것 아닌가요?

우 욕을 안 하면서 부드럽게 표현하려고 저희는 '1세대' 혹은 '명망가 중심의 1세대'라고 하지요. 말씀하신 것과 같은 맥락이에요.

이 이를테면 환경 하면 누구라는 식으로.

우 1세대라고 표현하는 게, 어차피 1세대는 머지않아 물러날 테니까, 곧 다른 세대가 올 거라는 의미를 가지고 있지요. 사실 1세대보다 2세대가 먼저 몰락해 버리는 게 현실이기는 하지만요.

이 이제는 경제적 정당성으로, 말만 있는 회원제가 아니라 정말로 많은 사람들에게 기꺼이 후원금을 받을 수 있는 지속 가능한 조직을 만들지 못하면 활동도 어려울 것 같아요. 물론 어렵지만 그래도 이 방향으로 가야 한다고 생각해요.

우 몇 년 전 제가 녹색당 만든다고 다닐 때 꽤 많은 사람들이 개인 후원을 해 주겠다고 하더라고요. 신혼 때, 모아 놓은 돈으로 버틸 때라서 집안 살림이 몹시 어려웠어요. 사람들 말이, 녹색당을 직접 할 수는 없지만, 너 먹고사는 것은 도와주겠다는 거였어요. 워낙 살림이 힘들어서 정말 받고 싶었는데, 도저히 못 받겠더라고요. 아마 후배 활동가들을 도와준다고 했으면 받았을 텐데, 다들 어려운데 저만 편하게 사는 것도 받아들이지 못하겠더라고요.

이 먹고사는 문제가, 머리로는 정당화할 수도 있지만 본능적으로 안 되는 측면이 있지요. 어렵지만, 한 번 하는 이벤트로는 사회 변화를 끌어낼 수 없잖아요. 지속 가능해야 하고 계속해서 그 일을 이어 나갈 사람들도 만들어 내야지요. 한겨레가 봉착한 어려운 문제에 관해서 제가 대놓고 하는 이야기가 있어요. 신문은 언제나 비판적 자세를 유지하고, 여야 개념을 사용한다면 항상 야당이어야 하는데, 지난 10년 동안 한겨레가 여당 노릇을 하는 바람에 비판적 기능을 잃지는 않았느냐고요. 신문이 빛과 소금 역할을 하지 않으면 아무리 자기 편을 위해서 봉사했다고 하더라도 독자가 늘어나지 않아요. 한겨레에 자문할 기회가 있으면 늘 하는 얘기 중의 하나가 이거예요. 독자 구성에서 청년층과 노년층을 비교해 봐라, 피라미드형인지 삼각형인지. 경영자문회의 때 물어보면 몹시 괴로워하는데, 젊은 독자가 안 늘어난대요. 젊은 사람들 만나서 물어보면, 한겨레는 한겨레이기 이전에 신문인데, 상당 기간 자기들이 해야 할 일을 제대로 하지 않았다고 이야기하거든요.

우 한동안 저희가 한겨레 놀릴 때 '부국강병파'라는 말을 썼어요. 부국으로 부동산과 골프장도 지지하고, 파병에 대해서도 왔다갔다, 그래서 한겨레라는 신문 제호 자체가 원래 민족주의 쇼비니즘 제호 아니냐는 매우 신랄한 얘기도 내부적으로 오간 적이 있어요.

이 김대중 대통령, 노무현 대통령 시대를 거치면서 한겨레가 그 사람들을 만드는 데 기여했는지 모르지만, 그들 시대가 가고 나서 어떤 모습으로 다시 태어날 것인가에 대해 좀 더 고민해야 한다는 것은 비단 제 생각만은 아니라고 봅니다.

경향신문과 MBC 이야기

우 경향신문 이야기도 해 볼까요? 만약 경향신문 사장이 되신다면 어느 정도 기간이면 다시 살릴 수 있으실 것 같아요?

이 경향신문이 가지고 있는 자산을 개발하여 팔아서 재무 구조를 개선하려던 사장님 계시지요? 그분과 토론을 한 적이 있어요. 경향신문에 대해서는 한겨레만큼 고민을 안 해 봐서 잘 모르겠는데, 경향신문은 한겨레보다 더 어려울 것이라고 생각해요. 주주들도 그렇지만 기자들의 구성이 한겨레는 균질성이라는 것이 느껴지거든요. 그런데 경향신문은 잘 모르겠어요.

우 최근 경향신문에 대해서 사람을 좀 자르고 구조 조정을 해야 한다는 얘기를 많이 해요. 그런데 저는 사람 자르는 것 진짜 싫거든요. 그래서 자르지 않고 살릴 수 있는 길을 찾고 싶은데, 경향신문의 기자들도 과감하게 줄이지 않으면 어렵다는 이야기를 종종 하더라고요.

이 저는 사람 자르는 것 특히 기자 자르는 것에 대해서 비판적인데, 기자는 자르고 나서 금방 다시 고용할 수 있는 존재가 아니기 때문에 가능한 그러면 안 된다고 생각해요. 한겨레는 출발점부터 모든 사람들이 공유하던 정신이 있다고 생각해요. 경향신문이 정신적 고양점이 굉장히 높은 신문이었는데 주주가 바뀌는 과정에서 여러 측면에서 이질적 요소가 생겨난 것 같더군요. 그래서 정상화에는 훨씬 많은 시간이 걸릴 것이라고 생각해요. 실제로 어떤 사람이 경향신문 사장 한번 해 보지 않겠느냐고 물어본 적이 있어요. 그때 제가 바로 이 이야기를 했어요.

우 그 대신 경향신문은 사원이 주주잖아요. 기자가 주주이기 때문에 기자들끼리 동일한 주주로서 최소한의 공유점은 있어요.

이 경향신문의 사원 주주 모델이 문화일보고, 문화일보의 주주 구조를 만든 사람이 저예요. 출발점에서 같이할 수 있는 공유점, 그런 게 여전히 걱정이에요. 한겨레와 경향신문의 차이라고 할 수 있는 것이 또 있어요. 모든 신문사는 한두 시간에 발행 부수를 다 찍을 수 있을 만큼 굉장히 큰 인쇄기를 가지고 있어요. 나머지 시간은 놀잖아요. 노는 시간에 월간지, 주간지를 찍는 거예요. 그 시간에 찍으면 변동비만 있고 고정비의 부담이 없으니까. 한겨레는 그런 것들이 이익을 내는 것 아시죠? 그런데 경향신문도 그런가요?

우 〈시네 21〉의 영광도 사라지고, 요즘은 한겨레도 잡지들이 어려워요. 경향신문은 필승의 카드, 〈레이디 경향〉 있잖아요.

이 그런 식으로 해서 결합 상품들을 고민하는데, 제가 아는 한 경향신문이 한겨레보다 조금 더 열악할 거예요.

우 신문에 칼럼 필진으로 글을 써서 먹고살 수 있는 신문은 우리나라에서 조선일보 하나밖에 없어요. 조선일보는 그것만 써도 생활비는 될 정도로 주지요. 그런데 신문사에서 지면을 주는 것 자체가 영광 아니냐고 생각하는 것 같아요. 글 쓰는 사람들 중에는 정말로 생활이 안 되고 배고픈 사람들도 많거든요. 이 같은 구조에서는 결국 조선일보에 좋은 글이 가게 되어 있어요. 조선일보에 칼

럼란이 생기면, 밀리지 않으려고 최선을 다하게 되어 있지요. 반면에 원고료 적은 매체는 쓰거나 말거나, 이게 현실이에요.

이 그러니까 동의어 반복인데, 사람을 움직이는 것 중 가장 원초적인 것이 경영에서 이야기하는 리워드reward 같은 거예요. 보이지 않는 보상도 일종의 보상이기는 하지요. 그렇지만 실질적으로 모든 사람은 물질적이고 외형적인 보상이 필요하고, 그게 인간의 본능일지도 모르지요. 보이지 않는 보상이 보이는 보상 혹은 금전적 보상보다 훨씬 훌륭하다고 말하고 그렇게 행동하는 것은 지극히 예외적인 사람으로 봐야지, 모든 사람이 왜 그렇지 않은가 하고 힐난하거나 비판할 수 있는 것은 아니겠지요.

우 하여간 진보 계열 신문하고 조선일보하고, 원고료 차이가 다섯 배, 사람에 따라서는 그 이상 나요. 저는 조선일보에는 안 쓰려고 하는데, 젊은 사람들 중에서 그것으로 먹고살아야 하는 사람들이 있지요. 그런 사람들에게 조선일보에서 글 좀 쓰겠냐고 하면 당연히 쓸 수밖에 없는 거죠. 그걸 도저히 비판할 수 없더라고요.

이 뿐만 아니라 더 많은 사람들한테 자기 말을 할 수 있잖아요. 한겨레에다 이야기하면 기사를 다 본다고 쳐도 40만 부수에 가족들이 돌려 봐야 100만 명 정도 보는 거잖아요. 그런데 조선일보는 200만 부 가까이 발행한다고 주장하니까, 두 명씩 보면 400만 명이 보는 것인데, 숫자도 많지만 이 사람들이 바로 한국 권력의 핵심 세력 아니에요? 권력을 추구하는 사람들의 입장에서 보면 조선일보에다 글을 쓰고 싶겠죠.

우 신문사도 돈이 없고, 필자도 돈이 없고, 독자도 돈이 없는데다, 쪽수도 적다면, 근본적으로 안 되는 싸움이지요. 그래도 어떻게든

이기는 걸 보고 싶어요.

이 또 한 가지, 언론 환경의 진화라는 문제가 있지요. 옛날에는 종이 신문이 세상을 지배하는 도구였지만, 지금은 종이 신문이 속보성을 잃어버렸기 때문에 뉴스가 없잖아요? 신문에 뉴스가 어디 있어요, 대부분이 기획 기사이거나 심층 보도 하는 거죠. 그런 환경에서 어떤 사람이 필요한가? 기자들이 속보성도 뛰어나야 하지만 굉장히 공부하고 연구해야 할 때가 됐어요. 또한 새로운 매체와 결합할 수 있어야 해요. 온오프라인이 결합해야 할 뿐만 아니라 케이블 TV라도 갖추어서 서로 연결되어야지 신문이 된다는 거죠. 제가 얼마 전 머니투데이 가서 녹화를 했는데, 머니투데이 신문에 실어 주고, 온라인에 걸어 주고, 텔레비전이 있으니까 거기도 방송을 해 줘요. 머니투데이가 8만 부 팔린다고 하고 온라인에 텔레비전까지 하면 적어도 50만 명이 본다고 하니까, 머니투데이 가서 하는 것이 낫다는 거예요. 그런 문제가 있어요. 이런 걸 따라가려면 인적 자원도 충분히 있어야 하지만 미디어 자체의 진화에 맞춰서 적어도 남보다 늦지 않게 투자하려고 해도 돈이 필요하지요. 현실이 이렇기 때문에 그것은 사판승의 몫이라는 이야기를 계속해서 하는 거죠. 한편으로는, 전혀 다른 일을 하던 사람이 이 경우에는 더 창조적인 해법을 낼 가능성이 있을 수 있지요.

우 어떻게 보면 자동차 업계나 일본 철강 업계보다 한국의 정치 업계가 더 폐쇄적인 집단 같아요. 아, 그리고 이것도 재미있겠다. 지금 MBC가 완전히 태풍의 핵인데, MBC 사장 하시면 어떻게 하시겠어요?

이 MBC는 문제가 무엇인가요?

우 MBC요? MBC는 공영 방송으로 되어 있기는 한데 공영도 아니고 민영도 아니고 어정쩡해요. 흔히 방송 장악이라고 표현하는데, 그 핵심이 MBC 민영화와 과연 KBS2 채널을 팔 것인가, 판다면 누가 사 갈 것인가, 안 판다면 어떻게 할 것인가, 그런 질문들이지요.

이 MBC는 우선 첫 번째가, 소유 구조 문제를 도저히 해결할 수 없겠지요. MBC는 전혀 다툼이 없는 것은 아니지만 분명히 오너가 있는데, 경영진이 오너에 부합하게 경영하겠다는 말을 못하고 있는 집단이에요. MBC는 오너 그룹이 정수장학회잖아요. 그런데 정수장학회를 위해서 일한다는 말은 누구도 못하지요. MBC의 본질적인 문제는 지배 구조를 명확하게 하는 것과 관련되어 있다고 생각해요. SBS 같은 경우는 주인이 분명하잖아요. 그런데 MBC는 그게 안 된다는 거예요. 문화방송진흥회는 실질적인 소유 구조가 없는 것처럼 보이기 위한 은폐 장치에 가깝지요.

우 지금 MBC에 있는 사람들이 이것을 중앙일보 같은 곳에 팔아 버릴까 봐 제일 두려워하죠.

이 하하, 절대 못 팔걸요, 걱정할 것 없어요. 회사를 파는 건 주주가 자기 주식을 파는 거잖아요. 이건 이명박 정부도 못하고 다른 정부도 못해요. 진짜로 그렇게 매각하면 정수장학회가 갑자기 재벌이 되는 거예요. 상장하는 순간 주식 가격이 현실화되면서 재벌이 되어 버리지요. 지난 정부 때에도 MBC를 지켜야 한다는 얘기가 나와서, 진짜 아무것도 모르는 사람들이라고 생각한 적이 있어요. 주식 매각하면 정수장학회를 통해 박근혜 의원이 갑자기 실질적인 오너로 등장하고 재벌의 총수가 되는데, 그 꼴을 볼 수 있는가? 그랬더니 왜 그렇게 되죠? 지금 법률 체계에서는 주식을 몰수할 수 없어요. 박정희가 주식 몰수하고 재산 몰수했다고 비난하는 사람들이, 주주로서 정수장학회, 나아가 박근혜 의원의 권한을 없앨 수 있나요? MBC 주식을 다시 국가의 주식으로 귀속시킬 수 있어요? 그럴 방법이 없잖아요. 그러면 돈 주고 사야지요. MBC가 지금처럼 비상장 회사이면 적당히 평가해서, 예를 들면 만 원짜리를 5,000원에 평가할 수도 있겠지만, 매각하려면 일단 주식 상장부터 해야 할 것 아니에요. 상장하는 순간 그것은 시장 메커니즘에 의해서 결정된단 말이에요.

우 그럼 미디어법 개정해도 MBC는 누구도 못 가져간다는 얘기네요?

이 못 가져가요.

우 지금 공중파는 비는 곳이 없잖아요?

이 KBS2를 분양하는 방법을 쓰겠지요.

우 KBS 사람들은 MBC 먼저 빼앗고 자기들한테 올 거라고 남의 일처럼 이야기하던데요.

이 KBS2부터 갈 거예요. 그게 원래 TBC 아니에요? 지금 중앙일보가 미디어법에 의해서 종편 따위를 이야기할 때 명분으로 내거는 것이, 원래 자기 것을 찾겠다는 것 아니에요. TBC 얘기 아닙니까? 그 다음에 케이블 TV이기는 하지만 이미 자기들이 기술과 사람이 있다는 이야기고요. 세 번째는 자기들이 돈이 있다는 것 아니에요. 그러니까 중앙일보가 하자는 거죠. MBC의 주식을 움직이는 순간 전혀 다른 형태가 나타난다 이거예요. 아마 정수장학회가 천금을 줘도 주식 안 판다고 버틸 거예요. 그런데 주식을 빼앗지 않으면 경영권을 빼앗을 수 없고, 그것을 빼앗으려면 대가를 치러야 하는데, 대가를 치르면 박근혜가 사실상 재벌 총수처럼 나타나는 이상한 모양이 된다는 거죠.

우 아니, 그러면 박근혜가 갑자기 무임승차하듯이 떼돈을 벌면, 대통령은 못 될 테니까 돈은 주고 대통령은 안 시키겠다는 발상을 할 수도 있겠네요?

이 정몽준 의원이 대통령을 할 수 있는가 아닌가와 같은 경우인데, 정몽준 의원과 박근혜는 입장이 같아요.

이판승과 사판승에 관한 얘기는 생각보다 재미있었다. 조선 중기 이후의 얘기로 알고 있다. 언젠가 조계종의 상당히 유명한, 행정을 보시는 스님의 방에 들어가서 차를 한잔 얻어 마셨던 기억이 난다. 지금의 조계종은 어느 정도 개혁파들이 장악하고 있는데, 1990년 후반 일련의 조계종 사태를 통해서 일반인들이 생각하는 것보다는 상당한 변화가 있었다. 그런 개혁파 행정 스님의 방에서 금박을 두른 병풍을 보았을 때 상당히 곤혹스러웠다. 저 금병풍은 뭐란 말인가! 그게 바로 사판승에 관한 얘기를 들으면서 내가 떠올린 이미지이다. 오죽하면 이판사판이라는 말이 생겼을까! 어쨌든 시대의 사판승을 자처하는 이계안, 그가 늘 강조하는 '창조의 힘'이라는 것을 통해서 이판승들이 좀 더 편안하고 마음 졸이지 않고 자신이 뜻한 것을 묵묵히 실행할 수 있는 순간이 우리에게 올까? 말은 그렇지만, 지금 한국은 사판승들의 전성시대이기는 하다. 대학도 보직 교수와 총장들이 실질적인 주인이고, 한전은 물론 KBS와 MBC까지도 '경영 효율화'를 앞세운 사판승들이 힘 쓰는 시기이기도 하다. 사판승을 자처하는 이계안, 그리고 사실상 사판승 노릇을 단단히 해먹는 'CEO 대통령' 시기의 수많은 CEO, 그들을 구분하는 선은 무엇일까? 우리 편 좋은 편, 너희 편 나쁜 편, 이 지겹도록 계속되는 동어 반복 속에서 옳고 그름에 관한 것들을 다시 한번 생각해 보게 된다.

| 맺는 말 |

1

소스타인 베블런이라는 사람이 있다. 학부 시절에는 그런 사람이 있나 보다 했다. 1954년, 전쟁 이후의 재건 분위기에서 한국을 휩쓸었던 정비석의 소설 〈자유부인〉의 모티브가 바로 베블런의 〈유한계급론〉에서 온 것이라고 할 수 있다. 박사 과정에서 그의 책을 읽은 것은, 나에게는 구원이었다. 내용 때문이 아니다. 경제학에서 가장 좋은 저널은 *AER*라는, 미국경제학회의 공식 학회지이다. 이 미국경제학회 학회장의 자리가 베블런에게 갔는데, "내가 정말 힘들었을 때 이 자리는 나를 외면했다"고 거부했다. 이 얘기가 20대 초반의 내 마음을 찔렀고, 내 삶이 어떻게 될 것인지 어느 정도는 예상한 상황에서, 그래도 그 길을 가 보자고 결심하는 계기가 되었다. 지금도 어려운 순간이 오면, 베블런에 관한 얘기들을 다시 한번 생각하게 된다. 삶이란 게 원래 그런 것이다. 정말로 간절히 원하는 것이 그때에는 오지 않는다. 베블런은 결국 다음 번에 미국경제학회 학회장을 하였고, 슘페터는 베블런을 별로 좋아하지는 않았지만, 어쨌든 슘페터가 그의 제자이다.

아주 힘겨운 순간이 오면, "내가 정말 힘들었을 때"로 시작하는 베블런의 말을 생각해 본다. 우리 모두 간절히 원하는 것이 있지 않은가? 그리고 아마 대부분, 여러분은 그것을 지금 손에 가지고 있지 않을 것이다. 간절히 원하는 것, 그것이 조금이라도 고결하거나 고상하기, 그것이 사실 우리가 정말 바라는 것이 아닐까? 이계안도 나도, 인터뷰를 하는 이 순간이 '내가 정말 힘들었을 때' 중의 하나에 해당할, 어려운 순간을 지나고 있었다. 나도 질문을 준비하면서 프레임을 짜느라고 많은 시간을 들였고, 돈 번 것이 "운이냐, 재수냐?"라는, 곤혹스러운 질문에 답변하는 이계안도 답변을 위해서 꽤 많은 시간을 들인 것으로 안다. 그가 이 인터뷰가 끝나고 조금은 덜 힘들어졌을까? '정말로 원하는 것'을 위해서 힘든 시간을 지나고 있을 사람들을 생각하면서 질문도 하고 답변을 정리했다.

2

칼 폴라니라는 사람이 있다. 인터뷰가 진행되는 중에 폴라니의 삶에 대해서도 꽤 긴 시간 생각해 보았다. 헝가리 출신인 폴라니는 가난하게 살았는데, 그의 학문적 성취를 인정받아서 컬럼비아 대학에서 교수직을 제안받았다. 그래서 아내와 미국에 입국하게 되었는데, 그의 아내가 헝가리 혁명의 중요한 전사이자 공산주의자라는 이유로 공항에서 거부당했다. 자, 당신이라면 어떻게 할 것인가?

아마 우리는 아내를 설득하고, 일단 입국해서 컬럼비아 대학의 교수가 되고, 몇 가지 절차를 밟아서 다시 아내를 입국시키는 선택을 할 것이다. 나도 그랬을 것이다. 그래서 내가 속물이라고 불리더라도 말이다.

칼 폴라니는 미국 입국이 거부되자 "아내를 버릴 수 없다"며 아내와 함께 입국이 허락된 캐나다로 가고, 거기에서 평생을 산다. 그리고 나머지 일생 동안 한 번도 교수를 한 적이 없고, 다만 방학 때 잠깐 미국으로 여행을 가서 짧은 세미나 세션을 지도하고 다시 아내가 있는 캐나다로 돌아가게 된다. 그러나 그의 인생 후반부가 아주 가난하거나 불행했던 것은 아니다. 포드재단에서 그에게 연구 후원금을 지급하고, 그의 삶은 아주 행복하게 끝이 났다.

신자유주의라고 불렸던 그 시기의 대안으로 칼 폴라니를 한국에 소개하면서 그의 삶도 같이 소개하지 못한 것은 나의 무지 때문이다. 그의 삶도 평범하지는 않지만, 내가 바라는 세상은, 사랑을 선택한 사람이 불행해지지 않는 세상일지도 모른다. 자기가 손에 쥔 것을 내려놓으면 불행해질까? 대개의 경우, 그것이 진정으로 소망한 것이라면 불행해지지 않는다. 이계안이 우리에게 제안한, 언젠가는 회사를 그만두고 자신을 위한 삶, 어쩌면 그것은 칼 폴라니가 미국 입국을 거절당한 아내를 위해서 컬럼비아 대학 교수직을 포기하고 캐나다에서 아내와 살았던 것과 유사한 종류의 선택일지도 모른다는 생각을 했다. 현대자동차 사장을 하고 현대카드 회장을 지냈던 이계안이 왜 한나라당이 아닌 선택을 했을까?

명분과 대의 같은 것들 말고도 가끔은 사랑이라는 것이 사람을 움직이기도 한다.

3

폴 리쾨르라는 사람이 있다. 내 학문은 딜타이와 폴 리쾨르 위에 세워져 있다. 내가 일반적인 경제학자와는 좀 다른 방식으로 연구를 하고, 그렇다고 〈자본론〉 위에 내 이론을 세우지 않으려고 하는 것은, 순전히 폴 리쾨르 때문이다. 폴 리쾨르는 나에게 박사학위를 준 파리 10대학의 총장이었는데, 그는 딜타이로 인해서 유명해진 해석학을 현대 학문에 접목한 사람이고, 그래서 자연스럽게 나는 호흡처럼 해석학이 몸에 붙게 되었다. 그가 저술한 책들이 드디어 일반인들에게 선택되어서 월급을 받지 않고도 생활할 수 있게 되자, 폴 리쾨르는 파리 10대학 총장을 그만두고 근교로 낙향해서 농사를 지으면서 연구를 계속하였다. 그가 2005년에 죽었을 때, 프랑스 총리가 애도사를 발표하였다.

폴 리쾨르는 유명한 학자였지만, 그가 정말로 행복해진 것은 그가 대중에게 인정을 받고, 먹고살기 위해서가 아니라 정말로 살고 싶은 삶을 스스로 살 수 있게 된 이후이다. 그도 행복해졌다.

하나의 도전을 끝내고 또 다른 도전을 한다고, 평생을 도전하는 사람은 결코 행복해질 수 없다. 그도 불행해지고, 주변 사람도 불행해지고, 그가 너무 큰 욕심을 낸다면 우리 모두 불행해진다.

이명박 대통령에게 보여 주고 싶은 삶이 바로 폴 리쾨르의 삶이다. 그의 끝없는 도전으로, 우리 모두가 피곤해지는 것은 아닌가? 같은 얘기를 이계안에게도 해 주고 싶어졌다. 이번에 만났던 이계안은 고민이 많아 보였는데, 그가 걷는 길이 또 다른 도전이니 새로운 쟁취니, 자기계발서가 얘기하는 말도 안 되는 성공 신화가 아니라 정말로 이 시대가 필요로 하는 것인가를 생각하면서 계속해서 말을 걸고, 그에게 대답을 요구했다.

4

그리고 이회창이라는 사람에 대해서 생각했다. 지금 생각해 봐도 이회창은 참 무서운 사람이었고, 이기기가 쉽지 않은 사람이었다. 그는 지금도 단기필마로 당 하나를 이끌어 가다시피 하는데, 그가 한나라당이라는 말을 자신의 힘으로 접수해서 타고 있을 때, 그야말로 난공불락처럼 보였다. 그는 김대중 대통령에게도 지고, 노무현 대통령에게도 지고, 이제는 군소정당의 지도자로 쇠락해 보인다. 시간이 지나서 곰곰이 생각해 보면, 그가 약해서 진 것인지, 아니면 너무 강해서 진 것인지, 그런 질문을 다시 해 본다. 어쩌면 그가 정말로 괜찮은 사람이라서 김대중, 노무현, 두 후보가 이긴 것인지도 모른다. 돌아보면 그는 한나라당 후보치고는 반칙을 별로 안 했던 것 같다.

지난 대선 때 TV에서 보았던, 조그만 선거 사무실 하나 열고 책상 위로 뛰어올라가던 모습이 기억난다. 그는 의지가 강한 사람이기도 하지만, 한국에서는 드물게 반칙을 별로 하지 않는 보수 정치인일지도 모른다는 생각이 들었다. 최근 친이, 친박의 모습을 보면, 대통령 후보 시절의 이회창이 어떤 사람이었는지 다시 한번 생각해 보게 된다.

이회창과 이계안의 공통점이 하나 있다면, 둘 다 반칙보다는 원칙주의자이고, 때묻지 않은 순수한 구석들을 가지고 있다는 점이다. 내가 이회창에게 이런 평가를 하는 순간이 올 줄 나도 몰랐지만, 시간이 지나고 곰곰이 생각해 보니 그런 측면들이 조금씩 보이기 시작한다.

5

마지막으로 이계안에 대해서 다시 한번 생각해 본다. 머리가 좋은 사람이고, 아는 것이 많은 사람이다. 소수를 상대하는 데에는 너무너무 익숙하지만 다수를 상대하는 것에는 아직 미숙한 점이 많은 사람이다. 그런 점에서 '원석'이라고 부를 만하다. 가공하면 엄청나게 좋은 보석이 될 수도 있지만, 대중 앞에서는 아직 원석에 가깝다는 것이 내 생각이다.

그러나 그는 한국에서 돈에 대해서만큼은 가장 잘 아는 사람이라고 할 수 있다. 경제학자들은 돈을 다루지만, 돈을 만져 볼 기회는 별로 없다. 돈을 만져 보는 사람들은 대개 돈이 상전이 되어서 자기가 오히려 돈의 하인이 되는 경우가 많다. 그리고 돈을 다루지도 못하고, 돈을 만져 보지도 못하는 사람들은, 돈을 신으로 모시게 된다. 2010년, 한국은 그렇다.

돈은 돌고 도는 것이라고 하지만, 도대체 세상 돈은 다 어디에 있는가?

나는 계속 돈을 돌리는데, 왜 나에게는 돈이 안 돌아와?

그런 사람들에게 이계안이 생각하는 돈이라는 것을 온전히 보여 주기 위해서 꽤 노력한 편이다. 여러분이 부자가 되는 데 이것이 어떤 도움을 줄지는 잘 모르겠지만, 최소한 돈이 신의 위치에 있거나 단단히 상전 노릇을 하지 않는 데에는 작은 도움이라도 되리라 믿는다. 경제인 이계안, 정치인 이계안, 이런 눈으로 본 돈에 관한 얘기, 그것은 self-help라는 영어 이름을 달고 있고 우리말로는 '자기계발서'라고 번역하는 얘기들과는 맥락이 조금 다르겠지만, 엄연히 지금의 한국을 움직이는 또 다른 힘에 관한 이야기이기도 하다. 진실에 관한 이야기이지만, 너무 무거운 마음으로 읽히지 않았기를 빈다.

6

책을 접기 전에 부제에 관한 설명을 잠시 해야 할 것 같다. 처음에 12개의 질문을 준비했는데, 너무 무겁고 기술적인 얘기가 많은 질문 3개를 책 한 권 분량에 맞추기 위해서 뺐고, 상당히 재밌는 얘기지만 너무 민감할 것 같은 내용 일부를 덜어냈다. 편집도 생각보다 훨씬 오래 걸려서 2009년 연말과 2010년 연초를 온통 이 원고에만 매달려 있었다. 책 제목은 시작하면서 잡았는데, 마지막 순간까지 적당한 부제를 찾지 못해서 고생을 좀 했다.

　마지막 작업을 하고 나서 가만히 생각해 보니 떠오르는 이미지가 바로 '춤'이었다. 입이 무겁고 진실을 얘기하지 않는 평소의 이계안에 비추어 보면, 이 정도로 얘기한 것은, 그가 신나게 춤을 한 판 춘 정도로 이해할 수 있다. '춤추는 사람'이라고 본다면, 어쩌면 이계안의 지금까지의 삶 자체가 커다란 춤사위 같은 것일지도 모른다. 그리고 그 춤이, 그에게 꿈을 만들고, 우리가 같이 살아갈 사회에 대해서 그가 꿈을 꾸게 된 것이 아닐까?

　독자 여러분에게도, 이 마지막 작업을 끝내면서 내가 가졌던 몽환적인 이미지를 드리고 싶다.

"춤추는 삶, 꿈꾸는 삶"

　일상을 춤추듯이 살고, 자연과 사물을 꿈꾸듯이 본다면, 행복은 스스로 찾아오고, 돈은 알아서 필요한 만큼 찾아오게 될 것이다. 그게 내가 몇 달을 이계안과 같이 작업하면서 새로 배우게 된 것을 단 하나의 표현으로 요약해 본 것이다. 여러분에게 춤추는 삶, 꿈꾸는 삶이 찾아오기를 진심으로 빈다.

우석훈